Revue internationale
HiMA
d'Histoire Militaire Ancienne

n° 4-2016

Tyrannis, basileia, imperium, les composantes militaires des légitimités politiques dans le monde gréco-romain (ve siècle avant-ive siècle après J.-C.)

Table des matières

Avant propos

Cette publication clôt la première journée d'études d'un cycle consacré aux légitimités politiques. Intitulée « *Tyrannis, basileia, imperium*, les composantes militaires des légitimités politiques dans le monde gréco-romain (Ve siècle avant-IVe siècle après J.-C.) » celle-ci s'est déroulée le 24 mai 2014 à l'université François-Rabelais de Tours à l'initiative de Gerbert-Sylvestre Bouyssou et Pierre-Olivier Hochard, alors respectivement ATER à l'université François-Rabelais de Tours et PRAG à l'université d'Orléans.

Elle a été suivie d'une seconde journée, organisée le 10 juin 2015, une nouvelle fois à l'université François-Rabelais de Tours : « *Moneta* et *Chrémata* : aspects monétaires et financiers des légitimités politiques, fin du Ve siècle avant-début du IVe siècle après J.-C. ».

Gerbert Bouyssou, Pierre-Olivier Hochard

Tyrannis, Basileia, Imperium, les composantes militaires des légitimités politiques dans le monde gréco-romain (ve siècle avant-ive siècle après J.-C.)

Dans la Grèce classique, les premières comparaisons établies entre les différents régimes politiques, inspirées du « débat constitutionnel perse » d'Hérodote comme des analyses de Platon et Aristote sur les métamorphoses des *Politéia*[1], portèrent sur celles-ci des jugements de valeur en fonction du degré de légitimité supposé de leurs dirigeants. Ces considérations préfigurèrent les réflexions sur la légitimité ou l'illégitimité – c'est-à-dire la reconnaissance ou la non reconnaissance – de l'autorité politique, développées ultérieurement en Europe à la suite des écrits de Jean Bodin, Althusius, Grotius et Thomas Hobbes, qui défendirent une conception juridique, et non plus transcendante, de la souveraineté[2]. Au tournant des xvie-xviie siècles s'opéra ainsi une désacralisation de la pensée politique, préparée dès le xive siècle par le nominaliste Marsile de Padoue[3], et, au xve siècle, par Nicolas de Cues[4], deux précurseurs, d'une certaine manière, de la notion de contrat[5], défini à l'époque moderne comme pacte d'association et/ou de soumission. Ce concept fut, en particulier, examiné en 1672 par Pufendorf, théoricien du droit naturel et du double contrat, qui influença la constitution américaine de 1787[6]. En France, au xviiie siècle, ce contractualisme systématisé par Jean-Jacques Rousseau, puis par les orateurs et les juristes révolutionnaires, finit par confondre légitimité et légalité, considérant la volonté générale, dégagée de la majorité des suffrages des votants, comme l'expression légitime de la souveraineté populaire,

1. Hérodote, *Histoires* III, 80-82. Platon, *République* VIII-IX (notamment VIII, 544a) et *Lois*. Aristote, *Politique* III, 14-17.
2. Jean Bodin, *La République*, livre I, chapitre 8 : *De la souveraineté* : « La souveraineté est la puissance absolue et perpétuelle d'une république [...] c'est-à-dire la plus grande puissance à commander ». Voir Ingber 1985, p. 293.
3. *Defensor pacis*, 1324.
4. *Concordantia Catholica*, 1433.
5. Dans l'Antiquité, une ébauche de cette théorie du contrat avait déjà été exprimée par certains sophistes (voir les propos prêtés à Glaucon par Platon dans la *République* II, 358e-359b) et par les Épicuriens (Épicure, *Maximes Capitales* XXXII-XXXIII, dans Diogène Laërce X, 139-154 ; voir aussi Lucrèce, *De Natura Rerum* V, 1019-1027).
6. Pufendorf, *Du droit de la nature et des sens*, 1672.

l'unique fondement d'une législation juste garantissant la sauvegarde des intérêts généraux autant que particuliers[7].

Dans sa réflexion sur l'État de Droit, Max Weber rompit toutefois avec cet idéal du peuple souverain, en faisant procéder la légitimité de la confiance, voire la foi, des gouvernés en leurs dirigeants[8]. Malgré les critiques dont elle fit parfois l'objet[9], cette approche webérienne domine encore aujourd'hui, en témoigne l'influence des travaux de Maurice Duverger qui, en 1959, proposa cette définition :

> On considère [...] comme légitimes un régime, une institution, un gouvernant, une procédure, tenus pour tels par le système de valeurs de la société considérée. [...] Ainsi définie, la légitimité remplit une fonction essentielle : elle enracine au cœur des citoyens le respect des règles qui lui sont conformes. Par elle, le pouvoir obtient une obéissance spontanée, qui lui permet de diminuer la contrainte[10].

Influencé par les sciences politiques contemporaines et ses échanges avec Maurice Duverger[11], François Hinard lança, en 1984, une réflexion diachronique sur la légitimité politique à travers l'étude de la notion de dictature : la recherche s'intéressait autant aux mondes anciens qu'à la postérité des concepts antiques et à leurs usages à la période contemporaine. Cette approche pluri-disciplinaire, au croisement de l'histoire, des sciences politiques et de la philosophie, a été ultérieurement poursuivie, comme le montre le « Colloque jeunes chercheurs » tenu à l'ENS Ulm en décembre 2008 : *Crises de légitimité et pratiques de légitimation du pouvoir politique*.

Étymologiquement, légitimité vient du latin *legitimus*, qui signifiait « conforme aux lois, légal et par la suite, "juste, régulier, normal" »[12] : *legitimus* dérive en effet de *lex*, mot désignant à l'origine la loi sacrée et qui finit par désigner aussi les lois humaines. De prime abord, la définition de Maurice Duverger semble donc recevable pour l'Antiquité ; il faut néanmoins rester prudent et garder à l'esprit le caractère spécifique du rapport des Anciens à la légitimité, inscrit dans la signification première de *lex*.

Bien que la démocratie soit apparue en Grèce, on doit reconnaître que dans l'Antiquité, les relations de parenté, les règles de succession dynastiques et le rapport au sacré prévalurent souvent sur les arguments juridiques en matière de reconnaissance du pouvoir politique, même si ce ne fut pas systématique, nous le verrons. En cela, les conceptions antiques différaient nettement de celles diffusées à partir de l'époque moderne, où la légitimité fut de plus en plus définie juridiquement, même si la confiance accordée aux dirigeants y apparut toujours comme l'un de ses fondements essentiels[13]. L'on peut donc se demander si l'approche contemporaine de la légitimité permet de comprendre les systèmes politiques antiques.

7. Rousseau J.-J., *Du contrat social ou Principes du droit politique* I, 6, 1762.
8. Sur la distinction entre l'approche rousseauiste et l'approche webérienne de la légitimité, voir notamment Merquior 1980.
9. Weber 1971, p. 160. Pour une analyse néo-marxiste de cette approche « bourgeoise » de la légitimité, Habermas 1978, p. 136-141.
10. Duverger 1982, p. 7.
11. Voir Duverger 1982 ; Hinard 1988.
12. Ernoult, Meillet 2001 (1932), p. 354.
13. Brunet, Picard 2012.

Les larges limites chronologiques définies pour cette étude couvrent une période de neuf siècles, du ve siècle avant J.-C. au ive siècle de notre ère. Les ve-ive siècles avant J.-C. furent marqués par l'emprise des tyrans syracusains sur la Sicile puis par l'apparition de nouvelles conceptions de la monarchie dans le monde grec, avec la prépondérance de la royauté macédonienne et les réflexions de Xénophon, Isocrate ou Aristote. Le ive siècle après J.-C. fut quant à lui marqué par le développement des réflexions chrétiennes sur la monarchie. Au sein du monde gréco-romain, ces neuf siècles se caractérisèrent par l'émergence puis la disparition des monarchies hellénistiques, dans une certaine mesure préfigurées par les tyrannies siciliennes des ve-ive siècles. Au i^{er} siècle avant J.-C., les divers usages de l'*imperium* – entendu ici au sens de commandement suprême, d'exercice de la souveraineté juridique et militaire – précédèrent l'établissement du Principat romain. Du fait du caractère souvent charismatique de ces monarchies antiques, où le prestige des armes manifestait la suprématie du chef victorieux, les composantes militaires paraissent particulièrement importantes dans les processus de construction ou de déconstruction des légitimités politiques.

Aux périodes hellénistique et impériale, la légitimité était essentiellement dynastique, même si cette observation doit être nuancée pour le monde romain. Du reste, l'opacité de certaines règles de succession et les tensions permanentes entre l'idéal civique et le modèle monarchique provoquèrent souvent des conflits de légitimité[14]. Le constat s'imposait déjà à l'époque classique pour Syracuse, où les tyrans échouèrent à fonder de véritables dynasties et durent sans cesse réaffirmer leur autorité face à des citoyens prompts à la révolte[15]. De même, à Rome au i^{er} siècle avant J.-C., l'assassinat de Jules César révéla l'incompatibilité entre la vision républicaine, considérant César comme un tyran, et l'émergence d'un nouveau type de pouvoir personnel tirant sa légitimité d'une relation directe au peuple[16]. L'élimination de César montre les limites de la légitimité charismatique : ce n'était pas tant l'exercice d'un pouvoir personnel qui était rejeté que la tentation permanente de le légitimer par référence à des *charites* extraordinaires et proches du divin[17]. De fait, à Rome, la légitimité juridiquement établie l'emporta toujours sur le charisme. Ainsi, à partir des *imperatores* républicains et jusqu'à la fin du iiie siècle après J.-C. au moins, aucune autorité ne put s'exercer sans l'attribution formelle, par des instances légitimatrices, de pouvoirs reconnus[18]. Ces contradictions politiques et la faiblesse de l'assise dynastique favorisèrent d'autres modes d'affirmation.

14. Wallace-Hadrill 1982, p. 32-48.
15. Voir par exemple les révoltes des Syracusains contre Denys l'Ancien, en 405 puis en 404-403, Diodore de Sicile, *Bibliothèque Historique* XIII, 112 puis XIV, 8, 3 et Plutarque, *Vie de Dion* 3, 1-2.
16. Le testament de César est à ce titre extrêmement révélateur : César prévoyait un don de 75 deniers à chaque Romain et cédait au peuple ses jardins, situés le long du Tibre ; Suétone, *Caes.* 83, 1 ; Dion Cassius 44, 35 ; Plutarque, *Vie de César* 68, 1 ; *Vie de Brutus* 20, 3.
17. Virgile et Plutarque rapportent ainsi qu'après l'assassinat de César, des comètes illuminèrent le ciel, puis que la lumière du soleil s'obscurcit durant un an, ce qui illustre, *a contrario*, le rayonnement personnel prêté à César de son vivant, son charisme au sens étymologique ; Virgile, *Géorgique* I, 466-468 ; Plutarque, *Vie de César* 69, 4-5. Voir aussi Dion Cassius XLV, 17 ; Horace, *Odes* I, 2 ; Lucain, *La guerre civile* I, 522-585 ; Ovide, *Métamorphoses* XV, 782.
18. Sur la désignation de l'*Imperator*, Rivero 2006, p. 41-90. Pour une synthèse sur la signification et l'emploi d'*Imperator* à l'époque républicaine voir Combès 1966. Sur les *imperatores* tardo-républicains et la mise en place du Principat voir Assenmaker 2014.

Le concept de légitimité n'est pas univoque, il y a en effet une pluralité de légitimités[19], qui sont en outre dynamiques, et doivent être affirmées puis réaffirmées, comme l'a notamment montré la thèse d'Isabelle Cogitore sur les conspirations à Rome[20]. À ce sujet, il ne faut pas confondre les légitimités et la légitimation[21], processus par lequel le pouvoir tente d'obtenir l'acquiescement des populations, et qu'il faut également prendre en compte dans l'étude de la question.

Parmi ces légitimités, nous avons centré notre analyse sur les légitimités militaires liées au pouvoir charismatique, pour reprendre cette notion aux définitions multiples, qui fut élaborée par Max Weber à partir des travaux de Rudolph Sohm sur le christianisme primitif[22]. Tandis que Moses Finley s'était montré sévère à propos de l'application des théories wébériennes à l'Antiquité[23], Vincent Azoulay a montré que le concept de charisme est fécond pour l'étude des mondes anciens, à condition de le redéfinir par le retour à l'étymologie et aux significations du mot grec *charis*. Cette démarche l'a conduit à s'intéresser à des aspects ignorés de Max Weber[24], notamment au rôle et à l'importance des bienfaits que le chef dispense à ses subordonnés. Notons cependant que le charisme webérien s'enracine dans la personnalité exceptionnelle de son détenteur et procède de son caractère non institutionnel, facteurs qui présentent une certaine importance dans les mondes anciens. Ils furent en effet valorisés par quelques auteurs grecs du IVe siècle avant J.-C., en particulier Xénophon qui, tout au long de son œuvre, glorifia incessamment le rôle du commandant militaire, présenté comme un meneur d'hommes dont le charisme irradie vers ses subordonnés[25]. C'est cette forme de pouvoir charismatique qui transparaît, par exemple, dans les récits d'enfances merveilleuses, rapportant un certain nombre de traits mythiques propres à conforter les légitimités des souverains. Ces histoires fabuleuses furent jadis étudiées par Marie Delcourt dans *Œdipe, ou la légende du conquérant*[26]. L'ouvrage établit une sorte de schéma type de l'existence des grands hommes, que l'on retrouve en partie dans les anecdotes d'Hérodote évoquant l'enfance de Cyrus le Grand, ou dans des passages de Diodore de Sicile et Justin au sujet de certains tyrans syracusains. Ainsi,

19. Duverger 1959 : « La légitimité telle que nous l'entendons est une notion sociologique, essentiellement relative et contingente. Il n'y a pas une légitimité, mais des légitimités, suivant les groupes sociaux, les valeurs, etc. ».
20. Voir Cogitore 2002, p. 268 : « Les conspirations apportent de nombreux éléments pour comprendre la légitimité dynastique. Comme nous l'avons montré, elle n'est pas une donnée immatérielle, née toute armée de la tête du roi des dieux : elle se forme au cours du temps, par à-coups, comme si elle n'existait que le temps d'une affirmation motivée par les événements, comme si elle n'existait que parce qu'elle évoluait. Loin d'être une notion figée, la légitimité devait être réaffirmée à chaque occasion, se nourrissant de la contestation et transparaissait à travers des actions, comme le fil d'une trame qui se dessine à travers les conspirations, dans une incessante mise à l'épreuve ».
21. Voir, au sujet de l'époque médiévale, la distinction *legitimacy / legitimation*, Escalo, Alfonso, Kennedy 2004, p. XI.
22. Sohm 1873. Pour une historiographie de la question du charisme, Laignoux 2014, p. 13-25. Sur la difficulté à définir le charisme en politique Bruhns 2000 ; voir aussi Taeger 1957-1960. Sur les théories de Max Weber appliquées à l'Histoire Ancienne, Gerhke 1982, p. 247-277 ; Hofer 2000, p. 136-142, 226-236 ; Mann 2001, p. 284-288, surtout Azoulay 2004, p. 435.
23. Finley 1987, p. 154-175.
24. Azoulay 2004 ; 2014, p. 169-188.
25. Voir entre autres *Agésilas* et *La Cyropédie*.
26. Delcourt 1944.

après sa naissance, Hiéron II aurait été exposé et nourri par des abeilles[27] ; par la suite une chouette se serait posée sur sa lance et un aigle sur son bouclier[28]. La chouette symbolisait la sagesse et l'aigle, attribut de Zeus, la gloire et la justice. Ici, le rapace est juché sur une arme pour souligner l'importance de la puissance militaire, qui devait néanmoins s'exercer avec discernement, qualité suggérée par la mention de la chouette sur la lance.

Préfigurée dans ces récits d'enfances merveilleuses, la légitimité du chef charismatique s'affirmait par des victoires militaires, souvent suivies de reconnaissances politiques de la part des troupes. Cependant l'acceptation du nouveau souverain par ses subordonnés n'était pas toujours consécutive à une victoire. Dans la Macédoine des Argéades, le nouveau roi était ainsi systématiquement acclamé par l'assemblée de l'armée[29]. Le chef charismatique n'était donc pas entièrement maître de la situation et devait s'appuyer sur certains groupes, notamment guerriers. Ce constat renvoie aux observations de Vilfredo Pareto, qui notait que les chefs politiques ne sont jamais autonomes et doivent toujours composer avec des élites militaires ou financières, appelées à se renouveler fréquemment[30]. Si le pouvoir antique était souvent d'essence charismatique, le monarque devait en effet interagir avec d'autres protagonistes : les cités[31], certains acteurs économiques et les membres des forces armées comme, dans le monde hellénistique, les gardes royales ou, à Rome, les prétoriens.

Le charisme, qualité indispensable à tout candidat à la fonction suprême – tyran, roi ou empereur – n'était donc pas suffisant pour y parvenir.

Les modes d'accession au pouvoir furent également déterminants dans les processus de légitimation. Dans le monde grec comme dans le monde romain tardo-républicain, les corrélations entre autorité politique et pouvoir militaire semblent habituelles. Pour reprendre l'analyse d'Amélie Kuhrt et Susan Sherwin-White, « Royal ideology, Greek and non-Greek, required warrior kings with all the military virtues of bravery leadership success: militarism was part of the package, and personal participation in warfare was viewed as essential[32] ». Comme l'avait pressenti Claire Préaux, la légitimité du roi hellénistique dépendait étroitement de sa gloire au combat, situation qui était déjà celle des tyrans siciliens des ve-ive siècles avant J.-C.[33]. Cela invite à comparer le rôle de la victoire – *Nikè* ou *Victoria*[34] – dans les mondes grec et romain.

Le succès militaire devint en effet un élément clef de la qualification pour le pouvoir, dont témoignent certains titres – tels *autocratôr* ou *imperator* – portés par les souverains. Ce fut ainsi que se développa, à Rome, une véritable « théologie de la victoire ». Cette notion, proposée par Jean Gagé pour définir les rapports entre victoire militaire, pouvoir et divinité, fut ensuite reprise par Michael McCormick et François Heim dans leurs

27. Au sujet de l'image positive des abeilles dans les pratiques religieuses grecques, Bodson 1975, p. 25-43.
28. Justin, *Abrégé des Histoires Philippiques de Trogue Pompée* XXIII, 4.
29. Voir Briant 1973, p. 279-345, sur la place de l'assemblée du peuple, de l'assemblée de l'Armée, de l'assemblée des Phalangites sous Alexandre.
30. Pareto 1917, voir en particulier, sur la Rome antique, les paragraphes 2584 à 2587.
31. Capdetrey 2012.
32. Kuhrt, Sherwin-White 1996, p. 129. Voir aussi Assenmaker 2014, notamment p. 97-156 sur les *imperatores* de la fin de la République et l'apparition du type du triomphateur au quadrige.
33. Caltabiano 2010.
34. Voir notamment Assenmaker 2014, p. 271-277.

travaux sur l'Antiquité tardive[35]. En 312, la victoire de Constantin sur Maxence, au pont Milvius, forme un trait d'union entre la théologie traditionnelle de la victoire et les nouvelles conceptions chrétiennes de la légitimité. Il y eut toutefois peu de légitimations par la victoire au IVe siècle car, si nombre d'empereurs venaient du milieu militaire où ils avaient dû manifester des qualités guerrières, ils furent plus choisis dans l'espoir des victoires futures qu'en récompense de leurs précédents succès. Néanmoins, bien que les empereurs n'aient pas tous mené personnellement leurs troupes à la bataille, les légions étaient commandées en leur nom : la fortune ou l'infortune des armes rejaillissaient donc, *in fine*, sur la personne impériale. Tout prétendant à la fonction suprême de l'État fondait ainsi son autorité politique sur un pouvoir militaire, réel ou supposé.

Les réalités politiques du monde grec doivent cependant être distinguées de celles du monde romain. En ce qui concerne le premier – principalement à partir du IVe siècle avant J.-C. et de la mise en place des royaumes hellénistiques – l'autorité militaire conduisait parfois au pouvoir monarchique, et permettait souvent de le légitimer. Les tyrans de Grande Grèce et de Sicile, comme les Diadoques après la mort d'Alexandre, se comportèrent tous en dynastes, se présentant en détenteurs d'une force militaire : le lien entre la guerre, les magistratures militaires et la *dynasteia* fut d'ailleurs précisé par Aristote dans la *Politique*[36]. Contrairement à stratège *autocratôr* ou polémarque, dynaste n'était pourtant pas un titre officiel, mais caractérisait l'individu disposant d'une forme d'autorité recouverte par le terme *dynasteia*[37]. Ce ne fut qu'en rendant héréditaires leurs commandements militaires et politiques que ces dynastes transformèrent leurs régimes. Ils instaurèrent des dynasties où se transmit un pouvoir perçu comme héritier des qualités de ses fondateurs. Les mérites de ceux-ci parurent ainsi inhérents à leurs lignées et transmissibles à leurs successeurs. Il est remarquable en effet que, contrairement à ce que l'on observe dans le monde romain, ies royaumes hellénistiques, une fois stabilisés, aient toujours été dirigés par des maisons monopolisant héréditairement tous les pouvoirs dans leurs États respectifs. Se posait alors la question de l'héritage en cas d'usurpation par un membre d'une branche cadette, ou par un étranger à la famille, car la continuité dynastique était nécessaire à l'équilibre du royaume. C'est pourquoi, chez les Séleucides comme chez les Ptolémées, toutes les usurpations poursuivirent l'action du souverain contesté, comme en témoigne, par exemple, l'iconographie monétaire. À l'inverse, chaque fois qu'une nouvelle légitimité cherchait à s'imposer, elle relevait moins d'une usurpation que d'une sécession : le renversement ou la fin d'une dynastie provoquait, *ipso facto*, l'effondrement de la monarchie et du royaume qu'elle gouvernait. Ce phénomène est particulièrement manifeste dans le domaine séleucide, où les Attalides et les dynastes gréco-bactriens se dressèrent contre le souverain séleucide dans un processus d'autonomisation politique et d'indépendance territoriale[38]. Celle-ci fut d'ailleurs souvent obtenue par

35. Gajé 1933 ; Mc Cormick 1986 ; Heim 1992.
36. Aristote, *Politique* V, v, 6.
37. Fouchard 2003, p. 3-4, 71 : « Un *dynastès* jouit d'une autorité absolue sur une ville ou un territoire, et peut être lui-même indépendant ou soumis, du moins nominalement, à un monarque » ; Alain Fouchard insiste ensuite sur la guerre : « Nous utilisons dynaste dans un sens étendu, pour désigner des monarques qui disposent d'une armée et dominent ou cherchent à dominer un territoire ».
38. Sur les usurpations dans l'espace séleucide, Chrubasik 2012, p. 65-83. Sur « l'empire » séleucide, Capdetrey 2007 ; 2008 ; 2010.

les armes, à l'issue d'une bataille jugée décisive[39]. En d'autres termes, la légitimité de la monarchie hellénistique était une légitimité personnelle, intrinsèquement liée au prince dirigeant le royaume.

Il n'existait rien de tel dans le monde romain, où la légitimité telle que la définit Max Weber ne dépendait pas nécessairement du charisme fondé sur la valeur et l'exemplarité supposée de celui qui exerçait la domination. Sous l'Empire, la légitimité du système institutionnel reposait sur l'adhésion de l'ensemble des forces politiques en présence, rendant son existence incontestable[40]. En revanche, l'empereur ne bénéficiait pas, contrairement au régime impérial en lui-même, d'une légitimité traditionnelle mais plutôt, selon le terme d'Egon Flaig, d'un *Akzeptansystem*, d'une « acceptance » (H. Amon) ou « consensus » (F. Hurlet)[41] : « En clair, un empereur qui agit avec déférence vis-à-vis du Sénat ou qui fait preuve de bravoure au combat et qui remporte des batailles contribue à renforcer son charisme auprès des forces politiques et consolide son "acceptance" »[42]. Cette idée de « consensus », « *d'acceptance* », revêtit une grande importance à Rome, car le droit au pouvoir y relevait d'une attribution de l'*imperium* – délégation de la souveraineté de l'État légitimant par avance l'action ultérieure de celui auquel il avait été conféré – et de l'*auctoritas*. Celle-ci était d'essence religieuse : initialement reconnue au Sénat, elle garantissait le pouvoir (la *potestas*) du peuple[43]. De ce fait, l'*auctoritas* pouvait être déléguée[44], ce qui permit à Auguste d'en bénéficier, en plus de l'*imperium*[45].

Il faut remarquer que l'*auctoritas* est un concept spécifiquement romain, sans rapport avec la notion hellénique de charisme, même si elle conférait aux décisions de l'empereur une dimension débordant leur stricte sphère d'application, et à l'ensemble de sa parenté un prestige exceptionnel[46]. Contrairement à ce qui s'était passé dans les monarchies hellénistiques, la légitimité du *Princeps* ne se fondait donc pas uniquement sur sa filiation puisqu'elle dépendait aussi de la reconnaissance, par les forces politiques et l'armée, d'une personnalité jugée capable d'assumer la charge impériale. Tandis que, dans le monde grec, l'usurpateur apparaît comme quelqu'un d'illégitime, cherchant à s'emparer d'une dignité, d'une autorité ou du pouvoir auxquels il n'a légalement ou juridiquement pas droit, il se présente dans le monde romain comme un candidat à l'empire ayant échoué à se faire accepter. Pour reprendre la formule de Yann Le Bohec, un empereur légitime était, en fait, un usurpateur qui avait réussi à s'imposer[47].

La domination d'un espace géographique était déterminante dans l'habilitation au pouvoir, et son importance manifestait les interactions entre commandement

39. Ainsi la bataille de Sardes entre les Attalides et les Séleucides en 261, qui consomme la rupture entre Pergame et Antioche
40. Veyne 1976, p. 616
41. Flaig 1997, p. 1 ; Frédéric Hurlet appelle cependant à la prudence quant à l'emploi trop large de ce terme, Hurlet 2009, p. 125-143.
42. Amon 2012, p. 45.
43. Cicéron, *De Legibus* III, 12 : *Cum potestas in populo, auctoritas in senatu sit.*
44. Par exemple aux ambassadeurs, Cicéron *Lettre à Atticus* I, 19.
45. Sur l'*auctoritas* d'Auguste et sa justification, *Res Gestae* 34. Sur la polarisation de l'*auctoritas* durant le dernier siècle de la République, Assenmaker 2014, p. 296.
46. Cela explique que, alors que le Principat n'était pas héréditairement transmissible, le pouvoir impérial ait pu prendre un caractère dynastique.
47. Le Bohec 2009. C'est pour cette raison que depuis quelques années, on préfère parler, pour le monde romain, de coup d'État plutôt que d'usurpation, trop connotée négativement (voir Amon 2012, p. 35 n. 4).

militaire et puissance politique, car tout prétendant à la fonction monarchique (étymologiquement : pouvoir d'un seul) devait asseoir son autorité sur une région qu'il contrôlait militairement. De ce point de vue, il existe encore des différences entre le monde hellénistique et le monde romain. Tandis qu'à Rome, l'empire – au sens spatial du terme – était la propriété du Sénat et du Peuple romain, l'État hellénistique était constitué de l'ensemble des contrées unifiées par un dynaste grâce à son armée, sa force et son courage. Le territoire était donc un butin de guerre, défini par rapport au roi lui-même (*ta pragmata tou basiléôs*). À ce sujet, le geste d'Alexandre débarquant en Asie et plantant aussitôt sa lance dans le sol est particulièrement révélateur ; il constitua probablement une référence pour les Diadoques et les Épigones[48]. Dans de telles circonstances, « la victoire qui révèle la nature royale, justifie aussi le droit de conquête, traité à son tour comme un titre juridique à la propriété d'un territoire »[49]. Antiochos III invoqua par exemple ce principe pour s'opposer aux Romains et justifier son passage en Europe[50]. Dans le monde romain, cette affirmation par la lance ne semble pas avoir été reconnue comme processus de légitimation du pouvoir personnel. Pourtant, l'obtention d'un important commandement sur un territoire ou une province était l'un des enjeux des luttes politiques qui secouèrent Rome dès le Ier siècle avant J.-C. Sylla, Lucullus et Pompée obtinrent ainsi la direction des opérations dirigées contre Mithridate, les Césaricides cherchèrent en Asie Mineure et en Syrie les moyens de résister aux *Triumvirs*, et ce fut en Orient qu'Antoine se créa une clientèle importante pour contrebalancer la propagande d'Octavien. Un constat s'impose cependant : malgré les victoires – pour reprendre la formule de M. Sartre – « gagner l'Orient c'était perdre Rome », même si la situation s'inversa à partir du Principat. Vespasien fut en effet acclamé par ses soldats en Orient, et l'emporta sur ses rivaux, et ce furent les troupes danubiennes qui élevèrent Septime Sévère au Principat avant qu'il ne fût reconnu par le Sénat. Sans parler ici d'une forme de déterminisme politique, il paraît difficile de ne pas se rallier à l'opinion de Tacite à propos des suites de la mort de Néron : « Un secret d'État venait d'être divulgué : on pouvait faire un empereur ailleurs qu'à Rome »[51]. À partir des Flaviens, en effet, la légitimité monarchique ne s'établit plus à Rome. Que le prétendant aux fonctions suprêmes se trouve dans le Latium ou en Orient, le contrôle d'un territoire semble donc avoir été un élément déterminant des processus de légitimation politique, et ce dès la fin de la République.

La question de la conciliation de la force et de la vertu, ou du triomphe de la première sur la seconde, paraît en outre capitale dans la détermination de la légitimité ou de l'illégitimité d'un régime ; dans le monde grec aussi bien qu'à Rome, le tyran est ainsi considéré comme un usurpateur, en témoignent les passages de l'*Histoire Auguste* sur les trente tyrans, ou les considérations de Dion de Pruse au sujet de la distinction roi/tyran à Rome[52]. D'ailleurs, les réflexions de Cicéron et Sénèque firent de la vertu un critère essentiel pour distinguer le pouvoir personnel légitime de l'autorité tyrannique.

48. Diodore de Sicile, *Bibliothèque Historique* XVII, 17, 2. Planter sa lance dans le sol ennemi avait une valeur juridique pour les Macédoniens car le geste signifiait que le roi prenait possession de la *chôra basiliké* en vertu du droit de conquête, Schmitthenner 1968, p. 31-46.
49. Préaux 2002, p. 188-189.
50. Polybe XVIII, 51, 3-6.
51. Tacite, *Histoires* I, 4.
52. Gangloff 2009.

En cela Sénèque ne se référait nullement aux principes instaurés par Auguste. Alors que celui-ci insistait, en effet, sur la nécessaire soumission du souverain aux lois et au mandat conféré par le Sénat, assimilant ainsi légitimité et légalité, le philosophe stoïcien, dans son *De Clementia*, définit la légitimité monarchique d'un point de vue essentiellement éthique[53]. Ces réflexions sur les fondements du gouvernement juste, sur la vertu comme critère de légitimité et le recours à la violence comme preuve d'illégitimité du monarque, traversèrent la période étudiée et se retrouvèrent aux IIIe-IVe siècles après J.-C. chez Eusèbe de Césarée ou Lactance, qui contestèrent la légitimité des empereurs persécuteurs des chrétiens. Certains auteurs définirent donc le caractère légitime du pouvoir souverain moins par des considérations juridiques ou militaires qu'en référence aux mœurs, jugées bonnes ou mauvaises, de celui qui l'exerçait, et à la nature, plus ou moins coercitive, de son autorité.

Les portraits des tyrans, dynastes, rois ou empereurs contribuèrent, enfin, à la construction de leur légitimité politique, notamment dans la Rome impériale. À partir du Principat, « un portrait impérial n'est pas la création autonome d'un artiste mais la copie d'un prototype officiel, véritable support d'une idéologie »[54] ; il semble, en effet, que toutes les effigies impériales aient été réalisées sur un modèle unique, archétypal, transmis à l'ensemble des ateliers de l'empire et indéfiniment reproduit. Si un événement survenu lors du règne pouvait parfois entraîner la création d'un nouveau type dynastique, la prise du pouvoir par un nouvel empereur faisait toujours surgir une représentation officielle, le « type de l'avènement », référence obligée de tous les portraits ultérieurs[55]. Cette image était alors perçue comme un double symbolique du Prince, garant de l'ordre romain et symbole de sa légitimité : « Or, plus que partout ailleurs, l'image impériale, qui figurait sur les enseignes, se trouvait, dans l'armée romaine, au centre du dispositif symbolique : son rôle était central lors du serment de fidélité prêté par les légions, donc dans l'acclamation ou le rejet des Princes et "les historiens de l'année des quatre empereurs" fournissent des dizaines d'exemples des enjeux attachés à cette image »[56].

Au cours de la période ici considérée se diffusèrent ainsi de multiples conceptions de l'autorité personnelle : à travers l'examen de sources littéraires, épigraphiques et monétaires, ce volume propose donc de décrypter quelques composantes militaires des processus de construction et de déconstruction des légitimités monarchiques, du Ve siècle avant J.-C au IVe siècle après J.-C.

Gerbert Bouyssou
Maître de conférences,
université de Polynésie Française

Pierre-Olivier Hochard
Maître de conférences,
université François-Rabelais de Tours

53. Cicéron, *Pro Marcello* ; Sénèque, *De Clementia* ; Flammerie de la Chapelle 2009 ; Salamon 2011.
54. Evers 1994, p.15
55. Rosso 2010 p. 168
56. *Ibid.*, p. 168-169.

Bibliographie

Alfonso I., Kennedy H., Escalona J. (2004), *Building Legitimacy, Political Discourses and Forms of Legitimation in Medieval Societies*, Leiden / Boston, Brill.

Amon H. (2012), « Usurpation et coup d'État dans l'Empire romain : nouvelles approches », *Cahiers d'Histoire*, 31, 2, p. 33-65.

Assenmaker P. (2014), *De la victoire au pouvoir. Développement et manifestations de l'idéologie impératoriale à l'époque de Marius et Sylla*, Bruxelles, Académie royale des Sciences, des Lettres et des Beaux-Arts de Belgique.

Azoulay V. (2004), *Xénophon et les grâces du pouvoir, de la charis au charisme*, Paris, Publication de la Sorbonne.

—. (2014), « Le charisme Wébérien à l'épreuve du monde grec : plaidoyer pour un ajustement réciproque », dans Bernadou, Blanc, Laignoux 2014, p. 169-188.

Béranger J. (1953), *Recherches sur l'aspect idéologique du Principat*, Bâle, Reinhardt.

—. (1975), Principatus. *Études de notions et d'histoire politique dans l'Antiquité gréco-romaine*, Genève, Droz.

Bernadou V., Blanc F., Laignoux R. (dir.) (2014), *Que faire du charisme ? Retour sur une notion de Max Weber*, Rennes, PU de Rennes.

Bodson L. (1975), ἹΕΡΑ ΖΩΙΑ, *Contribution à l'étude de la place de l'animal dans la religion grecque ancienne*, Bruxelles, Académie royale de Belgique.

Briant P. (1973), *Antigone le Borgne. Les débuts de sa carrière et les problèmes de l'Assemblée macédonienne*, Paris, Les Belles Lettres.

Bruhns H. (2000) « Le charisme en politique : idée séduisante ou concept pertinent ? », *Cahiers du centre de recherches historiques*, 24, p. 11-29.

Brunet F., Picard A. (2012), *La Normativité en droit*, Mare et Martin.

Caltabiano M. (2010), « La Nike / Nymphe, di Agatocle e l'ideologica della Vittoria », dans Caccamo Caltabiano M., Raccuia C., Santagati E., Tyrannis, Basileia, Imperium *: forme, prassi e simboli del potere politico nel mondo greco e romano. Atti delle giornate seminariali in onore di S. Nerina Consolo Langher (Messina 17-19 dicembre 2007)*, Messine, Di.Sc.A. M.

Canepa M. P. (2009), *The two Eyes of the Earth. Art and Ritual of Kingship Between Rome and the Sasanian Iran*, Berkeley / Los Angeles / Londres, University of California Press.

Capdetrey L. (2007), *Le pouvoir séleucide. Territoire administration et finances d'un royaume hellénistique* (312-129 av. J.-C), Rennes, PU de Rennes.

—. (2008), « Le royaume séleucide, l'empire impossible ? », dans Hurlet F. (dir.), *Les Empires. Antiquité et Moyen Âge, analyse comparée*, Rennes, PU de Rennes, p. 57-80.

—. (2010), « Espace, territoire et souveraineté dans le monde hellénistique », dans Savalli-Lestrade, Cogitore 2010, p. 17-36.

—. (2012), « Droit de la force ou force du droit ? Paradigme juridique et sujétion des cités à la haute époque hellénistique », dans Feyel C., Fournier J., Graslin L., Kirbihler F., *Communautés locales et pouvoir central dans l'Orient hellénistique et romain*, Nancy, ADRA (Études anciennes, 47), p. 31-63.

Cogitore I. (2002), *La légitimité dynastique d'Auguste à Néron à l'épreuve des conspirations*, Rome, ÉfR.

Combès R. (1966), Imperator. *Recherches sur l'emploi et la signification du titre d'*Imperator *dans la Rome républicaine*, Paris, PUF.

Delcourt M. (1944), *Œdipe ou la légende du conquérant*, Liège, Bibliothèque de Philosophie et Lettres de l'Université de Liège.

Desnier J.-L. (1997), *La légitimité du prince* IIIe-XIIe *siècles. La justice du fleuve*, Paris, L'Harmattan.

Devilllers O., Meyers J. (dir.) (2009), *Pouvoirs des hommes, pouvoir des mots, des Gracques à Trajan. Mélanges en l'honneur du professeur Paul Marius Martin*, Paris / Louvain, Peeters.

Duverger M. (1959), *Méthode de la science politique*, Paris, PUF / Thémis.
—. (1982), *Dictatures et légitimité*, Paris, PUF.
Ernoult A., Meillet A. (2001 [1932]), *Dictionnaire étymologique de la langue latine*, Paris, Klincksieck.
Evers C. (1994), *Les portraits d'Hadrien. Typologie et ateliers*, Bruxelles, Académie royale de Belgique.
Finley M. I. (1987), « Max Weber et la Cité grecque », dans *Sur l'Histoire ancienne. La matière, la forme et la méthode*, Paris, La Découverte, p. 154-175.
Flaig E. (1997), « Für eine Konzeptualisierung der Usurpation im spätrömischen Reich » dans Paschoud, Szidat (dir.) (1997), *Usurpationen in der Spätantike*, Stuttgart, Franz Steiner (Historia Einzelschriften, 111), p. 15-34.
—. (1999), *Den Kaiser herausfordern. Die Usurpation im römischen Reich*, Francfort / New York, Campus.
Flammerie de la Chapelle G. (2009), « La légitimité du pouvoir dans le *Pro Marcello* de Cicéron et dans le livre I du *De Clementia* de Sénèque », dans Devilllers O., Meyers J. (dir.), *Pouvoirs des hommes, pouvoir des mots, des Gracques à Trajan. Mélanges en l'honneur du professeur Paul Marius Martin*, Paris / Louvain, Peeters, p. 91-100.
Gajé J. (1933), « Théologie de la Victoire impériale », *Revue Historique*, 171, p. 117-125.
Gangloff A. (2009), « Le sophiste Dion de Pruse, le bon roi et l'empereur », *Revue Historique*, 649, p. 3-38.
Gehrke H. J. (1982), « Der siegreiche König. Überlegungen sur hellenistischen Monarchie », *Archiv für Kulturgeschichte*, 64, p. 247-277.
Habermas J. (1978), *Raison et légitimité, problèmes de légitimation dans le capitalisme avancé*, Paris, Payot.
Heim F. (1992), *La théologie de la victoire, de Constantin à Théodose*, Paris, Beauchesne (Théologie historique, 89).
Hermon E. (dir.) (1996), *Pouvoir et* imperium, *IIIe av. J.-C.-Ier apr. J.-C. Actes du colloque tenu dans le cadre du Congrès de la Fédération internationale des études classiques (FIÉC) du 24 au 26 août 1994, à l'Université Laval*, Naples, Jovene.
Hinard F. (1988), *Dictatures. Actes de la table ronde réunie à Paris les 27-28 février 1984*, Paris, De Boccard.
Hoepner W., Brands H. (1996), *Basileia die Paläste der hellenistischen Könige: internationales Symposion in Berlin vom 16.12.1992 bis 20.12.1992 hrsg*, Mayence.
Hofer M. (2000), *Tyrannen, Aristokraten, Demokraten, Untersuchungen zu Staat und Heerschaft im griechischen Sizilien von Phalaris bis zum Aufstieg von Dionysios I*, Berne.
Hurlet F. (1997), *Les collègues du Prince sous Auguste et Tibère. De la légalité républicaine à la légitimité dynastique*, Rome, ÉfR.
—. (2009), « Le consensus impérial à l'épreuve. La conspiration et ses enjeux sous les Julio-claudiens » dans G. Urso, *Ordine e sovversione nel mondo greco e romano*, Pise, p. 125-143.
Iingber L. (1985), « Jean Bodin et le droit naturel » dans *Jean Bodin*, Angers, p. 279-302.
Kienast D. (1969), « Augustus und Alexander », *Gymnasium*, 76, p. 130-456.
Kühnen A. (2008), *Der Imitatio Alexandri in der Römischen Politik*, I. Jh. V. Chr.-3. Jh. N. Chr., Münster, Rhema.
Kuhrt A., Sherwin-White S. (1996), *From Samarkhand to Sardis. A new Approach to the Seleucid Empire*, Berkeley / Los Angeles, University of California Press.
Le Bohec Y. (2009), *L'armée dans la tourmente : une nouvelle approche de la « crise du IIIe siècle »*, Paris, Éditions du Rocher.
Laignoux R. (2014), « Pour une réévaluation du charisme et de ses usages en sciences sociales », dans Bernadou, Blanc, Laignoux 2014, p. 13-25.
Mc Cormick M. (1986), *Eternal Victory. Triumphal Rulership in Late Antiquity, Byzantium and the Early Medieval West*, Cambridge / Paris, Past and Present.

MANN C. (2001), *Athlet und Polis im archaischen und frühklassischen Griechenland*, Göttingen, Vandenhoeck & Ruprecht.

MERQUIOR J. G. (1980), *Rousseau and Weber. Two Studies in the Theory of Legitimacy*, Londres, Routledge and Kegan Paul.

PARETO V. (1917), *Traité de sociologie générale*, Édition française par Pierre Boven, traduit de l'Italien, Paris / Genève, Droz.

PRÉAUX C. (2002 [1978]), *Le Monde hellénistique. La Grèce et l'Orient, 323-146*, Paris, PUF.

RIVERO P. (2006), Imperator Populi Romani: *Una approximación al poder republicano*, Saragosse.

ROSSO E. (2010), « Entre Orient et Occident : création et diffusion de l'image impériale flavienne (69-70 après J.-C.) », dans Savalli-Lestrade, Cogitore 2010.

SALAMON G. (2011), « Sénèque, le stoïcisme et la monarchie absolue dans le *De Clementia* », *Aitia* [en ligne], 1.

SAVALLI-LESTRADE I., COGITORE I. (2010), *Des Rois au Prince. Pratiques du pouvoir monarchique dans l'Orient hellénistique et romain (IVe siècle avant J.-C.-IIe siècle après J.-C.)*, Grenoble, ElluG.

SCHMITTHENNER W. (1968) « Über eine Formveränderung der Monarchie seit Alexander dem Grossen », *Saeculum*, 19, p. 31-46.

SOHM R. (1873), *Das Verhältnis von Staat und Kirche, aus dem Begriff von Staat und Kirche entwickelt*, Tübingen.

TAEGER F. (1957-1960), *Charisma. Studien zur Geschichte des antiken Herrscherkultes*, 2 volumes, Stuttgart.

VEYNE P. (1976), *Le pain et le cirque*, Paris, Le Seuil.

VIDAL-NAQUET P. (1984), « Flavius Arrien entre deux mondes », dans *Arrien. Histoire d'Alexandre : l'Anabase d'Alexandre le Grand et l'Inde*, traduction de P. Savinel, Paris, Éditions de Minuit, p. 311-393.

WALLACE-HADRILL A. (1982), « *Civilis Princeps*, between citizen and king », *JRS*, 72, p. 32-48.

WEBER M. (1971 [1921]), *Économie et société*, Paris, Plon.

Gerbert Bouyssou

Les tyrans syracusains et la qualification par la victoire : les fonctions de *stratège autocratôr* de Gélon à Agathocle, v^{e}-iiie siècles avant J.-C.

Le mot grec τύραννος désignait à l'origine un maître absolu[1], il était plus particulièrement utilisé pour qualifier les dieux. Aux ve-ive siècles le terme acquit progressivement un autre sens, notamment chez Platon[2], celui d'usurpateur du pouvoir absolu dans un État libre. Entachée de violence et d'illégitimité, la tyrannie diffère ainsi de la monarchie royale héréditaire même si, pour reprendre l'étude de Pierre Carlier, la distinction paraît subtile : généralement « βασιλεύς est un titre qui évoque l'honneur et la majesté du souverain, τύραννος est un terme d'analyse et de polémique qui souligne la puissance du souverain et l'ὕβρις qu'elle entraîne »[3].

S'interrogeant sur l'origine et les caractéristiques de la tyrannie, Aristote explique leur apparition dans la *Politique* V, v, 6 :

> Dans les temps anciens, quand le même homme devenait chef du peuple (δημαγωγὸς) et chef d'armée (στρατηγὸς), la révolution amenait la tyrannie ; la plupart des tyrans d'autrefois ont d'abord été, en somme, des chefs du parti populaire. La raison pour laquelle cela se produisait alors, mais non plus maintenant, c'est qu'alors les chefs du peuple sortaient des chefs d'armée (οἱ δημαγωγοὶ ἦσαν ἐκ τῶν στρατηγούντων) (on n'était pas encore habile à bien parler) tandis qu'aujourd'hui, grâce aux progrès de la rhétorique, les gens capables de bien parler mènent le peuple comme démagogues, mais à cause de leur inexpérience des choses de la guerre, ils ne s'attaquent pas au régime, sauf qu'il y a eu, ici ou là, quelques brèves tentatives de ce genre[4].

Selon Aristote, les premiers tyrans auraient donc été des chefs du peuple investis d'une autorité militaire. Cette opinion est corroborée par les récits évoquant les fameux

1. Pindare, *Pythiques* III, 151.
2. Platon, *Gorgias* 510 b.
3. Carlier 1984, p. 238-239.
4. Texte établi et traduit par Jean Aubonnet, CUF.

tyrans siciliens des Vᵉ, IVᵉ, IIIᵉ siècles. Gélon[5], Denys l'Ancien[6] et Agathocle[7] furent en effet d'abord stratèges *autocratores*, avant de s'imposer comme tyrans. Cela invite à s'intéresser à la place des fonctions guerrières et à l'importance des victoires militaires dans la qualification au pouvoir politique, à travers l'étude de la légitimation des tyrans syracusains entre le Vᵉ et le IIIᵉ siècle, c'est-à-dire des débuts de l'hégémonie syracusaine sur la Sicile à l'affirmation d'Agathocle, qui prétendait égaler les premiers rois hellénistiques.

Après un rappel des différentes significations de l'expression « stratège *autocratôr* » nous nous intéresserons aux circonstances de la prise du pouvoir de Gélon à Syracuse. Puis, à travers l'étude des débuts de Denys l'Ancien et d'Agathocle, nous nous concentrerons sur l'évolution sémantique de la locution « stratège *autocratôr* » à Syracuse entre la fin du Vᵉ et le début du IIIᵉ siècle. Enfin, nous nous interrogerons sur les ambiguïtés de l'adjectif αὐτοκράτωρ, dont l'étymologie révèle les corrélations entre autorité militaire et pouvoir politique, la première apparaissant parfois déterminante pour accéder au second et le légitimer.

Du stratège *autocratôr* au tyran : la victoire d'Himère et l'acclamation de Gélon par l'assemblée

Les sources étant souvent bien postérieures aux événements qu'elles prétendent rapporter, les textes relatifs aux tyrans syracusains ne vont pas sans contradictions ni anachronismes. Ils s'accordent néanmoins sur le fait que Gélon, Denys l'Ancien et Agathocle portèrent tous trois le titre de stratège *autocratôr*, à propos duquel s'impose un rappel étymologique.

L'adjectif αὐτοκράτωρ dérive par préfixation du substantif κράτος, « qui relève d'une racine exprimant la notion de dureté (*Od.* 9, 393), [et] signifie "force", notamment force physique qui permet de triompher, d'où "victoire, pouvoir, souveraineté" (Hom., ion.-att., etc.) »[8] ; cela souligne l'importance de la force physique et de la fortune des armes dans l'habilitation au pouvoir. L'étude de la locution « stratège *autocrator* » est donc nécessaire pour caractériser les fonctions qu'elle désigne et saisir leurs implications politiques.

Aux Vᵉ-VIᵉ siècles après J.-C., dans son *Lexicon*, Hésychius définit, par rapprochement synonymique, αὐτοκράτωρ par αὐτεξούσιος – maître de soi, indépendant – et κοσμοκράτωρ, qui, des hymnes orphiques au Nouveau Testament, signifie « maître du monde »[9]. Cette définition d'Hésychius reflète donc les évolutions du terme αὐτοκράτωρ à l'époque impériale, où l'empereur était ainsi qualifié, notamment sur les monnaies provinciales des régions hellénophones[10].

5. Gélon mourut en 478.
6. Denys l'Ancien de Syracuse régna de 406 à 367.
7. Agathocle régna de 317 à 289.
8. Chantraine 1999, p. 578.
9. Voir par exemple dans les hymnes d'Orphée, *Sol.* 11 ou *Pan.* 11 et dans le *Nouveau Testament, Aux Éphésiens* 6, 12.
10. Voir notamment chez Plutarque, *Galba* 1 ; sur la désignation de l'empereur par l'expression *autocratôr* voir par exemple monnaie de Gordien III, *BMC* tav, XIX, 2.

À la période classique, l'adjectif αὐτοκράτωρ avait toutefois un sens plus restreint et précisait la nature des fonctions conférées à un individu : s'il pouvait parfois caractériser un ambassadeur plénipotentiaire[11], il était surtout employé dans l'expression στρατηγός αὐτοκράτωρ, qui désignait un commandant militaire doté par sa cité des pleins pouvoirs pour une mission précise et un temps limité[12]. À Syracuse, cette signification détermine bien les fonctions militaires exercées par Gélon puis Denys l'Ancien, avant leurs prises du pouvoir politique.

En Sicile, Gélon semble avoir été le premier stratège *autocratôr* à tirer avantage de sa situation pour s'imposer comme tyran. Selon Hérodote, il aurait d'abord disposé de charges exclusivement guerrières, d'abord comme δορυφόρος d'Hippocrate – littéralement « porte lance », c'est-à-dire membre de la garde rapprochée du monarque – puis en tant qu'*hipparque*[13] ; l'avancement de Gélon aurait donc tenu à sa valeur guerrière, son ἀρετή[14]. Cette origine militaire du pouvoir de Gélon fut, au Ier siècle avant J.-C., explicitée au livre XI, 26, 5-6 de la *Bibliothèque Historique*, où Diodore de Sicile raconte comment, en 480, après avoir remporté la bataille d'Himère sur les Carthaginois,

> [Gélon] convoqua une assemblée (ἐκκλησίαν) et demanda à tous de s'y rendre en armes ; quant à lui, non content d'y aller sans armes (τῶν ὅπλων γυμνὸς), il s'avança sans même la tunique, vêtu du seul himation, et rendit compte de toute sa vie et en particulier de sa conduite envers les Syracusains. À chaque rappel de ses actes, la foule manifestait son approbation et l'on admirait fort qu'il se fut livré sans défense à ceux qui auraient voulu le tuer et, loin qu'il fût frappé d'un châtiment en tant que tyran (τύραννος) d'une seule voix tous le proclamaient bienfaiteur (εὐεργέτην), sauveur (σωτῆρα) et roi (βασιλέα)[15].

Au IIe siècle de notre ère, Polyen reprit les grandes lignes de ce récit dans ses *Stratagemata* I, 27 :

> Gélon de Syracuse, fils de Dinomène, ayant été nommé stratège autocratôr (στρατηγὸς αὐτοκράτωρ) des Syracusains contre Himilcon, dans la guerre contre les Carthaginois, combattit brillamment (λαμπρῶς ἀγωνισάμενος) et remporta la victoire (κρατήσας). Ensuite se présentant à l'assemblée (εκκλησίαν), il rendit publiquement un compte exact de l'usage qu'il avait fait du pouvoir autocratique (αὐτοκράτορος ἀρχῆς) qui lui avait été confié, des dépenses, des occasions mises à profit, des armes, des chevaux, des trières ; et sur tous les articles il fut comblé de louanges. Ensuite s'étant dépouillé de ses habits, il se mit au milieu de l'assemblée, et dit : « Me voilà tout nu (γυμνὸς) au milieu de vous, et vous êtes tous armés. Si j'ai usé d'aucune violence, employez contre moi, à votre gré, le feu, le fer, et les pierres. » Le peuple (δῆμος) s'écria qu'il était un stratège (στρατηγὸς) digne des plus grands éloges. « Si cela est,

11. Lysias, *Contre Agoratos* XII, 9-10.
12. Voir Benveniste 1969, p. 75-77 ; Boëldieu-Trevet 2007, p. 245. Notons que chez Polybe, *Histoires* III, 86, 7 ; 87, 9, l'expression « *stratège autocratôr* » désigne le dictateur romain.
13. Hérodote, *Histoire* VII, 154.
14. Mossé 2004, p. 84.
15. Trad. J. Haillet, CUF.

> dit Gélon, n'en choisissez donc plus que de pareils ». Le peuple répondit : « Mais il n'est pas possible d'en trouver un autre. » Gélon fut engagé à se charger d'un second commandement des troupes (δεύτερον στρατηγῆσαι) : mais ne se contentant pas d'être stratège (στρατηγὸς), il devint le tyran (τύραννος) des Syracusains[16].

Enfin, aux IIe-IIIe siècles après J.-C., Élien présenta une variante de cet épisode dans les *Histoires Variées* VI, 11 :

> Gélon, après avoir vaincu les Carthaginois à Himère, et s'être rendu maître de toute la Sicile, se présenta désarmé (nu ? γυμνὸς) au milieu de l'agora et déclara qu'il rendait aux citoyens (τοῖς πολίταις) l'autorité suprême (τὴν ἀρχήν). Comme ils avaient éprouvé qu'il était plus populaire (δημοτικωτέρου) que les monarques (μονάρχων) n'ont coutume de l'être, ils refusèrent de reprendre le pouvoir. En mémoire de cette action de Gélon, on lui érigea dans le temple d'Héra, en Sicile, une statue qui le représentait désarmé (nu ? γυμνὸν), et dont l'épigramme rapportait l'action (πρᾶξιν) de Gélon[17].

Notons que si Hérodote mentionne bien la bataille d'Himère dans ses *Histoires*, il ne raconte pas la suite des événements, préférant s'attarder sur les combats de la Deuxième Guerre Médique[18]. Le texte de Diodore a souvent été considéré comme une reconstruction a posteriori des faits : l'auteur aurait anachroniquement rapporté à Gélon une politique des honneurs qui ne se serait imposée qu'au IVe siècle, ainsi que la qualification par la victoire propre aux souverains hellénistiques. Les éléments retenus pour mettre en doute l'historicité de l'épisode sont, d'une part, le caractère anachronique des titres d'évergète, *sôter* et *basileus* décernés par l'assemblée et, d'autre part, la troublante analogie du récit avec le livre XVI, 20, 6 de la *Bibliothèque Historique* évoquant le comportement de Dion vers 356-355[19] :

> Une assemblée se réunit (συναχθείσης δ' ἐκκλησίας), et, en témoignage de sa reconnaissance, le peuple (δῆμος) proclama Dion *autocratôr* (αὐτοκράτορα) et lui décerna les honneurs héroïques (καὶ τιμὰς ἀπένειμεν ἡρωικά). Dion, conséquent avec lui-même, pardonna généreusement à tous ses ennemis, et exhorta la foule (τὸ πλῆθος) à la concorde (ὁμόνοιαν). Les Syracusains comblèrent leur bienfaiteur (εὐεργέτην) d'unanimes éloges, et honorèrent en lui le seul sauveur (σωτῆρα) de la patrie[20].

Ce passage reprend probablement un extrait de l'*Histoire* perdue de Timée de Tauroméion, auteur sicilien des IVe-IIIe siècles avant J.-C. Timée, qui vécut à la fin de l'époque classique et au début de l'époque hellénistique, aurait employé, pour qualifier Dion, l'adjectif αὐτοκράτωρ, propre au vocabulaire classique, auquel il aurait adjoint deux termes caractérisant les monarques hellénistiques, mais dont l'usage

16. Traduction Liskenne et Sauvan modifiée. Sur le châtiment des stratèges, notamment la lapidation, Couvenhes 2005.
17. Traduction Bon-Joseph Dacier modifiée.
18. Hérodote, *Histoires* VII, 165.
19. Sur Dion voir notamment Berve 1957.
20. Traduction Ferd. Hofer modifiée.

s'était peut-être répandu au cours du IVe siècle : σωτήρ et εὐεργέτη. Selon une interprétation communément admise, Diodore se serait largement inspiré du récit de Timée concernant Dion pour raconter l'arrivée au pouvoir de Gélon et d'autres stratèges *autocratores*[21]. Comme dans ses relations de batailles, le compilateur sicilien aurait repris un récit stéréotypé[22]. Si l'on adopte cette hypothèse, l'origine militaire du pouvoir de Gélon reste assurée, mais son acclamation par l'ἐκκλησία et les honneurs qui lui auraient été subséquemment décernés deviennent problématiques. Toutefois, les textes de Polyen et Élien engagent à nuancer le caractère éventuellement anachronique du récit de Diodore.

La mention de ce qui apparaît comme une reddition des comptes de Gélon devant l'assemblée pourrait en effet authentifier – au moins partiellement – l'anecdote rapportée, car cette procédure rappelle une pratique analogue de l'Athènes démocratique, signalée par Aristote dans la *Constitution des Athéniens* 54, 2[23]. Les événements syracusains évoquent en outre la *dokimasie* telle que la présente également Aristote dans la *Constitution des Athéniens* 55, 3-4, puisque Diodore de Sicile raconte que Gélon « rendit compte de toute sa vie et en particulier de sa conduite envers les Syracusains », démarche justificative qui rappelle les garanties données par les postulants dans leurs réponses aux questions visant à vérifier, à Athènes, les qualités civiques des futurs magistrats. L'importance de l'assemblée (ἐκκλησία) et de l'*agora* dans les trois récits montre que Gélon était non seulement « chef d'armée » (στρατηγός αὐτοκράτωρ) mais aussi, même si le terme n'est pas employé, « chef du peuple » (δημαγωγός), ce qui corrobore la théorisation d'Aristote sur l'origine de la tyrannie, formulée dans la *Politique* V, v, 6 ; plus exactement, comme l'a fait remarquer M. Hoffer, Gélon fut d'abord chef d'armée, avant de devenir chef du peuple, le prestige acquis dans l'exercice de ses fonctions guerrières lui permettant d'accéder au pouvoir politique. À l'inverse, Dion ne fut proclamé stratège *autocratôr* qu'après ses actions, en remerciement de celles-ci, l'épithète désignant moins ici une charge militaire qu'un titre honorifique, peut-être de même nature que ceux d'évergète et *sôter*.

L'acclamation eut lieu immédiatement après que le stratège eut rendu compte de sa conduite des opérations : nonobstant le contrôle civique, Gélon, s'appuyant sur ses fonctions d'*autocratôr* et l'éclat de ses victoires, s'empara du pouvoir politique et laissa un bon souvenir aux Syracusains[24]. Dans un discours contre Denys l'Ancien prononcé en 396-395 et reconstitué par Diodore de Sicile, le cavalier Théodôros aurait ainsi exprimé son admiration pour le vainqueur de la bataille d'Himère : « Aussi Gélon, pour

21. Meister 1967, p. 43, Pearson 1987, p. 139 ; Mc Glew 1993, p. 137. Sur le caractère circulaire de ce type de raisonnement, Rutter 2000, p. 144.
22. Voir Claude Vial, notice du livre XV dans Diodore de Sicile, *Bibliothèque Historique XV*, Belles Lettres, Paris, 1977, p. XX : « Les récits de bataille mettent en lumière le rôle du chef. Diodore distingue, d'ordinaire, deux phases dans le combat : dans la première, la bataille reste indécise ou même tourne au désavantage des futurs vainqueurs ; la situation se renverse brusquement, à la suite de la mort du chef de l'armée vaincue ou de l'intervention personnelle de celui de l'armée victorieuse. Comme le prouve l'utilisation répétée de ce schéma, Diodore se préoccupe peu de préciser les particularités de chaque bataille, il s'efforce de mettre en valeur l'intelligence et le courage d'un héros exemplaire : la rhétorique triomphe ».
23. Voir Fröhlich 2004, p. 331-339. Thucydide estimait que les institutions syracusaines se rapprochaient beaucoup de celles de l'Athènes démocratique, mais leur fonctionnement reste encore mystérieux et ne permet pas de se prononcer de façon aussi décisive, Rutter 2000, p. 149-151.
24. Hofer 2000.

son courage et la grandeur de ses actions, se vit-il consentir librement la souveraineté (ἑκουσίων παρέλαβε τὴν ἡγεμονίαν) par les Syracusains comme par les Siciliotes »[25] ; l'emploi de l'adverbe ἑκουσίων, « librement », confirme les textes relatant l'acclamation spontanée de Gélon par les citoyens. Plutarque, dans sa *Vie de Timoléon* 23, 8 précise, en outre, qu'après la chute de la tyrannie de Denys le Jeune, les statues des tyrans de Syracuse furent renversées après avoir été « toutes condamnées, sauf celle de l'ancien tyran (τοῦ παλαιοῦ τυράννου) Gélon, que les Syracusains admiraient et honoraient (τιμῶντας) en raison de la victoire qu'il avait remportée à Himère sur les Carthaginois »[26]. L'on peut se demander, bien que l'hypothèse soit invérifiable, si la statue de Gélon mentionnée par Plutarque ne serait pas celle évoquée par Élien, le représentant désarmé voire, peut-être, nu (γυμνός)[27]. Notons en effet que, d'après les propos attribués à Gélon, les participants à l'assemblée étaient armés, ce qui devait être fréquent, tout du moins en Sicile, puisque les législateurs Charondas de Catane (VIIe-VIe siècles) et Dioclès de Syracuse (vers 410) auraient interdit de venir en armes à l'assemblée, preuve que la chose n'allait pas de soi[28] ; dans les extraits rattachés à Gélon, le contexte militaire pourrait en outre expliquer la présence d'armes.

À ce propos, dans les présentations de l'arrivée de Gélon devant les citoyens, l'on constate le passage de « sans armes » (τῶν ὅπλων γυμνὸς) chez Diodore de Sicile, à l'usage du seul adjectif γυμνός chez Polyen et Élien. L'on pourrait donc se demander s'il n'y aurait pas eu un glissement de sens de γυμνός reflétant peut-être des déformations et exagérations de l'anecdote au fil du temps : γυμνός, employé seul, signifierait alors plutôt nu que désarmé. Au-delà du caractère anecdotique de cette éventuelle nudité de Gélon, celle-ci pourrait aussi suggérer une possible héroïsation du tyran. À la fin du Ve siècle, Dioclès, qui fut aussi stratège *autocratôr*, bénéficia en effet des honneurs héroïques à titre posthume[29], et, au IVe siècle, Dion reçut également les « honneurs héroïques » (τιμὰς ἀπένειμεν ἡρωικά), comme le rapporte Diodore de Sicile[30]. L'on peut donc supposer qu'il en fut de même pour Gélon, d'autant que Plutarque précise que les Syracusains « honoraient » (τιμῶντας) toujours le tyran du temps de Timoléon, or le verbe τιμάω peut parfois signifier honorer une divinité ou un héros dans le cadre d'un culte[31]. Dans nombre de cités, ces honneurs étaient matérialisés par l'érection d'une statue représentant le sujet au moyen d'une nudité héroïque, comme par exemple à Athènes, la statue en bronze de Périclès : dressée sur l'Acropole dès le Ve siècle, elle le montrait casqué mais nu, l'assimilant ainsi aux héros, tout en soulignant, par la présence du casque corinthien, ses fonctions de stratège[32]. La statue de Gélon γυμνός, rappelant son comportement devant l'assemblée des

25. Diodore de Sicile, *Bibliothèque Historique* XIV, 66, 3. Sur ce discours, Bachof 1884, p. 445-478 ; Lauritano 1956, p. 206-216 ; Manni 1970, p. 74-78.
26. Voir aussi Pseudo Dion Chrysostôme XXXVII, 21-2.
27. Élien, *Histoires Variées* VI, 11.
28. Sur la mesure prêtée à ces deux législateurs semi légendaires et ses funestes conséquences voir Diodore de Sicile, *Bibliothèque Historique* XII, 19, 2 ; XIII, 33, 2.
29. Diodore de Sicile, *Bibliothèque Historique* XIII, 34 et 35, voir Hofer 2000, p. 226-236.
30. Diodore de Sicile, *Bibliothèque Historique* XVI, 20, 6.
31. Voir, par exemple, Eschyle, *Les Sept contre Thèbes* 218 et Sophocle, Œdipe à *Colone* 278.
32. Pausanias, *Description de la Grèce* I, 28, 2 ; Plutarque, *Vie de Périclès* 3 ; voir Azoulay 2010, p. 44, notamment n. 3.

Syracusains, pourrait alors l'avoir représenté non seulement désarmé, mais peut-être aussi entièrement nu, à la manière d'un héros.

Les trois textes sur Gélon ont ainsi un arrière-plan institutionnel et honorifique plausible : l'acclamation du stratège par l'assemblée à la suite de ses victoires ne semble pas une reconstruction tardive de Diodore de Sicile à partir de la relation de Timée à propos de Dion, mais un récit relativement vraisemblable[33], même si la mention de l'attribution par les citoyens des titres σωτήρ, εὐεργέτης et βασιλεύς est probablement un anachronisme. Diodore est d'ailleurs le seul à utiliser ces termes caractéristiques du lexique politique hellénistique, que ni Élien, ni Polyen n'emploient, le second usant simplement de l'adjectif αὐτοκράτωρ[34].

Gélon allia ainsi la force des armes à la reconnaissance de l'assemblée du peuple (δῆμος), la victoire militaire apparaissant primordiale dans le processus de légitimation de son autorité. Cela infirme l'interprétation de Claude Mossé qui estimait que ce fut « contre le dèmos et à l'appel des oligarques (aristocratie terrienne des *gamoroi*[35]) qu'il (Gélon) s'empara du pouvoir »[36]. Or, pour reprendre la définition donnée par Alain Fouchard, originellement, « le *dèmos* est l'ensemble de la population civique d'une cité »[37] ; si Gélon reçut les pleins pouvoirs de l'assemblée, il portait donc bien les aspirations du *dèmos*, c'est-à-dire de tous les citoyens, riches et pauvres confondus.

Les évolutions de la charge de stratège *autocratôr* à Syracuse : du commandement militaire à la souveraineté absolue

À Syracuse d'autres tyrans suivirent les modalités d'accès au pouvoir de Gélon. Selon Platon et Diodore de Sicile, en 406-405, devant la menace d'une invasion carthaginoise, Denys critiqua l'inaction des chefs militaires (τῶν ἀρχόντων) de Syracuse, au cours d'une assemblée (ἐκκλησίας) ; le *dèmos* se dressa alors contre eux, comme le rapporte la *Lettre VIII* 353a, attribuée à Platon :

> Lorsque la Sicile, terre des Grecs, courait le danger pressant d'être entièrement dévastée et réduite à la barbarie par les Carthaginois [...] vos pères choisirent Denys, à cause de sa jeunesse et de sa valeur guerrière, pour les affaires militaires qui étaient de sa compétence, prirent comme conseiller, à cause de l'expérience de l'âge, Hipparinos, et, pour sauver la Sicile, les nommèrent, dit-on, stratèges *autocratores* (αὐτοκράτορας στρατηγούς). Est-ce à une fortune divine et à un dieu, est-ce à la valeur des chefs (τῶν ἀρχόντων ἀρετὴν), est-ce à ces

33. Comme l'a expliqué M. Hofer, si le récit de Diodore présente des similitudes avec l'idéal hellénistique du souverain, il fournit aussi des éléments d'information pour l'époque classique, Hofer 2000, p. 57-64. Sur « l'honnêteté » historique de Diodore voir l'introduction générale de François Chamoux dans Diodore de Sicile, *Bibliothèque Historique Livre I*, Belles Lettres, Paris, 1993, p. XXX-XXXII puis LXXV-LXXVI. Pour un avis plus critique sur Diodore, Garlan 1974, p. 161.
34. Sur l'usage de ces termes voir une analyse dans Hofer 2000, p. 60-64.
35. Sur les *gamoroi*, Benedetto 1992, p. 43-85.
36. Mossé 2004, p. 83. La même vision se retrouve chez Rutter 2000, p. 14 : voir Aristote, *Constitution de Syracuse* fragment 586.
37. Fouchard 1997, p. 12-13.

> deux causes aidées par le concours des citoyens (τῶν πολιτῶν) d'alors, que l'on veut attribuer le salut qui intervint ? – À chacun d'avoir son opinion – En tout cas, ce fut bien le salut pour cette génération. Il est donc juste, puisque ces sauveurs se sont montrés si remarquables, que tous gardent la reconnaissance envers eux. Si, dans la suite, la tyrannie (ἡ τυραννὶς), abusa du présent de la cité (τῆς πόλεως δωρεᾷ), elle en a déjà en partie subi le châtiment et elle doit encore en être punie[38].

La comparaison entre Denys et Gélon se retrouve dans le récit de ces événements par Diodore de Sicile :

> Quelques voix s'élevèrent beaucoup au-dessus des autres : on disait qu'il fallait nommer Denys stratège *autocratôr* (στρατηγὸν...αὐτοκράτορα), et ne pas attendre pour cela que l'ennemi eût abattu les murailles, que la guerre demandait un tel stratège (τοιούτου στρατηγοῦ), capable de faire prospérer les affaires, comme du temps où l'on avait vaincu devant Himère trois cent mille Carthaginois, quand Gélon était stratège autocratôr (στρατηγοῦντος Γέλωνος αὐτοκράτορος). Et bientôt, la foule, comme à son habitude, prit la pire décision et Denys fut proclamé (ἀπεδείχθη) stratège *autocratôr* (στρατηγὸς αὐτοκράτωρ)[39].

La *Lettre VIII* attribuée à Platon présente Denys l'Ancien comme le sauveur de la cité[40], tandis que Diodore laisse entendre que ses discours sur la défense de Syracuse ne visaient qu'à s'en emparer, en dupant des citoyens crédules et influençables. Selon Diodore, Denys l'Ancien aurait même eu recours à des techniques de manipulation de l'opinion en dispersant des crieurs au sein de l'assemblée pour orienter la prise de décision collective. Diodore exprime ici son hostilité à la démocratie qui, d'un point de vue platonicien, apparaît comme mère de la tyrannie[41], ou, pour reprendre l'*anacyclosis* des régimes définie par Polybe au livre VI des *Histoires*, comme une *ochlocratie*, où les passions d'une foule versatile égareraient la raison.

Malgré une interprétation divergente des événements, Platon et Diodore inscrivent tous deux la prise du pouvoir de Denys l'Ancien dans la continuité de celle de Gélon. Se faisant octroyer les pleins pouvoirs – Platon emploie la tournure complétive τῆς πόλεως δωρεᾷ et Diodore l'expression στρατηγός αὐτοκράτωρ – à la faveur d'une guerre gagnée grâce au concours des « citoyens » (τῶν πολιτῶν)[42], le stratège *autocratôr* s'empare du pouvoir, avant d'apparaître ultérieurement comme un tyran, probablement parce qu'il exerce la force armée à l'encontre de ses riches compatriotes, et non plus des barbares[43].

38. Traduction J. Souilhé, CUF modifiée.
39. Diodore de Sicile, *Bibliothèque Historique* XIII, 94-95, traduction Terrasson modifiée.
40. À noter que dans le *De Regibus* 2, Cornélius Népos se fait l'écho de traditions positives au sujet de Denys l'Ancien : *Dionysius prior et manu fortis et belli peritus fuit et, id quod in tyranno non facile reperitur, minime libidinosus, non luxuriosus, non avarus, nullius rei denique cupidus nisi singularis perpetuique imperii, ob eamque rem crudelis. Nam dum id studuit munire, nullius pepercit vitae quem ejus insidiatorem putaret.*
41. La *Lettre VIII*, 354d attribuée à Platon dénonce l'amour, jugé démesuré, des Siciliens pour la liberté.
42. Péré-Nogues 2009, p. 111-112.
43. Sur le tyran perçu comme un individu en guerre contre sa propre cité, voir, au sujet de Denys l'Ancien,

À la fin du IVe siècle, vers 317-310, Agathocle fut lui aussi proclamé στϱατηγὸς αὐτοκϱάτωϱ[44], après un conflit avec les Carthaginois. Ennemi des tyrans de Syracuse Héraclide et Sosistrate[45], Agathocle s'était exilé en Italie où il était devenu mercenaire ; de retour à Syracuse, après la fin de la tyrannie, il avait trouvé la cité divisée entre les oligarques et des démocrates hostiles à l'ancien tyran Sosistrate qui, depuis son exil, s'était allié aux Carthaginois, contre lesquels Syracuse entreprit une guerre qui permit à Agathocle de s'illustrer[46]. Mais sa gloire le fit soupçonner de vouloir à son tour aspirer à la tyrannie, et il fut exilé, échappant même de peu à un assassinat[47]. Revenu par la suite en se présentant comme défenseur de la démocratie, Agathocle fut alors – selon Diodore – nommé stratège et gardien de la paix (στϱατηγὸς ; φύλαξ τῆς εἰϱήνης)[48], et se montra hostile aux riches oligarques du conseil des 600. Le nouveau stratège rassembla alors les vétérans ayant servi sous ses ordres et renforça ses troupes en recrutant des déshérités[49] ; il aurait ensuite simulé un attentat contre sa personne, dont il accusa les chefs des oligarques, qu'il fit arrêter et condamner à mort. La soldatesque excitée se déchaîna alors contre les riches et mit la ville à feu et à sang, tuant, violant et pillant : au cours de ces événements il y aurait eu 4 000 morts et plus de 6 000 exilés[50]. Après quoi, Agathocle feignit de se retirer de la vie politique mais, en 317, ses partisans réunis en assemblée l'acclamèrent et le proclamèrent stratège *autocratôr* ; selon Diodore, « *s'étant vu consentir la monarchie par la multitude, il fut investi par un vote à mains levées (ἐχειϱοτονήθη) stratège autocratôr. Du reste, il exerça ouvertement le pouvoir et se fit accorder le gouvernement de la cité* » (Συγχωϱήσαντος δὴ τοῦ πλήθους μοναϱχεῖν οὗτος μὲν ἐχειϱοτονήθη στϱατηγὸς αὐτοκϱάτωϱ καὶ τὸ λοιπὸν φανεϱῶς ἐδυνάστευε καὶ τῆς πόλεως ἐπιμέλειαν ἐποιεῖτο)[51].

Cette prise de contrôle tendrait à confirmer l'opinion d'Aristote au sujet des démagogues chefs d'armée ; mais Aristote se réfère à des époques reculées, n'évoquant que « quelques tentatives » pour les périodes ultérieures. Il apparaît cependant qu'à Syracuse, les prises du pouvoir de Gélon, Denys l'Ancien et Agathocle reproduisirent des processus analogues. Toutefois, si Agathocle tirait sa légitimité de ses victoires militaires, ses partisans se recrutant principalement parmi les vétérans qu'il avait

Diodore de Sicile, *Bibliothèque Historique* XIV, 65, 3 ; 68, 1 et 4. Voir Bachof 1884, p. 445-478 ; Lauritano 1956, p. 206-216 ; Manni 1970, p. 74-78. Justin livre une vision similaire de Denys le Jeune, en guerre contre Syracuse, *Abrégé des Histoires Philippiques de Trogue Pompée* XXI, 2. Voir aussi Platon, *Lettre VII ;* à la fin du livre III de la *République*, Platon ravale le tyran au rang d'ennemi de la *polis*. Chez Platon, le tyran apparaît donc également en lutte contre sa propre cité, Platon, *République* VIII, 567a : « Un tyran est toujours contraint de fomenter une guerre », voir Pontier 2006, p. 165. Voir aussi Platon *Lettre VII*, 329b-d ; Pontier 2006, p. 91 : « L'entourage du tyran Denys est un entourage de *stasis* ».

44. Diodore de Sicile, *Bibliothèque Historique* XIX, 9.
45. Sur ces deux tyrans voir Diodore de Sicile, *Bibliothèque Historique* XIX, 10, 3.
46. Diodore de Sicile, *Bibliothèque Historique* XIX, 4 et 10.
47. Diodore de Sicile, *Bibliothèque Historique* XIX, 5.
48. Diodore de Sicile, *Bibliothèque Historique* XIX, 5.
49. Diodore de Sicile, *Bibliothèque Historique* XIX, 6.
50. Diodore de Sicile, *Bibliothèque Historique* XIX, 6-8.
51. Diodore de Sicile, *Bibliothèque Historique* XIX, 9, 4, traduit par nos soins ; pour un usage similaire du verbe συγχωρέω, voir Hérodote, *Histoires* VII, 161. À comparer avec les fonctions de Denys l'Ancien, voir Diodore de Sicile, *Bibliothèque Historique* XIII, 96, 2. Helmut Berve estimait qu'Agathocle aurait reçu les pleins pouvoirs par un épimélète et donc que sa nouvelle autorité aurait été parfaitement légale, mais rien dans les textes ne le confirme, Berve 1967, p. 33-41.

commandés, les modalités d'affirmation de son emprise sur la cité différèrent de celles de Gélon et Denys l'Ancien, puisque ce ne fut qu'une fois maître de la *polis* qu'Agathocle bénéficia du titre de stratège *autocratôr* qui, dans son cas, évoque plus une marque de reconnaissance civique qu'une charge préparant la prise du pouvoir suprême. La proclamation d'Agathocle comme stratège *autocratôr* se rapproche donc davantage celle de Dion, telle que la raconte Diodore, que de celles des précédents tyrans syracusains[52].

Dans le cas d'Agathocle, comme dans celui de Dion, l'expression stratège *autocratôr* désigne en effet davantage un titre honorifique qu'un commandement militaire. On peut alors supposer que le lexique politique syracusain aurait évolué comme, par exemple, celui de Thessalie, où Jason de Phères s'imposa vers 375 en instituant la charge de *Tagos*[53], par extension de la dénomination traditionnellement donnée à l'ἄρχων commandant la *taxis*, organisation militaire et civique de base du *koinon* thessalien. Selon Bruno Helly, le *tagos* n'était jusqu'alors qu'un officiel local agissant à l'échelle de la cité, et le titre n'avait auparavant jamais été utilisé pour désigner l'individu à la tête des structures fédérales[54] :

> Ce que Jason a fait, en somme, ce n'est pas d'avoir usurpé un pouvoir suprême auquel il n'avait pas droit ou qui lui était contesté, mais de choisir un titre militaire caractéristique et de le porter au niveau le plus élevé du commandement, là-même où les fonctions militaires et civiles devaient se rencontrer. Jason aurait donc, en quelque sorte, sublimé le titre de tagos porté par les chefs des compagnies de mobilisation des cités[55].

À Syracuse, Agathocle pourrait de même avoir repris l'ancienne et prestigieuse charge militaire de stratège *autocratôr*, rehaussant ainsi, par une dénomination

52. La référence au faux attentat rappelle, en outre, la prise du pouvoir de Pisistrate à Athènes au IVe siècle : après avoir simulé une tentative d'assassinat contre sa personne, Pisistrate s'était en effet fait octroyer une garde de 300 porte-massues, sur laquelle il s'appuya pour s'emparer de la cité, Hérodote, *Histoire* I, 59. Au sujet de la garde de Pisistrate voir aussi Justin, *Histoire universelle* II, 8. Sur l'interprétation de l'armement des gardes de Pisistrate, Oliveira Gomes 2007, p. 54-55 ; Queyrel 2003, p. 42.
53. Helmut Berve affirme que Jason était le fils de Lycophron tout en reconnaissant que l'hypothèse ne peut être entièrement vérifiée, voir Berve 1967, vol. II, p. 285, 668, 761. Au sens poétique, ταγός signifiait « chef », « commandant », par exemple chez Eschyle (*Perses* 23, 324, 480) ou Sophocle (*Antigone* 1057) ; ce sens particulier semble transparaître dans une épigramme funéraire hellénistique découverte en Macédoine : voir Gounaropoulou, Hatzopoulos 1998 n° 392, p. 349. À propos de la Macédoine, notons qu'Hésychius écrit dans son *Lexicon* : Ταγόναγα : Μακεδονικῆτις ἀρχή. En Thessalie, le *tagos* était aussi le chef du *kléros*, unité territoriale destinée à l'exploitation de la terre ; à l'époque hellénistique, les *tagoi* devinrent les magistrats civiques des cités démocratiques, voir Helly 1995, p. 333, 337-338. À l'époque hellénistique, l'on observe des collèges de *tages* en Thessalie, généralement formés de cinq *tages*. Un τάγος apparaît aussi à Delphes dans l'inscription du Cippe des Labiades. Enfin, en Doride, l'on remarque également l'existence d'un τάγος à l'époque impériale, voir *BCH* 1994. Les *tages* ne doivent pas être confondus avec les *tagonates* macédoniens, mentionnés notamment à Mieza (inscription n° 40 du corpus de Pella).
54. Selon B. Helly, qui s'oppose à l'interprétation de M. Sordi (Sordi 1958), τάγος au singulier ne désignait pas le magistrat fédéral de Thessalie qui, toujours selon B. Helly, s'appelait le tétrarque. Pour une bibliographie sur la question, controversée, de la ταγεία, Carlier 1984, n. 214 p. 412.
55. Helly 1995, p. 349. Slawomir Sprawski reprend l'hypothèse de Bruno Helly « in essence this was a new office, legitimating the extraordinary position he had achieved in the state, thanks to his military prowess », Sprawski 1999, p. 23.

militaire traditionnelle, la nouvelle autorité qu'il venait d'obtenir : une souveraineté omnipotente, confondant les commandements militaires et politiques. En cela, son nouveau pouvoir différait de l'ancienne charge de stratège *autocratôr*, qui était supposée toujours demeurer sous le contrôle de l'assemblée. Le prestige de ce titre de stratège *autocratôr* diminua probablement lorsqu'en 306 Agathocle prit celui de βασιλεύς, achevant ainsi de légitimer sa monarchie en la hissant au niveau de celle des diadoques (selon Diodore il aurait même été le premier à se proclamer *basileus*). Il faut donc se demander si, à Syracuse, la polysémie de « stratège *autocratôr* » n'aurait pas, au travers de ses différentes acceptions, préfiguré la thématique de la qualification par la victoire propre à l'idéologie royale hellénistique, dans laquelle Agathocle se coula sans difficulté.

Notons toutefois que, par la suite, l'un des derniers tyrans de Syracuse, Hiéron II – qui régna de 270 à 215 – suivit moins l'exemple d'Agathocle que celui de Gélon et Denys l'Ancien, puisqu'il devint stratège à l'occasion d'une guerre contre les Mamertins, c'est-à-dire les Campaniens qui s'étaient emparés de Messine :

> L'armée syracusaine qui s'était révoltée contre le gouvernement et cantonnait autour de Merganè, avait mis à sa tête deux des siens : Artémidoros et celui qui fut par la suite roi de Syracuse, Hiéron, qui était relativement jeune mais brillamment doué pour régner et gouverner. Il prit le commandement, s'introduisit dans la ville grâce à quelques partisans et réduisit ses adversaires politiques ; puis il usa de sa victoire avec tant de modération et de noblesse que les Syracusains, tout indisposés qu'ils étaient par la désignation faite par les soldats, acceptèrent d'un élan unanime d'avoir Hiéron comme général en chef. Mais à ces premières mesures, il apparut aux bons observateurs qu'il nourrissait des espoirs plus vastes que son commandement ne permettait.[56]

Polybe n'emploie pas le mot *autocratôr*, mais le processus d'accès au pouvoir de Hiéron II rappelle celui de Gélon. Il semblerait d'ailleurs que celui-ci ait constitué un modèle pour le jeune Hiéron, bâtard d'une esclave mais prétendant cependant descendre des Deinoménides[57], c'est-à-dire de la propre famille de Gélon Ier : Hiéron II nomma d'ailleurs son fils Gélon, pour affirmer son appartenance à cette prestigieuse lignée[58].

La question des corrélations entre autorité militaire et pouvoir politique, les ambiguïtés du vocable αὐτοκράτωρ

À Syracuse les rapports entre la charge de stratège *autocratôr* et la prise de pouvoir tyrannique paraissent donc évidents. Ainsi, selon Thucydide, le Syracusain Hermocrate préconisa, en 415, devant l'assemblée des Camarinéens, la désignation de stratèges

56. Polybe, *Histoires* I, 8, 3-4, traduction Paul Pédech CUF ; voir Roussel 1970 ; Walbank 1957-1979, vol. I, p. 54-55.
57. Justin XXIII, 4
58. Le jeune Gélon mourut en 216, Tite Live XXIII, 30, 10 sq. ; Polybe, *Histoires* VII, 9.

autocratores[59], or Hermocrate tenta par la suite de s'emparer par la force de Syracuse. Remarquons d'ailleurs que le futur tyran Denys l'Ancien était un familier d'Hermocrate dont il épousa même la fille, Arété; cependant, en 410, l'assemblée des Syracusains, anticipant probablement la menace tyrannique, avait démis de leurs fonctions des stratèges *autocratores* proches d'Hermocrate, preuve que la cité cherchait à se prémunir contre la tyrannie par des procédures de contrôles rappelant celles qui existaient à Athènes[60].

L'usage du mot αὐτοκράτωρ par Thucydide pourrait refléter la diffusion en Sicile et en Grande Grèce de la désignation de stratèges *autocratores*, une soixantaine d'années après la prise du pouvoir de Gélon[61]. Pour étayer cette hypothèse l'on peut noter qu'un peu plus tard, au IVe siècle, Archytas de Tarente – qui n'avait rien d'un tyran et s'opposa à Denys l'Ancien – aurait été choisi comme στρατηγὸς αὐτοκράτωρ par les citoyens (ὑπὸ τῶν πολιτῶν)[62]. Timoléon, qui libéra la Sicile des tyrans, portait aussi ce titre, preuve que la charge ne menait pas inéluctablement à la tyrannie : cela discrédite le schéma de conquête du pouvoir exposé par Aristote dans la *Rhétorique* II, 20 1393b, à travers une fable suggérant que les fonctions de στρατηγός αὐτοκράτωρ marquent généralement une première étape dans l'accession à la tyrannie, avant la désignation d'une garde (φυλακὴν). L'on ne peut donc pas non plus suivre Martin Scheele, repris par Claude Nicolet, lorsqu'il affirme qu'à Syracuse la charge de stratège *autocratôr* n'était que la *Vorbereitung* de la tyrannie[63], car, comme nous l'avons vu à propos de Dion et Agathocle, le titre de stratège *autocratôr* était parfois décerné à un individu non au début, mais au terme de son ascension vers le pouvoir.

On peut néanmoins constater que l'ambiguïté sémantique d'*autocratôr* rejaillissait sur la fonction elle-même, ce qui peut éclairer, en Grèce continentale par exemple, les conduites tyranniques attribuées aux stratèges *autocratores* phocidiens de la Troisième Guerre Sacrée[64].

Émile Benveniste souligne d'ailleurs l'ambivalence linguistique du thème *krat-* (ou *kart-*) et de ses dérivés :

> Quand de *krátos*, on passe à *kraterós*, on attend dans l'adjectif une notion de même signe que dans le substantif : *krátos* dénotant toujours une qualité de héros, de braves, de chefs, il va de soi et l'on a constaté en effet que l'adjectif *kraterós* a valeur d'éloge. On doit d'autant plus s'étonner alors de rencontrer

59. Thucydide, *Histoire de la Guerre du Péloponnèse* VI, 72, 5 : « Ces stratèges, enfin, il fallait, en même temps que les choisir peu nombreux et dotés des pleins pouvoirs (ὀλίγους καὶ αὐτοκράτορας) s'engager par serment à les laisser commander en se fiant à leur expérience » (traduction J. de Romilly CUF modifiée). Voir Hofer 2000, p. 185-190.
60. Lenschau 1912 ; Grosso 1966, p. 102-143 ; Sordi 1981, p. 595-600 ; Billault 1989, p. 540-548 ; Hofer 2000, p. 192-196.
61. Voir Scheele M. 1932, p. 19-55.
62. Voir la *Souda* à l'article Ἀρχύτας. Archytas n'avait rien d'un tyran et aurait même, selon la légende rapportée par la *Souda*, sauvé Platon menacé de mort par Denys le Jeune de Syracuse. Sur Archytas de Tarente voir Strabon, *Géographie* VI, 3, 4 et Diogène Laërce, *Vies et doctrines des philosophes illustres* VIII, 79-83. Sur les idées politiques pythagoriciennes d'Archytas de Tarente, Delatte 1922, p. 71-124. Pour une synthèse de l'action politique et militaire d'Archytas, De Juliis 1996, p. 250-251 et surtout De Juliis 2000, p. 26-27 ; sur le titre porté par Archytas, Huffman 2005, p. 15-18.
63. Scheele, Nicolet 1988, p. 39-40.
64. Diodore de Sicile, *Bibliothèque Historique* XVI, 23-24, 32 ; Pausanias, *Description de la Grèce* X, 2, 6 ; Plutarque, *Sur les Oracles de la Pythie* 8. Voir Nicolet 1988, p. 39-40 ; Trundle 2004, p. 37.

> *kraterós* dans d'autres emplois, ceux-ci rien moins qu'élogieux, impliquant blâme ou reproche. [...] Alors que *krátos* se dit exclusivement des dieux et des hommes, *kraterós* peut qualifier aussi des animaux, des choses, et le sens est toujours « dur, cruel, violent ». [...] Nous sommes vraiment très loin du kraterós laudatif[65].

Il est cependant permis de nuancer ces affirmations car κράτος désigne, non seulement la force et la puissance des hommes et des dieux, mais aussi chez Homère par exemple, la solidité matérielle comme la résistance des métaux[66]. Quant à κρατερός, s'il est parfois utilisé pour connoter la férocité, la dureté, et pour caractériser la violence des combats ou une pénible nécessité[67], il peut également qualifier la divinité[68], ou le lion, animal noble par excellence[69], il ne prend donc pas invariablement une valeur dépréciative.

Quoi qu'il en soit, et compte tenu de l'évolution de la langue, il est possible que la relative amphibologie des mots dérivés du thème *krat-* (*kart-*) explique les jugements contradictoires portés sur le στρατηγὸς αὐτοκράτωρ, perçu soit comme un défenseur de la *polis*, soit comme un ambitieux aspirant à la tyrannie. Dans son analyse des épopées homériques, Émile Benveniste fait d'ailleurs remarquer que *krátos* y souligne toujours la supériorité d'un individu – tant au combat qu'à l'assemblée – légitimant ainsi le pouvoir du roi ou du chef homérique. Étymologiquement, αὐτοκράτωρ contient donc à la fois une idée de force – voire de violence – et de puissance, autant guerrière que politique. Ces observations d'Émile Benveniste sur le monde homérique semblent aussi convenir aux stratèges *autocratores* siciliens, victorieux à la guerre et exerçant leur emprise sur l'assemblée. À la différence des chercheurs antérieurs[70], Jeanine Boëldieu-Trevet, dans son étude sur les stratèges *autocratores*, a d'ailleurs insisté sur la complexité du terme et ses liens avec la mise en place, ou les tentatives d'instauration, de tyrannies, non seulement à Syracuse, mais également en d'autres cités grecques, plus particulièrement à Athènes, où « les premières désignations de stratèges *autocratores* datent de l'expédition de Sicile en 415 (Thuc. VI. 8.2 ; *IG*^{2} 98 = *Tod*^{1} 77A) ». Si ce phénomène ne bouleversa pas immédiatement le fonctionnement de la démocratie[71], les choses évoluèrent en 407-406, lors du retour à Athènes d'Alcibiade qui fut, selon Xénophon, « proclamé chef suprême (ἡγεμὼν αὐτοκράτωρ) avec pleins pouvoirs »[72] ; Diodore de Sicile, repris par Plutarque, rapporte qu'Alcibiade « finit par se faire instituer stratège *autocratôr* sur terre

65. Benveniste 1969, p. 78-79, voir aussi p. 71.
66. Homère, *Odyssée* IX, 393.
67. Homère, *Iliade* II, 345. L'on peut toutefois se demander si, dans le contexte d'un affrontement épique, le qualificatif est vraiment dévalorisant ou s'il souligne simplement l'âpreté de la lutte. Homère, *Iliade* VI, 458.
68. Homère, *Iliade* II, 515. Il est vrai qu'il s'agit ici d'Arès, dieu de réputation douteuse, d'où une possible nuance péjorative de l'adjectif.
69. Homère, *Odyssée* IV, 335.
70. À la suite des recherches de Martin Scheele, Claude Nicolet avait déterminé trois groupes homogènes de stratèges *autocratores* : « Les magistrats dans les cités de Grèce propre et d'abord à Athènes », les stratèges *autocratores* de Syracuse à partir de Gélon et, enfin, Alexandre et ses généraux, Scheele 1932 ; Nicolet 1988, p. 39-40.
71. Boëldieu-Trevet 2007, p. 245-246. Notons cependant que, vers 630, pour résister au coup d'état tyrannique des partisans de Cylon, les Athéniens auraient désigné des stratèges *autocratores*, Hérodote, *Histoire* VI, 71. Par la suite, au ve siècle, Périclès ne fut pas stratège *autocratôr*, Azoulay 2010, p. 42.
72. Xénophon, *Helléniques* I, 4, 20. Trad. J. Hatzfeld CUF : ἀναρρηθεὶς ἁπάντων ἡγεμὼν αὐτοκράτωρ.

et sur mer, se faisant remettre toute la puissance », tandis que Cornélius Népos précise même qu'Alcibiade reçut les pleins pouvoirs : « *totaque res publica domi bellique* »[73]. Bien qu'exercées en des temps et des lieux éloignés, les fonctions d'Alcibiade et celles de Gélon présentent des similitudes : ainsi, selon Xénophon et Diodore de Sicile, Alcibiade, bien que στρατηγός αὐτοκράτωρ, demeurait soumis au contrôle de l'assemblée tout comme Gélon rendait probablement compte de ses actions aux citoyens. Cette analogie de situation ne surprend pas puisqu'à Athènes comme à Syracuse « le substantif stratègos qualifie le général élu au plus haut commandement et envoyé en campagne sur décision d'une assemblée »[74]. À la suite des traditions hostiles à Alcibiade rapportées par Plutarque, l'on a parfois considéré que les fonctions de στρατηγός αὐτοκράτωρ qui lui avaient été attribuées auraient préparé l'établissement d'un pouvoir concentrant les responsabilités militaires et politiques aux mains d'un seul individu[75], en un système proche de la tyrannie définie par Aristote dans la *Politique* V, v, 6[76]. Rappelons cependant que l'autorité d'Alcibiade était limitée par les procédures de contrôle démocratiques et qu'à la différence de Gélon et Denys, l'Athénien ne bénéficia pas du prestige conféré par une victoire militaire qui, nous l'avons vu, paraît déterminante dans l'établissement d'une tyrannie[77]. L'obtention d'une charge militaire pouvait donc parfois être perçue comme un moyen d'accéder à une forme de pouvoir absolu susceptible de réaliser toutes les potentialités inhérentes aux diverses acceptions du thème *krat-* (*kart-*).

En définitive, et pour paraphraser la définition de la légitimité donnée par Maurice Duverger, les victoires des stratèges *autocratores* syracusains leur permirent d'obtenir une adhésion spontanée des citoyens manifestée par les acclamations à l'assemblée, et donc de s'imposer sans trop de violence[78], tout du moins dans un premier temps. Rapidement, en effet, Denys l'Ancien et Agathocle de Syracuse se révélèrent des tyrans en guerre contre leurs propres cités.

Les traditions rattachées aux prises du pouvoir des tyrans syracusains confirment donc les réflexions d'Aristote, pour qui la tyrannie était originellement une monarchie guerrière. Même s'il faut éviter toute généralisation abusive, l'on constate que les fonctions de στρατηγός αὐτοκράτωρ marquèrent parfois une étape dans le parcours d'aspirants à la tyrannie, en raison du prestige de leurs victoires militaires. Toutefois, il semblerait qu'à Syracuse le sens de la locution stratège *autocratôr* ait évolué entre le début du ve siècle et le début du IIIe siècle : à l'origine elle qualifiait un commandement militaire étendu mais contrôlé par la cité et l'assemblée, tel celui qui permit à Gélon et Denys d'affermir le prestige militaire nécessaire à leur légitimation politique. Par la suite cependant, si Agathocle exploita également sa renommée guerrière pour

73. Diodore de Sicile, *Bibliothèque Historique* XIII, 69, 3 : Τὸ δὲ τελευταῖον αὐτὸν στρατηγὸν καταστήσαντες αὐτοκράτορα καὶ κατὰ γῆν καὶ κατὰ θάλατταν, ἁπάσας τὰς δυνάμεις ἐνεχείρισαν αὐτῷ ; Plutarque indique qu'Alcibiade fut élu « stratège à la fois sur terre et sur mer avec les pleins pouvoirs » (ἡρήθη δ'ἅμα καὶ κατὰ γῆν καὶ κατὰ θάλατταν αὐτοκράτωρ στρατηγός), Plutarque, *Alcibiade* 33, 2. Trad. R. Flacelière, E. Chambry CUF ; Cornélius Népos, *Alcibiade* 7. Voir Boëldieu-Trevet 2007, p. 247.

74. Boëldieu-Trevet 2007, p. 29 : « *À Syracuse* [...] *être stratège recouvre une réalité analogue à celle d'Athènes* ».

75. Plutarque, *Vie d'Alcibiade* 16.

76. Voir Bearzot 1988, p. 39-57.

77. Boëldieu-Trevet 2007, p. 247.

78. Duverger (dir.) 1982, p. 7.

s'emparer du pouvoir, l'expression stratège *autocratôr* sembla moins désigner une charge militaire qu'un titre honorifique (comme dans le cas de Dion), qui préfigurait peut-être celui de βασιλεύς qu'Agathocle prit en 306.

L'on peut donc se demander si la qualification par la victoire n'aurait pas joué un rôle important dans les processus d'instauration de monarchies non héréditaires : les souverains n'y tirant leur légitimité ni de leurs origines sociales ni de leurs ancêtres pourraient avoir eu particulièrement besoin de s'appuyer sur leurs victoires afin de légitimer des pouvoirs de nature charismatique, pour reprendre la typologie de Max Weber. Par ailleurs, en dehors même de Syracuse, l'on observe une évolution sémantique de la locution stratège *autocratôr* dans les années 330, dans le contexte de l'expédition en Asie projetée par Philippe II puis Alexandre III[79]. Les Macédoniens nommèrent en effet des stratèges *autocratores*, c'est-à-dire, pour reprendre la définition donnée par Claude Nicolet, disposant des « pleins pouvoirs sur le terrain pour la mission – ce qui ne veut pas dire, naturellement, indépendance ou souveraineté »[80]. Dans le cadre de l'empire d'Alexandre puis des royaumes hellénistiques, la fonction s'apparenta ensuite à celle de gouverneur d'une région, et ses dépositaires ne s'en servirent nullement comme mode d'accès à la tyrannie. Relevons toutefois une occurrence intéressante de l'expression sur une monnaie de l'usurpateur Tryphon, en Syrie vers 142-139, où l'on peut lire : ΒΑΣΙΛΕΩΣ ΤΡΥΦΩΝΟΣ ΑΥΤΟΚΡΑΤΟΡΟΣ ; ici, les circonstances de l'usurpation de Tryphon – parvenu au pouvoir par les armes – expliqueraient l'emploi d'αὐτοκράτωρ. Glorifiant la supériorité guerrière autant que la dignité royale du monarque, cette inscription monétaire semble traduire la persistance, dans les mentalités, de la croyance selon laquelle la suprématie du chef militaire légitimerait, de sa part, l'instauration d'un pouvoir personnel[81].

Gerbert Bouyssou
Maître de conférences,
université de Polynésie Française

Bibliographie

Azoulay V. (2004), *Xénophon et les grâces du pouvoir, de la charis au charisme*, Paris, Publication de la Sorbonne.

Bachof E. (1884), *Neue Jahrbücher für Klassische Philologie*, 129.

Bearzot C. (1988), « Strategia autocratica e aspirazioni tiraniche. Il caso di Alcibiade », *Prometheus*, 14.

Benedetto B. (1992), « Citoyens et non-citoyens dans les cités coloniales à l'époque archaïque », dans Lonis R. (dir.), *L'étranger dans le monde grec*, Nancy, PU de Nancy, p. 43-85.

Benveniste E. (1969), *Le vocabulaire des institutions indo-européennes*, Paris, Éditions de Minuit.

Berve H. (1957), *Dion*, Wiesbaden, Steiner.

—. (1967), *Die Tyrannis bei den Griechen*, Münich, C. H. Beck.

79. Diodore de Sicile, *Bibliothèque Historique* XVI, 60, 5 puis 89, 3 ; XVII, 4, 9 ; XVIII, 40, 1 puis 58, 2 ; *Helléniques d'Oxyrinchos* I, 12. Voir aussi Plutarque, *Eumène* 5.
80. Nicolet 1988, p. 39-40.
81. Le Rider 1959, p. 249.

Billault A. (1989), « De l'histoire au roman : Hermocrate de Syracuse », *REG*, 102, 2, p. 540-548.
Boëldieu-Trevet J. (2007), *Commander dans le monde grec au ve siècle avant notre ère*, Besançon, PU de Franche Comté.
Carlier P. (1984), *La royauté en Grèce avant Alexandre*, Strasbourg, AECR.
Chantraine P. (2009 [1968]), *Dictionnaire étymologique de la langue grecque*, Paris, Klincksieck.
Couvenhes J.-C. (2005), « *De Disciplina Graecorum* », dans Bertrand J.-M., *La violence dans les mondes grec et romain*, Paris, p. 431-454.
De Juliis E. M. (1996), *Magna Grecia, L'Italia meridionale dalle origini leggendarie alla conquista romana*, Bari, Edipuglia.
—. (2000), *Taranto*, Bari, Edipuglia.
Delatte A. (1922), *Essai sur la politique pythagoricienne*, Liège / Paris, Slatkine.
Duverger M. (1982), *Dictatures et légitimité*, Paris, PUF.
Fouchard A. (1997), *Aristocratie et démocratie, idéologies et sociétés en Grèce ancienne*, Besançon / Paris, Les Belles Lettres.
Fröhlich P. (2004), *Les Cités grecques et le contrôle des magistrats, IVe-Ier siècles av. J.-C.*, Genève, Droz.
Gounaropoulou L., Hatzopoulos M. B. (1998), *Επιγραφές Κάτω Μακεδονίας*, Paris / Athènes.
Grosso F. (1966), « Ermocrate di Siracusa », *Kokalos*, 12, p. 102-143.
Helly B. (1995), *L'État thessalien, Aleuas Le Roux. Les Tétrades et les Tagoi*, Lyon, Maison de l'Orient.
Hofer M. (2000), *Tyrannen, Aristokraten, Demokraten, Untersuchungen zu Staat und Herrschaft im griechischen Sizilien von Phalaris bis zum Aufstieg von Dionysios I*, Berne, Peter Lang.
Lauritano R. (1956), « Sileno in Diodoro? », *Kokalos*, 2, p. 206-216.
Lenschau W. (1912), « Hermokrates I », dans A. Pauly, G. Wissowa, W. Kroll (dir.) *Real-Encyklopädie der classischen Altertumswissenschaft*, n° 8-1, col. 883-887.
Le Rider G. (1959), « Monnaies de Characène » dans *Syria*, 36, p. 229-253.
McGlew J. F. (1993), *Tyranny and Political Culture in Ancient Greece*, Cornell UP.
Manni E. (1970), « Ancora a proposito di Sileno – Diodoro », *Kokalos*, 16, p. 98-122.
Meister K. (1967), *Die sizilische Geschichte bei Diodor von den Anfängen bis zum Tod des Agathokles*, Münich, Blasaditsch.
Mossé C. (2004 [1969]), *La tyrannie dans la Grèce antique*, Paris, PUF.
Nicolet C. (1988), « Dictateurs Romains, στρατηγοί αὐτοκράτορες grecs et généraux carthaginois », dans Hinard F., *Dictatures. Actes de la table ronde, Paris, 27-28 février 1984*, Paris, De Boccard.
Pearson L. (1987), *The Greek Historians of the West, Timaeus and his Predecessors*, Atlanta, Published for the American Philological Association by Scholars Press.
Péré-Nogues S. (2009), « Les enseignements d'un récit : les débuts politiques de Denys l'Ancien d'après Diodore de Sicile », *Pallas*, 79, p. 105-118.
Pontier P. (2006), *Trouble et ordre chez Platon et Xénophon*, Paris, Vrin.
Roussel D. (1970), *Les Siciliens entre les Romains et les Carthaginois à l'époque de la première guerre punique, essai sur l'histoire de la Sicile de 276 à 241*, Besançon, PU de Franche Comté.
Rutter N. K. (2000), « Syracusan Democracy: "Most Like the Athenian"? », dans Brick R., Hodkinson S. (dir.), *Alternatives to Athens. Varieties of Political Organization and Community in Ancient Greece*, Oxford, Oxford UP, p. 137-151.
Scheele M. (1932), « Στρατηγὸς Αὐτοκράτωρ », *Staatsrechtliche Studien zur griechischen Geschichte*, Leipzig, Vogel Engelsdorf.
Sordi M. (1958), « La lega tessala fino ad Alessandro Magno », *Studi publicati dall' Istituto italiano per la storia antica*, 15.
Sprawski S. (1999), *Jason of Pherae*, Cracovie, Jagiellonian UP.
Trundle M. (2004), *Greek Mercenaries, from the late Archaïc Period to Alexander*, Londres / New York, Routledge.
Walbank F. W. (1957-1979), *A Historical Commentary on Polybius*, Oxford, Clarendon.

Jean-Christophe Couvenhes

Le portrait de Nabis et de ses mercenaires par Polybe 13.6.1-10 et 8.1-2 : quels gardes du corps pour quelle légitimité politique ?

La raison pour laquelle Nabis occupe une place paradoxale *à la fois dans* l'histoire et dans l'historiographie de Sparte hellénistique tient pour une bonne part au portrait que Polybe dresse du personnage et des ses mercenaires, au Livre XIII de ses *Histoires*. Il s'agit là d'un témoignage direct et dépréciatif de l'historien achéen Polybe qui fut son contemporain et dont semblent dépendre toutes les sources ultérieures[1] : Tite-Live[2], mais aussi Diodore[3], Plutarque[4] et Pausanias[5]. Dans cette tradition antique qui trouve sa source chez Polybe, Nabis apparaît clairement comme une sorte d'archétype du tyran, cupide et cruel, dont la légitimité s'appuie exclusivement sur des hommes de main, mercenaires ou pirates sans foi ni loi. Les modernes ont parfois suivi ce jugement hérité de l'Antiquité[6].

L'action de Nabis semble entachée par la manière dont il prit le pouvoir, c'est-à-dire par la force et de manière illégitime, tel un tyran de l'époque archaïque[7]. Il est vrai que cette prise de pouvoir survient à la suite d'une longue période de très forte instabilité politique. En effet, après la défaite spartiate de Sellasie infligée par les Macédoniens en 222, et l'exil pour Alexandrie du roi Cléomène III, différents personnages se disputèrent le pouvoir, parfois pour un temps très court, selon une

1. Ce point a été établi par Mundt 1903, p. 22-23.
2. Tite-Live revient à plusieurs reprises sur Nabis, notamment en 32.38.2-3-39 ; 33.44.3 ; 34.22 ; 34.31-35 ; 35.36 ; 38.34.4-6.
3. Diodore 27.1.
4. Plutarque, *Flamininus* 18
5. Pausanias 4.29.10.
6. Mundt 1903, p. 23-24 ; et encore Mendels 1978, dans une certaine mesure.
7. Qu'est-ce qu'un tyran ? Berve 1967 cherche à préciser la nature institutionnelle de la tyrannie, au delà de différents types de comportement ou figures tyranniques. Pour ce qui est de Polybe, je tiens à remercier Marie-Rose Guelfucci qui a rappelé à mon attention le fait qu'au livre VI de ses *Histoires*, l'Achéen développe justement les rapports roi-tyran, au même titre que les rapports aristocratie-oligarchie, démocratie-ochlocratie : à cause de sa *pleonexia*, le roi idéal reconnu par tous est constamment menacé de devenir un tyran ; cette dégénérescence, inévitable ?, ne peut être freinée que par la combinaison des trois pouvoirs de la constitution dite « mixte » ; cf. en dernier lieu Guelfucci 2013, p. 157-158. Ainsi, Nabis se donne comme roi (dans le schème polybien : justice, service du collectif, piété, clémence, etc.), mais n'est en fait qu'un tyran puisqu'il correspond à un roi dénaturé, reconnu en outre des seuls criminels (13.6.5).

chronologie qui ne peut pas toujours être parfaitement précisée[8]. À son arrivée en 207 Nabis se débarrassa vraisemblablement assez vite du jeune roi Pélops, fils de Lycurgue, dont l'ascendance royale est douteuse[9]. Dans un passage qui abrège Polybe et en même temps l'amplifie et le détourne, en insistant sur le crime originel de l'usurpateur Nabis, Diodore insiste :

> Nabis, tyran des Lacédémoniens, fit périr Pélops, le fils de l'ancien roi Lycurgue, bien que ce fût un jeune garçon ; il redoutait en effet que le garçon, une fois en âge, ne rende un jour la liberté à sa patrie, la noblesse de sa naissance lui ayant donné l'assurance nécessaire. Choisissant lui-même les Lacédémoniens les plus distingués, il les faisait périr, et il fit venir de toute part, comme mercenaire, les pires individus pour être les gardiens de son pouvoir. C'est pourquoi de partout affluaient à Sparte des pilleurs de temples, des voleurs, des brigands qui avaient été condamnés à mort. Ayant en effet acquis la tyrannie par des moyens impies, il s'attendait à ce qu'elle ne lui fût très solidement conservée que par ces seuls individus[10].

On retrouve là une représentation caractéristique du tyran grec compris comme « un contre-modèle à la cité » ainsi que l'a récemment mis à jour un travail prometteur[11]. Au IVe siècle déjà, Xénophon avait théorisé la solitude du tyran dans son traité de philosophie politique qu'est le *Hiéron*, solitude liée au fait que le tyran « en armes », à cause de ses gardes, est sans cesse en guerre contre sa cité[12].

Pourtant, l'action politique de Nabis ne se limita pas au seul épisode de sa prise de pouvoir et elle put au contraire s'inscrire dans un temps plus long que celle de ses prédécesseurs immédiats. Certains aspects de la politique de Nabis le placent d'ailleurs comme l'un des continuateurs de ce mouvement de réformes initié à Sparte par Agis IV en 242, poursuivi par Cléomène III en 227 et caractérisé notamment, mais pas seulement, par des abolitions de dettes et des redistributions de terre en

8. Après la mort en Égypte de Cléomène III, on mit un enfant sur le trône : Agésipolis III, petit-fils de Cléombrotos, de la famille des Agiades. Un certain Lycurgue, qui n'appartenait pas aux Eurypontides, fit son apparition et devint roi à son tour en soudoyant les éphores et en écartant Agésipolis. Bien que Chilon, d'ascendance royale, soit parvenu un temps à le renverser, Lycurgue dirigea la cité jusqu'en 215/214 et son fils Pélops, un enfant, lui succéda. Apparaît alors Machanidas, peut-être un mercenaire, qui parvient en quelques années à s'élever du statut de tuteur du prince héritier mineur Pélops à celui de tyran de Sparte.
9. C'est ce que rapporte Diodore 27.1 qui néanmoins dépend complètement sur ce point de Polybe qui, lui, ne parle pourtant pas des circonstances de la disparition de Pélops.
10. Diodore 27.1 (trad. Goukowsky 2012) : Ὅτι Νάβις ὁ τύραννος τῶν Λακεδαιμονίων ἀνεῖλε Πέλοπα τὸν Λυκούργου μὲν τοῦ βασιλεύσαντος υἱόν, παῖδα δὲ τὴν ἡλικίαν ὄντα. Εὐλαβεῖτο γὰρ μή ποτε ὁ παῖς παραγενηθεὶς εἰς ἡλικίαν ἀποκαταστήσῃ τῇ πατρίδι τὴν ἐλευθερίανμ πεφρονάτισμένος διὰ τὴν εὐγένειαν. Αὐτος δὲ τοὺς χαριεστάτους τῶν Λακεδαιμονίων ἐπιλεγόμενος ἀνῄρει καὶ μισθοφόρους πανταχόθεν τοὺς χειρίστους συνήγαγε φύλακας τῆς δυναστείας. Διόπερ ἐκ πάντος τόπου συνέρρεον εἰς τὴν Σπάρτην ἱερόσυλοι, φῶρες, λησται <γενόμενοι> κατάδικοι θανάτου. Ἀσεβῶς γὰρ τὴν τυραννίδα περιποιησάμενος ὑπὸ μόνων τούτων ἤλπιζε βεβαιότατα τηρηθήσεσθαι.
11. G.-S. Bouyssou, *Le tyran grec, genèse et représentation d'un contre-modèle, ve-ier siècle av. J.-C.*, Thèse de doctorat, université François-Rabelais, Tours, 2014 (sous la direction de Catherine Grandjean).
12. Xénophon, *Hiéron* 2.8 et surtout 6.4-8 ; sur la solitude du tyran pour d'autres raisons que militaires : cf. Platon, *République* 9.576a et Aristote, Éthique à *Nicomaque* 8.4.4.

vue d'augmenter le corps civique. Certains modernes ont plus ou moins modelé cette image de Nabis réformateur, plus modérée que celle du tyran cruel[13].

Par ailleurs, dans l'historiographie, la place de Nabis fut souvent évaluée en fonction de la manière dont on considérait la Sparte de la deuxième moitié du IIIe siècle, c'est-à-dire le plus souvent comme une Sparte des « Révolutions »[14]. Certains raccourcis avec l'époque contemporaine n'ont pas été évités. Outre-Atlantique, l'action révolutionnaire de Nabis a parfois été jaugée à la lumière de la Révolution russe débutée à la fin de la Première guerre mondiale[15]. Outre-Manche, Nabis est caractérisé comme le promoteur d'un « idéal communiste » sous la plume de Guy T. Griffith, dans sa monographie sur le mercenariat parue en 1935[16]. En France même, Nabis était qualifié de « chef révolutionnaire » par André Aymard[17] en 1938 ; de « tyran révolutionnaire » encore par Claude Mossé[18] en 1964. En 1930, dans une étude d'histoire événementielle d'une grande clarté, Maurice Holleaux considérait que :

> Nabis [...] was the very type of the revolutionary prince. Under him the social revolution, smouldering everywhere, triumphed at Sparta. Having formed a *Red Guard* of Cretans and mercenaries recruited from among the adventurers of all Greece, he removed his Ward Pelpos, seized the crown, and applied the extremist programm in its entirety[19].

Arrêtons-nous un instant sur cette citation, qui nous rappelle que tout historien de l'Antiquité est aussi l'historien de son temps. La vision de Maurice Holleaux m'a paru significative : Nabis y est présenté comme seul maître du pouvoir, dirigeant la cité d'une manière autoritaire, en recourant à des exactions contre les riches et en s'appuyant sur quelques familiers et surtout sa garde qui est qualifiée de « *Red Guard* », « Garde Rouge ». La citation de M. Holleaux pourrait d'ailleurs répondre parfaitement au thème de la présente journée d'étude : au delà de l'anachronisme qui compare les soldats de Nabis à une véritable Garde Rouge, est affirmée avec force l'idée selon laquelle la légitimité politique du « prince révolutionnaire », du moins lors de sa prise du pouvoir, s'appuie en premier lieu sur sa garde personnelle de « Crétois et mercenaires ». Or, sur ce point, M. Holleaux se contente de reprendre à son compte Diodore, et à travers cette source, le portrait que Polybe dresse de Nabis et de ses mercenaires au début du livre XIII de ses *Histoires*.

13. Ehrenberg 1935 ; Oliva 1971, p. 275-279, dresse un état des lieux des différentes visions de Nabis dans l'historiographie ; en dernier lieu Texier 1975.
14. Hodkinson 2000, p. 43-48.
15. Hadas 1932, p. 74-76 commenté par Oliva 1971, p. 276, n. 5. À l'inverse, Coleman-Norton 1941, p. 76 compare l'œuvre de Nabis au « New Deal » de Roosevelt.
16. Griffith 1935, p. 96 : « He advanced towards communistic idéals as to deprive the rich for their money, property and wives, in order to give them to the more outstanding of his own mercenaries and supporters ».
17. Aymard 1938, p. 135 et note 16 dans laquelle Aymard offre une image plus précise et ambivalente : « C'est un révolutionnaire, mais aussi un patriote spartiate et ces deux aspects du personnage peuvent conjointement plaire ou conjointement déplaire ».
18. Mossé 1964, p. 319 : « Nous voudrions essayer de montrer qu'en fait Nabis ne s'explique pas seulement par la tradition spartiate, et que, dans une certaine mesure, il incarne réellement ce que ses adversaires ont vu en lui : un tyran révolutionnaire » ; Mossé 2004, p. 179-192, chapitre IV : « Nabis ou le tyran révolutionnaire ».
19. Holleaux 1930, p. 147 ; p. 189, Holleaux présente à nouveau Nabis comme « the communist abhorred by all Greek rich men ».

Je souhaite revenir sur le portrait de Nabis et de ses mercenaires selon Polybe afin de déterminer si la lecture qu'en propose l'historien achéen doit *être prise au pied de la lettre ou* bien si, à travers l'exagération des traits du portrait polybien et la mise en perspective d'autres sources, ce n'est pas un autre Nabis qu'il faut invoquer : non pas le *tyrannos* mais le *basileus*, dont la légitimité s'appuie encore sur des gardes du corps et une armée ?

Nabis selon Polybe : un *tyrannos* dont le pouvoir est légitimé par ses mercenaires

Le portrait polybien, placé au livre 13.6-8, détermine la nature du pouvoir de Nabis et répond à la question de sa légitimité. L'historien mégalopolitain qualifie Nabis de *tyrannos Lakédaimoniôn* parce que le pouvoir du tyran s'appuie exclusivement sur ses mercenaires. C'est d'ailleurs un double portrait que dresse Polybe : celui de Nabis et celui de ses mercenaires, le portrait de l'un se nourrissant du portrait des autres et vice-versa. Voici ce qu'écrit l'historien achéen :

> 13.6.1 Nabis, tyran des Lacédémoniens, qui gouvernait depuis plus de deux ans, n'entreprenait pas d'actions et de coup importants, parce que la défaite de Machanidas par les Achéens était récente, 2 mais il jetait les fondations, il posait les bases d'une longue et dure tyrannie. 3 Il anéantit tout ce qui restait de Sparte sans exception, il exila ceux que distinguait leur richesse ou leur naissance illustre et il livra leurs biens et leurs épouses aux plus notables des autres citoyens et à ses mercenaires. 4 C'étaient des assassins, des cambrioleurs des détrousseurs, des perceurs de murailles (οὗτοι δ᾽ ἦσαν ἀνδροφόνοι καὶ παρασχίσται, λωποδύται, τοιχωρύχοι) ; de partout au monde, on voyait s'empresser de s'agglomérer autour de lui cette catégorie d'hommes, des gens à qui leur patrie était fermée à cause de leur impiété et de leurs crimes. 5 S'étant proclamé leur protecteur et leur roi, et faisant d'eux ses satellites et ses gardes du corps, il s'apprêtait évidemment à conserver longtemps son renom d'impiété et son trône (ὧν προστάτην καὶ βασιλέα αὑτὸν ἀναδείξας, καὶ χρώμενος δορυφόροις καὶ σωματοφύλαξι τούτοις, δῆλον <ὅτι> ἔμελλε πολυχρόνιον ἕξειν τὴν ἐπ᾽ ἀσεβείᾳ φήμην καὶ δυναστείαν). 6 Car qui plus est, non seulement il exilait ses concitoyens, mais les exilés n'avaient même pas de lieu sûr, de refuge assuré. 7 Il se débarrassait de certains d'entre eux en chemin, en envoyant des hommes auprès d'eux ; il en assassinait d'autres revenus d'exil. 8 Dans les villes enfin, il faisait louer par des gens d'apparence innocente les maisons voisines de celles où un exilé se trouvait installé, et il y envoyait des Crétois qui, en perforant les murs et en tirant par les ouvertures ainsi pratiquée, supprimaient ces exilés, debout ou couchés, dans leur propre maison, 9 de sorte que ces malheureux Lacédémoniens n'avaient ni un endroit où se réfugier ni une minute de sécurité. 10 Ainsi donc, il en fit disparaître la plupart par ces procédés[20].

20. Polybe 13.6.1-10 (trad. Foulon, Weil et Cauderlier 1995) : ὁ δὲ τῶν Λακεδαιμονίων τύραννος Νάβις, ἔτος ἤδη τρίτον ἔχων τὴν ἀρχήν, ὁλοσχερὲς μὲν οὐδὲν ἐπεβάλλετο πράττειν οὐδὲ τολμᾶν διὰ τὸ

Ensuite, Polybe se fait l'écho de l'atroce machine mise au point par Nabis pour éliminer ses ennemis[21] (13.7.1-11), puis de son association avec les pirates crétois :

> 13.8.1 Qui plus est, le reste de son règne ressembla et répondit à ce qu'on vient de voir. 2 Nabis s'était associé aux Crétois pour la piraterie (ἐκοινώνει μὲν γὰρ τοῖς Κρησὶ τῶν κατὰ θάλατταν λῃστειῶν) ; il avait partout dans le Péloponnèse des pilleurs de sanctuaires, des voleurs de grand chemin, des assassins à la disposition de qui il mettait Sparte, comme base et refuge, contre une part dans les bénéfices de leurs forfaits (εἶχε δὲ καθ᾽ ὅλην τὴν Πελοπόννησον ἱεροσύλους, ὁδοιδόκους, φονέας, οἷς μερίτης γινόμενος τῶν ἐκ τῆς ῥᾳδιουργίας λυσιτελῶν ὁρμητήριον καὶ καταφυγὴν παρείχετο τούτοις τὴν Σπάρτην)[22].

Vient enfin l'épisode du vol du cheval blanc de Nabis par des étrangers venus de Béotie qui parvinrent à soudoyer un valet d'écurie, ce qui déclencha une guerre qui consista en une série de raids frontaliers contre Mégalopolis[23] (13.8.3-7).

Ce long portrait de Nabis (et de ses mercenaires), dont nous n'extrayons que deux passages substantiels – ceux qui mentionnent justement les mercenaires – a finalement été assez peu commenté[24]. Nabis y apparaît comme un tyran, un despote sanguinaire, dont la légitimité politique repose entièrement sur l'action criminelle de ses mercenaires. Le jugement de Polybe sur la nature politique du pouvoir de Nabis

πρόσφατον εἶναι τὴν ὑπὸ τῶν Ἀχαιῶν ἧτταν τοῦ Μαχανίδου, [2] καταβολὴν δ᾽ ἐποιεῖτο καὶ θεμέλιον ὑπεβάλλετο πολυχρονίου καὶ βαρείας τυραννίδος. [3] διέφθειρε γὰρ τοὺς λοιποὺς ἄρδην ἐκ τῆς Σπάρτης, ἐφυγάδευσε δὲ τοὺς κατὰ πλέον πλούτῳ διαφέροντας ἢ δόξῃ προγονικῇ, τὰς δὲ τούτων οὐσίας καὶ γυναῖκας διεδίδου τῶν ἄλλων τοῖς ἐπιφανεστάτοις καὶ τοῖς μισθοφόροις. [4] οὗτοι δ᾽ ἦσαν ἀνδροφόνοι καὶ παρασχίσται, λωποδύται, τοιχωρύχοι. καθόλου γὰρ τοῦτο τὸ γένος ἠθροίζετο πρὸς αὐτὸν ἐπιμελῶς ἐκ τῆς οἰκουμένης, οἷς ἄβατος ἦν ἡ θρέψασα δι᾽ ἀσέβειαν καὶ παρανομίαν. [5] ὧν προστάτην καὶ βασιλέα αὑτὸν ἀναδείξας, καὶ χρώμενος δορυφόροις καὶ σωματοφύλαξι τούτοις, δῆλον ἔμελλε πολυχρόνιον ἕξειν τὴν ἐπ᾽ ἀσεβείᾳ φήμην καὶ δυναστείαν. [6] ὅς γε χωρὶς τῶν προειρημένων οὐκ ἐξήρκεῖτο φυγαδεύειν τοὺς πολίτας, ἀλλ᾽ οὐδὲ τοῖς φεύγουσιν οὐδεὶς τόπος ἦν ἀσφαλὴς οὐδὲ καταφυγὴ βέβαιος. [7] τοὺς μὲν γὰρ ἐν ταῖς ὁδοῖς ἐπαποστέλλων ἀνῄρει, τοὺς δ᾽ ἐκ τῶν τόπων ἐπανάγοντας ἐφόνευε. [8] τὸ δὲ τελευταῖον ἐν ταῖς πόλεσι τὰς σύνεγγυς οἰκίας, ὅπου τις τυγχάνοι κατοικῶν τῶν φυγάδων, μισθούμενος δι᾽ ἀνυπονοήτων ἀνθρώπων, εἰς ταύτας εἰσέπεμπε Κρῆτας, οἵτινες ῥήγματα ποιοῦντες ἐν τοῖς τοίχοις καὶ διὰ τῶν ὑπαρχουσῶν θυρίδων τοξεύοντες τοὺς μὲν ἑστῶτας τῶν φυγάδων, τοὺς δ᾽ ἀνακειμένους ἐν ταῖς ἰδίαις οἰκίαις διέφθειρον, [9] ὥστε μήτε τόπον εἶναι μηδένα φύξιμον μήτε καιρὸν ἀσφαλῆ τοῖς ταλαιπώροις Λακεδαιμονίοις. [10] καὶ δὴ τῷ τοιούτῳ τρόπῳ τοὺς μὲν πλείστους αὐτῶν ἠφάνισε.

21. Ehrenberg 1935, col. 1472, considère la machine Apèga-Apia comme apocryphe alors que Aymard 1938, p. 36, n. 33 la considère comme hautement horrifique et peu vraisemblable ; Walbank 1967, p. 420 les suit et parle d'« Iron Maiden » ; Texier 1975, p. 29 y voit une « propagande pure et simple » de la part de Polybe.
22. Polybe 13.8.1-2 (trad. Foulon, Weil et Cauderlier 1995) : καὶ τὰ λοιπὰ δ᾽ ἦν τούτοις ὅμοια καὶ σύστοιχα κατὰ τὴν ἀρχήν. [2] ἐκοινώνει μὲν γὰρ τοῖς Κρησὶ τῶν κατὰ θάλατταν λῃστειῶν: εἶχε δὲ καθ᾽ ὅλην τὴν Πελοπόννησον ἱεροσύλους, ὁδοιδόκους, φονέας, οἷς μερίτης γινόμενος τῶν ἐκ τῆς ῥᾳδιουργίας λυσιτελῶν ὁρμητήριον καὶ καταφυγὴν παρείχετο τούτοις τὴν Σπάρτην.
23. Sur ces conflits frontaliers Aymard 1938, p. 38-43 et Walbank 1967, p. 421 considèrent que ces affrontements n'ont jamais dégénéré en guerre contre l'Achaïe.
24. Pédech 1964 l'aborde de manière relativement périphérique ; selon son projet, Walbank 1966 ne le commente que de manière très linéaire ; Brulé 1999 fait le lien avec les mercenaires.

est sans ambigüité[25]. Dans le passage qui nous occupe, les mercenaires apparaissent comme l'instrument et la légitimation de la tyrannie de Nabis.

Si l'on analyse le portrait moral que dresse Polybe des mercenaires de Nabis, on peut concevoir que celui-ci est composé de clichés littéraires en partie hérités de l'époque classique. On sait qu'Isocrate avait développé des *topoi* littéraires pour caractériser le mercenariat au IVe siècle. L'orateur voyait dans les mercenaires l'une des causes principales de la crise de la cité[26]. Dans son discours *Sur la Paix*, daté de 356, l'orateur qualifie les mercenaires « d'ennemis communs de toute l'humanité »[27] et de « plus mauvais des Grecs »[28], regrettant d'autant plus que les citoyens athéniens n'endossent pas leur responsabilité de soldats-citoyens. Les mercenaires sont clairement identifiés comme « les uns des hommes sans Patrie (*apolidas*), les autres des déserteurs, les autres des gens qui se sont réunis après toutes sortes de crimes »[29]. Une image similaire du mercenariat comme problème politique et social du monde grec se retrouve déjà chez Lysias, également chez Démosthène[30]. De manière similaire, avec un vocabulaire très comparable, Polybe n'hésite à voir dans le mercenariat au temps de Nabis un syndrome et un facteur de perturbation du Péloponnèse : « De partout au monde, on voyait s'empresser de s'agglomérer autour de lui cette catégorie d'hommes, des gens à qui leur patrie était fermée à cause de leur impiété et de leurs crimes »[31] (13.6.4).

Pourtant, le vocabulaire employé ici par Polybe relève davantage du domaine judiciaire que chez les orateurs attiques du IVe siècle. L'historien achéen indique que « c'étaient des assassins, des cambrioleurs des détrousseurs, des perceurs de murailles ». On trouve ce type de vocabulaire dans de nombreuses sources de la pratique judiciaire, que ce soit l'*androphonos*[32], le *parachistès* ou *toichorchos*. La « λωποδυσία est le vol dans la place publique »[33] et le *lopodytès* prend la figure d'un « voleur de vêtements »[34] ou bien d'un « filou »[35]. Les *lopodytai* sont également une catégorie de délinquants pour lesquels il existe des sanctions prévues par le droit grec.

25. Aux yeux de Polybe, Nabis apparaît comme l'incarnation paroxystique du pouvoir tyrannique, en 4.81.13, il se réfère aux Spartiates comme « ce peuple qui, autrefois, n'avait même pas pu endurer le seul mot de tyrannie, eut à subir les servitudes les plus rudes, jusqu'à avoir pour tyran un Nabis » (trad. Denis Roussel) ; πικροτάτης δὲ δουλείας πεῖραν ἔλαβον ἕως τῆς Νάβιδος τυραννίδος, οἱ τὸ πρὶν οὐδὲ τοὔνομα δυνηθέντες ἀνασχέσθαι ῥᾳδίως αὐτῆς.
26. Marinovič 1988
27. Isocrate, *Sur la Paix* (viii), 46 : τοῖς ἁπάντων ἀνθρώπων κοινοῖς ἐχθροῖς. Démosthène, *Contre Aristocrates* (xxiii), 139 les qualifie de la même façon de : κοινοὶ περιέρχονται κατὰ πᾶσαν χώραν, εἰ δεῖ τἀληθὲς εἰπεῖν, ἐχθροί.
28. Isocrate, *Sur la Paix* (viii), 79 : τοῖς δὲ πονηροτάτοις τῶν Ἑλλήνων.
29. Isocrate, *Sur la Paix* (viii), 44 : ἀλλ᾽ ἀνθρώπους τοὺς μὲν ἀπόλιδας τοὺς δ᾽ αὐτομόλους τοὺς δ᾽ ἐκ τῶν ἄλλων κακουργιῶν συνερρυηκότας ; Isocrate regrette dans ce passage que si on ne leur donne pas une plus forte solde, ils marcheront contre leurs employeurs athéniens. Notons que le jugement d'Isocrate peut s'avérer parfois plus modéré : cf. Bouchet 2010.
30. Burckhardt 1996, p. 154-256 dresse un état des lieux de ces *topoï* chez Lysias, Isocrates et Démosthène.
31. Polybe 13.6.4 : καθόλου γὰρ τοῦτο τὸ γένος ἠθροίζετο πρὸς αὐτὸν ἐπιμελῶς ἐκ τῆς οἰκουμένης, οἷς ἄβατος ἦν ἡ θρέψασα δι᾽ ἀσέβειαν καὶ παρανομίαν.
32. Lysias, *Contre Théomnestos* (10), 11 définit le terme.
33. Karabélias 1991, p. 96 note 116, d'après Cohen 1983, p. 79-83.
34. Cantarella 2000, p. 37.
35. Karabélias 1991, p. 96.

En 13.8.2, dans le deuxième extrait que nous analysons, la vision par Polybe des mercenaires à la solde de Nabis s'enrichit de la charge négative que charrient les pirates crétois qui sont qualifiés de « pilleurs de sanctuaires » (ἱεροσύλους) de « voleurs de grand chemin » (ὁδοιδόκους) et « d'assassins » (φονέας). Là encore, la manière dont Polybe décrit ces mercenaires est donc très connotée. Le discours dépréciatif se retrouve dans tant d'autres descriptions des Crétois dans l'Antiquité[36] comme dans celles des pirates[37]. Le sacrilège (*hierosylia*) est le fait de priver un dieu de ce qui lui est consacré, ses biens ou ses sacrifices. Il a été souvent relevé que face à l'augmentation des actes de sacrilège, s'est développée à l'époque hellénistique l'institution de l'asylie[38]. Le discours de Polybe relève ici aussi du domaine judicaire, plus particulièrement du droit des étrangers à l'échelle internationale (*jus gentium*).

Très clairement, sous le calame de Polybe, les mercenaires de Nabis appartiennent à la catégorie des *kakoi*, par opposition aux *kaloi kagathoi* qu'incarnent les citoyens spartiates qui subissent les exactions des premiers.

Cette image est néanmoins très construite d'un point de vue littéraire. F. Walbank ne s'y est d'ailleurs pas trompé lorsqu'il fait remarquer de manière pertinente que, dans sa critique des mercenaires de Nabis, Polybe use en réalité d'un procédé similaire à celui qu'il critique vertement chez Théopompe lorsque ce dernier caractérise en des termes comparables les *hetairoi* de Philippe II[39] :

Quiconque voudrait lire le début du quarante-neuvième livre de l'ouvrage de Théopompos, ne pourrait être que profondément stupéfait par l'inconséquence d'un auteur qui, pour ne rien dire du reste, n'a pas hésité à écrire ces mots que nous citons textuellement : "Tout ce qu'il pouvait y avoir , tant chez les Grecs que chez les barbares, en fait de ruffians crapuleux et impudents s'était donné rendez-vous en Macédoine auprès de Philippe et c'étaient ces gens-là qu'on appelaient les *hetairoi* (compagnons du roi)"[40].

En 13.6.5, dans le premier extrait, Polybe qualifie les mercenaires de Nabis de *doryphoroi* et de *somatophylakes* « porteurs de lances et gardes du corps »[41]. Là encore, l'image filée par l'historien achéen est cohérente. Le terme de *doryphoroi* fait explicitement référence à la garde du tyran. Dans la *Rhétorique*, Aristote cite le récit imagé de Stésichore au sujet de Phalaris que les habitants d'Himère s'étaient choisi comme *strategos autokrator* et auxquels ils avaient accordé la possibilité de prendre des gardes du corps, καὶ μελλόντων φυλακὴν διδόναι τοῦ σώματος. Le philosophe montre ainsi que la désignation d'une garde personnelle constitue l'une des étapes

36. Van Effenterre 1948, p. 275-311: « Troisième partie : La réputation des Crétois ».
37. Brulé 1978, p. 138-140.
38. Bravo 1980 ; Pritchett 1991, p. 1-67.
39. Walbank 1967, p. 420.
40. Polybe 8.9.5-6 (trad. Roussel 1970) : εἰ δέ τις ἀναγνῶναι βουληθείη τὴν ἀρχὴν τῆς ἐνάτης καὶ τετταρακοστῆς αὐτῷ βύβλου, παντάπασιν ἂν θαυμάσαι τὴν ἀτοπίαν τοῦ συγγραφέως, ὅς γε χωρὶς τῶν ἄλλων τετόλμηκε καὶ ταῦτα λέγειν: αὐταῖς γὰρ λέξεσιν, αἷς ἐκεῖνος κέχρηται, κατατετάχαμεν : « εἰ γάρ τις ἦν ἐν τοῖς Ἕλλησιν ἢ τοῖς βαρβάροις» φησί «λάσταυρος ἢ θρασὺς τὸν τρόπον, οὗτοι πάντες εἰς Μακεδονίαν ἀθροιζόμενοι πρὸς Φίλιππον ἑταῖροι τοῦ βασιλέως προσηγορεύοντο » ; en 8.9.10, Polybe cite encore Théopompe.
41. Dénis Roussel (Roussel 1970) et Raymond Weil (Foulon, Weil et Cauderlier 1995) traduisent par : « *satellites* et gardes du corps ».

de la mise en place d›un pouvoir tyrannique[42]. Ces porteurs de lances se retrouvent auprès des tyrans archaïques et classiques[43]. À l'époque hellénistique, Apollodoros de Cassandreia[44] ou Lydiadas de Mégalopolis[45] se dotèrent encore de ce que nos sources appellent le plus souvent des *doryphoroi.*

À Sparte même, on sait par Plutarque que le roi Léonidas II accusa Agis de vouloir accéder à la tyrannie en recrutant des *doryphoroi* :

> Or, si Léonidas était porté à favoriser les riches, il avait peur du peuple, qui désirait le changement ; il ne fit donc point d'opposition ouverte, mais il chercha en secret à contrecarrer et à ruiner l'entreprise ; il en appelait aux magistrats et calomniait Agis : « Celui-ci, disait-il, fait miroiter aux yeux des pauvres les biens des riches comme prix de la tyrannie qu'il convoite, et, par le partage des terres et la remise des dettes, il achète pour lui-même en grand nombre des gardes du corps (*doryphoroi*), et non pas des citoyens pour Sparte »[46].

Ces *doryphoroi* étaient stipendiés : c'est le sens qu'à ici ὠνούμενον. Étant pris parmi les pauvres, ils n'étaient pas citoyens. La milice constituée par Agis était vraisemblablement une milice privée, même si Agis était l'un des deux rois et à ce titre pouvait peut-être (?) bénéficier de mercenaires soldés par la cité.

À la même époque, on voit aussi un éphore, Agésilas, entretenir des gardes armés. Il s'agit de *machairophoroi,* porteurs de coutelas, mais le texte donne peu de détails :

> Comme il tremblait devant les victimes de ses injustices et qu'il était haï de tout le monde, il entretenait des gardes armés et s'en faisait escorter lorsqu'il descendait au lieu de réunion des magistrats[47].

Apparemment, il s'agit encore d'une milice privée qui ne portait pas les armes habituelles du phalangite (la lance et l'épée) mais une épée courte, pour une garde rapprochée[48].

42. « Vous avez déjà le mors, ayant pris un stratège *autokrator* ; mais, si vous lui donnez une garde et que vous vous laissiez monter dessus, dès lors, vous serez asservis à Phalaris » Aristote, *Rhétorique* 2.20 1393b.
43. On les trouve de manière emblématique notamment auprès de Pisistrate (Hérodote 159 ; Aristote, *Constitution des Athéniens* 14.1 ; Plutarque, *Solon* 30.3) et de Denys de Syracuse (Diodore 13.95.3-6). cf. supra n. 11 la thèse inédite de G.-S. Bouyssou qui recense les attestations (p. 33, n. 152).
44. Diodore de Sicile, *Bibliothèque Historique* 22.4-5 et Plutarque, *Le philosophe doit surtout s'entretenir avec les grands* 3.
45. Plutarque, *Aratos* 30.3 ; cf. aussi Polybe 2.44.5 ; 4.77.1 ; Pausanias, *Description de la Grèce* 8.10.6-10 ; Plutarque, *Aratos* 30.4 et 35.1 et *Sur les Délais de la Justice Divine* 4 ; *IG*, V 2, 534 = Dittenberger *Syll.*[3] 504. Voir Berve 1967, I, p. 390 puis p. 401.
46. Plutarque, *Agis* 7.8 (trad. Flacelière, Chambry 1976) : ἐβούλετο μὲν οὖν ὁ Λεωνίδας τοῖς πλουσίοις βοηθεῖν, δεδιὼς δὲ τὸν δῆμον ἐπιθυμοῦντα τῆς μεταβολῆς οὐδὲν ἀντέπραττε φανερῶς, λάθρα δὲ τὴν πρᾶξιν ἐζήτει κακουργεῖν καὶ διαφθείρειν ἐντυγχάνων τοῖς ἄρχουσι καὶ διαβάλλων τὸν Ἆγιν ὡς τυραννίδος μισθὸν τοῖς πένησι τὰ τῶν πλουσίων προτείνοντα, καὶ γῆς μεταδόσεσι καὶ χρεῶν ἀφέσεσι πολλοὺς ὠνούμενον ἑαυτῷ δορυφόρους, οὐ τῇ Σπάρτῃ πολίτας. L'affirmation de Léonidas est polémique et vise à discréditer l'action d'Agis : cf. Marasco 1981, p. 242.
47. Plutarque, *Agis* 16.22 (trad. Flacelière, Chambry 1976) : δεδιὼς δὲ τοὺς ἀδικουμένους καὶ μισούμενος ὑπὸ πάντων ἔτρεφε μαχαιροφόρους, καὶ φυλαττόμενος ὑπὸ τούτων κατέβαινεν εἰς τὸ ἀρχεῖον.
48. Christien 2007, p. 251, n. 2 : « Signe des temps, il s'agit plutôt d'une arme orientale, une sorte de sabre courbe qui dénote peut-être l'origine des mercenaires employés ». En réalité, la *machaira* n'a rien d'oriental et constitue l'une des armes attestées par exemple aux épreuves de ὁπλομαχία ἐν θυρεῶι des Théseia à Athènes en 158/7 : *IG*, II[2], 957, ll. 47 et suiv. : cf. Launey 1950, II, p. 820) ; par ailleurs,

Lorsque Polybe décrit la fin de Machanidas, tué en 207 par Philopœmen, l'historien évoque des mercenaires (*misthophoroi*) dans son premier cercle qui avaient pour mission de le protéger[49].

L'art du portrait polybien poussé à son paroxysme dans le cas de Nabis

Les historiens ont parfois pris le passage au pied de la lettre. Ainsi la description des mercenaires de Nabis est acceptée en bloc, avec peu de nuance, par Doron Mendels qui y voit le comportement de déclassés provenant de la lie de la société[50]. Pourtant, avant de se prononcer sur les données historiques livrées par ce passage, il convient de prendre conscience à la fois de la finalité de l'œuvre de l'historien achéen[51] et aussi de la logique interne propre à l'écriture de l'histoire par Polybe.

On doit surtout à Paul Pédech d'avoir démonté les ressorts de la méthode historique de Polybe. Afin d'expliquer l'action de l'homme dans l'histoire, « Polybe a recours à deux procédés : l'un analytique, consiste à décrire les réactions d'un personnage dans chaque cas particulier, l'autre, synthétique, dégage les rapports entre les traits du caractère et le rôle historique : c'est le portrait »[52].

Ce qui détermine un personnage historique, c'est sa *physis*, sa nature. La philosophie grecque à laquelle se réfère Polybe[53] admet ce postulat fixant ainsi la nature du lien entre l'âme et le monde extérieur. Polybe distingue dans l'âme deux parties : « Un noyau solide formé par l'intelligence dont l'essence est la raison, le *logos*, et une périphérie mouvante où entrent des éléments irrationnels »[54]. Tout homme recherche le bien, ce qui a pour corollaire que nul ne fait le mal volontairement. Mais il est frappant de constater que les portraits, parfois abstraits, tout en intelligence et en raison, que dessinent Polybe sont carthaginois et romains ; les hommes remuants,

les *macheirophoroi* sont attestés comme gardes du corps à la cour lagide et comme gardes rapprochés des hauts dignitaires royaux dans la *chôra* égyptienne (*OGIS* 737) : cf. Campbel, Tritle 2013, p. 207, qui pense que « are presumably the descendants of the servants attending each file in Philip's army » et fait également un rapprochement avec les *neaniskoi* portant des *encheiridia* qui accompagnaient les Dix Milles (Xénophon, *Anabase* 4.3.12).

49. Polybe 11.18.
50. Mendels 1979, p. 315 écrit : « As to Nabis' mercenaries, we may accept Polybius' statement that they came from the worst elements of society » tout en reconnaissant immédiatement que « His detailed list of their occupations may he an exageration » ; cf. aussi p. 318-323.
51. Guelfucci 2010 souligne combien l'œuvre de Polybe est une réflexion sur l'autorité « car Polybe reprend l'ambition thucydidéenne d'une histoire écrite pour être un κτῆμα ἐς αἰεί, mais en en faisant aussi une préparation pratique à l'action et à la réflexion politiques et en assumant ainsi le rôle des Écoles philosophiques, trop occupées, selon lui, à détourner la jeunesse des questions morales et politiques qui apportent un profit à ceux qui philosophent (12.26c.4) » (p. 357).
52. Pédech 1964, p. 239. Dans l'un comme dans l'autre procédé, il s'agit de constater le rôle prédominant que tient l'individu dans la causalité historique, en tant que « responsable ou initiateur des grands maux ou de grands bienfaits » (p. 208).
53. *Ibid.*, insiste sur le fait que la philosophie de Polybe n'est pas à proprement parler stoïcienne (p. 252 : « Les idées fondamentales de sa psychologie ne sont pas stoïciennes »), ni même péripatéticiennes (p. 253 : « Il serait téméraire d'en conclure qu'il était péripatéticien »).
54. *Ibid.*, p. 213.

impulsifs, passionnés sont en général des Orientaux, des Grecs surtout[55]. À côté de la *physis*, intervient également la *proairesis* (ou *airesis*), « des manifestations diverses qui traduisent les réactions de l'individu devant les circonstances de la vie, des attitudes occasionnelles qui lui sont dictées par des motifs variables »[56]. Ainsi, par exemple en 9.22.10, Polybe développe l'idée selon laquelle « d'après [ses] observations, il arrive – et cela pas dans certains cas, mais dans la plupart – que tantôt sur les conseils de l'entourage, tantôt du fait de la diversité des circonstances, les hommes se trouvent contraints de parler et d'agir contrairement à leurs tendances profondes »[57]. Ainsi, *physis* et *proairesis* constituent les propriétés d'un personnage historique.

L'art du portrait chez Polybe vise à rendre cohérente la carrière d'un personnage avec ses propriétés.

Parce qu'il n'est pas le premier à procéder ainsi et parce qu'à ses yeux ses prédécesseurs n'étaient pas parvenus à atteindre cette cohérence, Polybe fustige l'art du portrait d'un Timée ou d'un Théopompe. Chez Théopompe, Polybe condamne la complaisance à détailler les vices de Philippe II alors que ces vices sont incompatibles avec le rôle réel de Philippe et la grandeur de la Macédoine, tributaire de la qualité de ses rois[58]. De même, Polybe blâme Timée d'avoir dénigré systématiquement Agathocle. En 8.15, l'historien achéen, jugeant l'historien de Tauroménion, considère qu'Agathocle, à qui Timée prête les plus sales débauches, était doté par la nature de qualités exceptionnelles, ce qui apparaît par le récit même de Timée, puisqu'il s'éleva d'une condition modeste jusqu'à dominer toute la Sicile et à défaire Carthage. « En ces matières – nous dit Polybe – il importe que l'historien expose pour la postérité les traits qui appellent le blâme et la réprobation, mais aussi ce qui est à l'éloge du personnage ; mais Timée, aveuglé par des rancunes personnelles, nous a décrit avec malveillance et en les exagérant les défauts d'Agathoclès et il a laissé entièrement de côté ses qualités »[59] et ainsi manqué de cohérence dans ses propos. Pourtant, à ce jeu, Polybe lui-même n'est pas exempt de reproches. En 8.10.12, il justifiait, et d'une certaine manière approuvait, les injures de Timée contre Agathocle « du fait qu'il [Agathocle] était un ennemi, un méchant homme et un despote ». Paul Pédech a raison de considérer qu'à cet endroit, Polybe pouvait injurier ainsi le tyran de Syracuse « pour la simple raison que le titre de tyran justifie toutes les injures » et de noter que « Polybe s'apercevra plus tard du mérite d'Agathocle et lui rendra justice (12.15.6-10 ; 15.35.1-2) »[60].

55. *Ibid.*, p. 228.
56. *Ibid.*, p. 229.
57. Polybe 9.22.10 (trad. Roussel 1970) : ἐμοὶ δ᾽ ἔμπαλιν οὐχ ὑγιὲς εἶναι δοκεῖ τὸ λεγόμενον: οὐ γὰρ ὀλίγα μοι φαίνονται, τὰ δὲ πλεῖστα, ποτὲ μὲν διὰ τὰς τῶν φίλων παραθέσεις, ποτὲ δὲ διὰ τὰς τῶν πραγμάτων ποικιλίας, ἄνθρωποι παρὰ τὴν αὑτῶν προαίρεσιν ἀναγκάζεσθαι καὶ λέγειν καὶ πράττειν. Selon Walbank 1967, p. 151, ces deux facteurs que sont : 1/ la complexité des circonstances pouvant aboutir à prendre des décisions contraires aux vues premières, et : 2/ l'influence des amis, témoignent de l'influence de la philosophie stoïcienne sur Polybe.
58. Polybe 8.9-11 ; cf. Pédech 1964, p. 214.
59. Polybe 12.15.10 (traduction Denis Roussel) : ὁ δ᾽ ἐπεσκοτημένος ὑπὸ τῆς ἰδίας πικρίας τὰ μὲν ἐλαττώματα δυσμενικῶς καὶ μετ᾽ αὐξήσεως ἡμῖν ἐξήγγελκε, τὰ δὲ κατορθώματα συλλήβδην παραλέλοιπεν.
60. Pédech 1964, p. 214, n. 51.

La limite de l'art du portrait par Polybe tient justement à cette obsession de cohérence entre les propriétés du personnage et son action. Cela est particulièrement frappant dans le cas du portrait terrifiant de Nabis et de ses hommes. Paul Pédech attire notre attention sur le fait que puisque chez Polybe « toute la carrière du personnage devient la démonstration de ses propriétés », l'Achéen a particulièrement insisté et décrit la perversité foncière de Nabis dont découle son action condamnable ; de même, il dépeint le caractère de Nabis avant même d'en venir à sa première action notable à savoir l'expédition contre Mégalopolis[61]. Polybe souligne l'unité et la cohésion dans le mal du personnage historique de Nabis et considère que tout le reste de son action répond de ce commencement. C'est ce que dit explicitement Polybe par une phrase pivot de notre passage :

> 8.1 Qui plus est, le reste de son règne ressembla et répondit (*homoia kai sustoika*) à ce qu'on vient de voir.

Alors que Polybe reproche à Théopompe de décrire le caractère d'un personnage avant d'exposer sa conduite, mettant ensuite en harmonie l'un est l'autre, il est frappant de constater combien le même Polybe procède parfois de cette manière dans son œuvre. Alors que pour d'autres personnages, à commencer par Agathocle, il est prompt à considérer une évolution possible due « tantôt sur les conseils de l'entourage, tantôt du fait de la diversité des circonstances »[62], Polybe n'envisage nullement une telle possibilité pour Nabis. En 9.23.1-4, l'historien étudie deux figures dont les variations de caractère prennent tout leur relief quand on les compare à la figure de Nabis :

> Pour nous en convaincre, il suffira de nous arrêter sur quelques-unes des nombreux exemples que nous offre le passé. Tous les historiens qui se sont occupés d'Agathoclès, le tyran de Sicile, ne sont-ils pas d'accord pour nous dire que celui-ci, après avoir fait preuve d'une extrême cruauté lors de ses premières entreprises et à l'époque où il s'était installé au pouvoir, est apparu comme le plus débonnaire et le plus doux des hommes, dès le moment que son autorité sur les Siciliens lui a semblé suffisamment affermie ? Et Cléoménès de Sparte ne s'est-il pas conduit comme le meilleur des rois puis comme le plus brutal des despotes, avant de faire à nouveau preuve, comme homme privé, d'une affabilité et d'une générosité sans égales ? Or il est bien invraisemblable que des dispositions aussi opposées aient pu coexister dans une seule et même personne. Ce sont les changements de circonstances qui forcent les chefs d'État à modifier leur comportement, de sorte qu'il leur arrive souvent de manifester aux yeux d'autrui les humeurs tout à fait contraires à leur vraie nature. Ainsi ce n'est pas à l'épreuve des circonstances que l'on peut juger du caractère d'un homme ; au contraire, elles nous le cacheraient plutôt[63].

61. *Ibid.*, p. 244.
62. Polybe 9.22.10 cité note 57.
63. Polybe 9.23.1-4 (trad. Roussel 1970) : [1] γνοίη δ᾽ ἄν τις ἐπὶ πολλῶν τῶν ἤδη γεγονότων ἐπιστήσας. [2] τίς γὰρ Ἀγαθοκλέα τὸν Σικελίας τύραννον οὐχ ἱστόρηκε διότι δόξας ὠμότατος εἶναι κατὰ τὰς πρώτας ἐπιβολὰς καὶ τὴν κατασκευὴν τῆς δυναστείας, μετὰ ταῦτα νομίσας βεβαίως ἐνδεδέσθαι τὴν Σικελιωτῶν ἀρχὴν πάντων ἡμερώτατος δοκεῖ γεγονέναι καὶ πρᾳότατος; [3] ἔτι δὲ Κλεομένης ὁ Σπαρτιάτης οὐ χρηστότατος μὲν βασιλεύς, πικρότατος δὲ τύραννος, εὐτραπελώτατος δὲ πάλιν ἰδιώτης καὶ φιλανθρωπότατος; [4] καίτοι γ᾽ οὐκ εἰκὸς ἦν περὶ τὰς

Comment comprendre que ce qui s'applique à Agathoclès ou à Cléomène Ier de Sparte ne puisse pas s'appliquer à Nabis[64] ? Après tout, le jugement de Polybe sur Agathoclès n'est pas moins sujet à caution que celui qu'il porte sur Nabis. En effet, lorsque Polybe indique que « tous les historiens qui se sont occupés d'Agathoclès » pensent comme lui, il oublie d'indiquer l'avis de Timée qui nous est connu par Diodore[65]. Polybe, qui sait d'ailleurs que Timée de Tauroménion était systématiquement hostile à Agathoclès, suit certainement d'autres sources[66].

Il est vrai que « le portrait [de Polybe] offre peu de contrastes tant il est uniformément atroce »[67]. Il est ainsi possible, comme l'a fait Pierre Brulé, de dresser une « petite liste des ignominies, pour donner le ton »[68] : l'exil des citoyens les plus influents, la confiscation des biens, le mariage forcé des femmes de ces citoyens à d'autres citoyens « les plus en vue » ou à des mercenaires n'apparaissent peut-être pas comme les mesures les plus outrées. Pour Pierre Brulé, le récit de ces Crétois perceurs de murs tuant les malheureux exilés jusque dans leur maison pose problème :

> Vous avouerez qu'il faut pour tout cela une bonne dose de haine et des services de renseignement bien organisés... On laisse de côté la question de savoir quelles sont ces villes où les tueurs à gages de Nabis se déplacent sans problème ainsi avec leur armement. Quant au personnage lui-même, Polybe n'a pas encore tout dit et ce qui reste est assez croquignolet ou plutôt Grand Guignol[69].

L'Achéen Polybe déteste le Spartiate Nabis. Une première explication tient au conservatisme de Polybe, prompt à épouser les vues d'une classe dirigeante spartiate, riche propriétaire, qui fit les frais de l'arrivée au pouvoir de Nabis. D'une manière générale, Polybe considère que les problèmes sociaux qui perturbent les cités n'ont pas pour origine des causes socio-économiques, mais trouvent leur source dans la défaillance morale et intellectuelle de la multitude (*oi polloi*) ou du petit peuple (*o*

αὐτὰς φύσεις τὰς ἐναντιωτάτας διαθέσεις ὑπάρχειν: ἀλλ᾽ ἀναγκαζόμενοι ταῖς τῶν πραγμάτων μεταβολαῖς συμμετατίθεσθαι τὴν ἐναντίαν τῇ φύσει πολλάκις ἐμφαίνουσι διάθεσιν ἔνιοι τῶν δυναστῶν πρὸς τοὺς ἐκτός, ὥστε μὴ οἷον ἐλέγχεσθαι τὰς φύσεις διὰ τούτων, τὸ δ᾽ ἐναντίον ἐπισκοτεῖσθαι μᾶλλον.

64. Pédech 1964, p. 236-237 note pareillement cette contradiction : « À côté d'un personnage comme Nabis dont il souligne l'unité et la cohésion dans le mal, [Polybe] remarque des types en qui se manifestent des dispositions hétérogènes et même contradictoires, qu'on ne peut attribuer à des interventions extérieures. Aratos appartient à cette catégorie. Il avait de hautes qualités politiques, mais ses dons militaires étaient médiocres, etc. ».
65. Diodore 21.16.5 (*FGrHist* 566 F 123 a).
66. Deux historiens apparaissent très favorables à Agathoclès : Kallias de Syracuse, cité par Diodore 21.17.4 (*FGrHist* 564 T3) et le frère même d'Agathoclès, l'historien Antandros (*FGrHist* 565).
67. Brulé 1999, p. 180.
68. *Ibid.*
69. *Ibid.*, p. 180-181 ; le « Grand Guignol » se réfère à l'évocation par Polybe de la machine Apéga-Apia, sur laquelle P. Brulé porte ce jugement : « On en est à se demander comment un esprit comme Polybe, sur d'autres sujets si raisonneur, si rationnel, a pu ajouter foi à de tels ragots, comment il a pu propager cette histoire rocambolesque de baiser de la mort. Ou bien il l'a fait volontairement ou l'explication ne peut venir que de son aveuglement partisan ».

pléthos) qui récriminent[70]. L'historien achéen est d'autant plus scandalisé quand certains membres de l'élite appuient ces récriminations, tels Dôrimachos et Scopas, les « nomographes » étoliens[71], C. Flaminius à Rome[72], les stratèges béotiens au début du IIe siècle[73], ou bien encore Nabis. Une deuxième explication est plus personnelle. Elle tient peut-être au fait que si Polybe avait 10 ou 12 ans lors de la disparition du chef lacédémonien, il a eu le temps d'être durablement traumatisé par le siège mené par le Spartiate contre sa cité, Mégalopolis. Jean-Georges Teixier rappelle à juste titre que, pour cette raison, Nabis était un ennemi familial, donc personnel, de Polybe[74].

Nabis, *prostates* et *basileus* de mercenaires : un *tyrannos* en quête de légitimité ou bien un véritable roi ?

Aux yeux de Polybe, Agathoclès ou Cléomène Ier ont pu changer durant l'exercice de leur *dynasteia* ; pas Nabis qui, au contraire, persévère dans la tyrannie alors qu'il souhaite se faire passer pour un *basileus*.

En 13.6.5, Polybe indique :

> S'étant proclamé leur protecteur et leur roi, et faisant d'eux ses satellites et ses gardes du corps, il s'apprêtait évidemment à conserver longtemps son renom d'impiété et son trône (ὧν προστάτην καὶ βασιλέα[75] αὑτὸν ἀναδείξας, καὶ χρώμενος δορυφόροις καὶ σωματοφύλαξι τούτοις, δῆλον <ὅτι> ἔμελλε πολυχρόνιον ἔχειν τὴν ἐπ᾽ ἀσεβείᾳ φήμην καὶ δυναστείαν) (trad. Foulon, Weil et Cauderlier 1995).

Dans la traduction qu'il donne de ce passage, Raymond Weil emploie « trône » pour rendre *dynasteia*[76]. Dans le vocabulaire polybien, la *dynasteia* est la « souveraineté du chef d'État (le *dynastès*) »[77]. L'idée de trône est certes anachronique puisque

70. À la suite de Mendels 1982, avec lequel il prend néanmoins quelques distances, Eckstein 1995, p. 132-134 a bien montré cela.
71. Polybe 13.1 au sujet des troubles sociaux en Étolie.
72. Polybe 2.21.8 estime que le partage des terres voulu C. Flaminius en 232 « doit être considéré comme étant à l'origine de cette dégradation de la moralité politique qu'on observe à Rome chez les gens du peuple ».
73. Faisant une digression pour expliquer l'accueil fait par les Béotiens à Antiochos III en 192, Polybe 20.4.1 explique que « [ils] se trouvaient déjà fort mal en point » et, en 20.6.3, que « certains stratèges allaient jusqu'à puiser dans le trésor public pour faire des distributions d'argent aux indigents ».
74. Texier 1975, p. 15.
75. Le texte a parfois été corrigé et le terme βασιλέα supprimé (Hultsch et Büttner-Wobst) ; il convient au contraire de le conserver (CUF, Loeb 2011) puisque que Polybe joue ici sur le sens des termes.
76. Denis Roussel traduit le passage ainsi : « Nabis les prenait sous sa protection et les embauchait en qualité de satellites ou de gardes du corps, montrant ainsi clairement qu'il avait l'intention de faire longtemps parler de lui et de son gouvernement impie ».
77. Cela apparaît clairement en 9.23.5 où l'historien indique que « ce ne sont pas seulement les généraux, les chefs d'État et les rois qui se laissent influencer par les conseils des amis, mais aussi les cités » (trad. Roussel 1970) : τὸ δ᾽ αὐτὸ καὶ διὰ τὰς τῶν φίλων παραθέσεις εἴωθε συμβαίνειν οὐ μόνον ἡγεμόσι καὶ δυνάσταις καὶ βασιλεῦσιν, ἀλλὰ καὶ πόλεσιν. Projetant la réalité hellénistique des *philoi* dans un passé classique, Polybe manifeste quatre figures de pouvoir que sont : l'*hegemon*, le

l'attribut signifiant la royauté dans le monde grec, notamment à l'époque hellénistique, est le diadème ou le manteau pourpre. Néanmoins, Raymond Weil rend bien l'idée de Polybe pour qui Nabis tente de faire passer son pouvoir pour une véritable *basileia* alors que sa véritable nature est l'*asebeia,* l'impiété.

Dans ce passage, il semble en effet que Polybe s'exprime de manière très polémique, et même ironique, à l'encontre de Nabis. L'historien joue sur un usage ambigu des termes *prostasia* et *basileia.* Polybe indique que Nabis s'est proclamé « protecteur et roi »... de ses mercenaires.

La *prostasia* et la *basileia* sont intéressantes dans la mesure où elles revêtent un caractè re institutionnel mais pareillement dévoyé puisqu'elles ne concernent que des mercenaires. Ne peut-on pas penser que Polybe fait en réalité référence à des titres véritables dont il détourne l'usage en les limitant aux mercenaires ?

Nabis a certainement exercé une pareille *prostasia* sur certaines cités crétoises. En effet, lorsque Tite-Live évoque les clauses du traité imposé en 195 par les Romains à Nabis il indique que « Nabis ne conserverait aucune ville en Crète et rendrait aux Romains celles qu'il avait annexées »[78]. Le verbe latin *habere* qui désigne chez Tite-Live la « possession » des villes crétoises par Nabis[79] est institutionnellement peu précis. On aimerait savoir quel rapport de domination exerce Nabis sur ces villes portuaires et à quel titre il les « possède ». On reste néanmoins frappé par la similitude qui se dessine avec la *prostasia* de Philippe V : on sait par Polybe qu'en 216, alors qu'une grande partie de l'île passe aux mains de Philippe V, les Crétois « s'étant tous unis pour former une ligue, choisirent Philippe comme seul prostate de leur île »[80]. Néanmoins, contrairement à l'affirmation de Polybe, il a été reconnu que cette *prostasia* ne pouvait pas s'exercer sur l'ensemble des cités de l'île[81]. Or, en 195, après le siège de Sparte et la capitulation de Gythéion, dans un discours de Flamininus adressé à Nabis, Tite-Live fait dire au proconsul romain : « Philippe était notre ennemi ; vous vous êtes unis l'un et l'autre par des nœuds d'alliance, [...] vous nous avez fait la guerre ; vous avez infesté de vos navires pirates les alentours du Cap Malée ; vous avez fait arrêter et mettre à mort plus de citoyens romains que Philippe ; et la côte de Macédoine a été plus sûre que le cap Malée pour les vaisseaux chargés de nos convois [...] »[82]. On aimerait en savoir plus sur ce « nœud d'alliances », mais la question reste difficile.

dynastes, le *basileus* et la *polis*. Foucault 1972, p. 341 ne connaît que δυνάστης qu'il traduit simplement par « souverain » en renvoyant à Polybe 9.23.5 ; 10.34.2 ; 25.2.12.

78. Tite-Live 34.35.9 (trad. Flobert 1997): *in Creta insula ne quam urbem haberet ; quas habuisset, redderet Romanis.*
79. Van Effenterre 1948, p. 259, n. 2 considère « que *habere* traduit le grec ἔχειν de la source grecque qui est ici Polybe : le sens peut être aussi bien “occuper” que “posséder” ».
80. Polybe, 7.11.9 (trad.. Roussel 1970) : τὸ πάντας Κρηταιεῖς συμφρονήσαντας καὶ τῆς αὐτῆς μετασχόντας συμμαχίας ἕνα προστάτην ἑλέσθαι τῆς νήσου Φίλιππον ; cf. Holleaux 1952, p. 187, n. 2 et Brulé 1978, p. 33-34.
81. Brulé 1978, p. 47 et n. 6, rappelle que c'est le cas nécessairement à Itanos, où l'on trouve encore à cette époque un phrourarque au service des lagides.
82. Tite-Live 34.32.18.

Pierre Brulé est revenu assez récemment sur ce point[83]. Afin de résoudre la difficulté qui verrait Nabis s'entendre avec Philippe V, le savant français oppose « une vision classique des rapports entre cités tels qu'on les voit fonctionner à l'époque classique » (dans ce cas, il y aurait véritablement alliance entre Sparte et les Macédoniens sous la houlette de Nabis, ce qui lui parait impossible[84]) et une autre vision, qu'il privilégie et que j'aurais tendance à qualifier de « piratique » : finalement, selon Pierre Brulé, Nabis en Crète agirait davantage en son propre nom et selon ses propres intérêts qu'au nom de sa cité, même si les intérêts de cette dernière peuvent rejoindre ceux de son dirigeant[85]. De mon côté, il me semble néanmoins que, si les logiques piratiques de prédation peuvent parfois brouiller des cartes de la diplomatie, les logiques classique d'alliance – formalisées ou non – ne peuvent pas complètement être écartées non plus. En réalité, la *prostasia* de Philippe sur la Crète revêtait déjà une nature institutionnelle qui nous échappe en partie puisque certaines cités crétoises n'étaient pas impliquées ; la *prostasia* de Nabis dont parle Polybe – en l'appliquant de manière polémique aux mercenaires – et à laquelle le passage de Tite-Live cité plus haut semble se rapporter, n'est pas moins floue. Doit-on pour autant en nier l'existence ? Cela ne me semble ni nécessaire, ni de bonne méthode.

Quant à la *basileia* que Polybe s'applique à limiter aux seuls mercenaires, pour mieux la minimiser et, ainsi, caractériser toujours Nabis comme un *tyrannos*[86], on sait qu'elle est attestée par ailleurs. En effet, les historiens modernes ont pu rassembler tout un dossier instruisant la cause en royauté de Nabis, ce qui contredit la vision polybienne du « tyran Nabis ».

83. Brulé 1999.
84. *Ibid.*, p. 187-189 revient sur le jeu des alliances en Crète, entre Nabis, Philippe V, Antiochos III et les Rhodiens (cf. déjà pour Nabis, Brulé 1978, p. 46-50) ; après avoir relevé qu'aucun représentant de Nabis n'est mentionné dans les *dogmata* crétois pour l'asylie de Téos (cf. Hermann 1965) il s'étonne du fait qu'une dizaine d'années plus tard, les Romains exigent de Nabis la restitution de cités crétoises : « De quoi s'agit-il, nous ne le savons pas ; où se trouvent-elles, aucune certitude, nous savons seulement qu'il s'agit de cités maritimes. Pourtant des arguments inclinent à les identifier aux cités pro-rhodiennes que nous venons de définir. Pour deux raisons : - leur position géographique : on imagine que les relations de Sparte étaient plus aisées avec la Crète occidentale ; - mais il est surtout difficile d'imaginer que Nabis ait pu tenir des villes crétoises qui se trouvaient dans l'alliance macédonienne » (p. 188).
85. Brulé 1999, p. 190 : « Comment [Nabis] tient-il ces villes ? En propriété privée personnelle ? Comme un roi hellénistique ordinaire ? Quel crédit faut-il accorder à cette personnalisation de la politique que Polybe prête à Nabis ? Et si, comme je crois qu'il convient de la définir, la piraterie grecque, comme les autres, est irréductible aux explications de type diplomatique habituel, précisément parce qu'il s'agit d'une entreprise privée, doit-on voir dans ces entreprises de Nabis une certaine façon de travailler, par le moyen de ses alliances et par des luttes d'influence, à son propre profit – profit qui n'est pas forcément – et même pas normalement – en opposition avec celui de la cité, du royaume, de l'État. Cela signifierait que Nabis, c'est Nabis et Sparte, Sparte. Comme il faudrait distinguer Dikaiarchos de Philippe et, peut-être, Les Hiérapytniens de la cité des Hiérapytniens, en tout cas, les cités crétoises et toutes sortes de Crétois (et d'Etoliens) du Koinon crétois (ou d'Étolie) ». Il me semble que la distinction entre pirate et corsaire, telle qu'on peut l'établir à l'époque moderne (cf. Meyer 1971), serait ici plus productive : l'Étolien Dikaiarchos est le corsaire de Philippe V ; rien ne l'empêche d'agir en pirate (dans son propre et seul intérêt) mais dans la mesure sans doute où cela ne contredit pas la guerre de course qu'il mène au profit du Macédonien. Par ailleurs, il me semble difficile de dissocier les Hiérapytniens de la cité de Hiérapytna, les premiers formant la seconde. Au delà de la proverbiale « duplicité » des Crétois (et Étoliens) conviendrait sans doute davantage d'avancer l'argument classique selon lequel toute cité grecque devait être traversée de courants politiques (pouvant aller jusqu'à la *stasis*) mis en avant selon les circonstances et de manière souvent très pragmatique.
86. Polybe qualifie également Nabis de tyran en 4.3.81.

On doit à Théophile Homolle, dans un article de 1896, d'avoir suggéré que Nabis appartenait à la lignée royale des Eurypontides, en ligne collatérale et était un descendant de Démarate, roi de Sparte exilé en 490 avant J.-C[87]. Pour Homolle, la lecture d'un décret honorifique, probablement daté de 200-197 et émanant du *démos* des Déliens ne permet guère de doute : le βασιλεὺς Νάβις Δαμαράτου Λακεδαιμόνιος obtient l'honneur d'être proxène et évergète des Déliens. Contrairement à ce que laisse entendre Polybe, Nabis pouvait légitimement porter le titre de roi : il était reconnu ainsi par les Déliens. Homolle soutient que Nabis, fils de Démaratos, était donc un descendant du Démarate, roi Eurypontide exilé auprès du Grand Roi en 491. Pendant trois siècles, des descendants réussirent à survivre d'abord grâce à leur amitié avec les Perses puis par la suite grâce à leur amitié avec Lysimaque[88]. Nabis serait un Spartiate de la diaspora[89]. On possède également ces tétradrachmes de Nabis, avec au revers la légende dorienne Β̣αίλέος et au droit la tête laurée de Zeus-Nabis[90]. On possède enfin des fragments de tuiles, qui semblent dater du début du règne, avec également l'inscription en dorien Βαίλεῖ Νάβι ou Β̣αίλέος Νάβιος[91].

Il est frappant de constater que Tite-Live, qui dépend largement de Polybe, hésite parfois à qualifier Nabis. En 32.39, lors de l'entrevue de Mycènes du printemps 197, durant laquelle le Spartiate, accompagné de son armée, rencontre Q. Flamininus, le roi Attale et des dignitaires grecs (dont des Achéens) et romains, l'historien romain le traite de tyran : « Le tyran commença par s'excuser de se présenter à l'entrevue armé et entouré d'hommes en armes, alors qu'il voyait le général romain et le roi sans armes »[92]. Il est vrai qu'à cette date, Nabis est en position de force ; Flamininus est demandeur d'une alliance contre Philippe V, et le « tyran » Nabis, s'excusant de sa démonstration de force, prétexte que « ce n'était pas d'eux qu'il avait peur, mais des exilés argiens ». L'alliance est conclue, accordant aux Achéens sinon la paix avec Nabis, du moins une trêve jusqu'à la fin de la guerre contre Philippe. En 34.31, après le siège de Sparte et la capitulation de Gythéion en 195, le long discours de Nabis à Flamininus est d'une autre tonalité. À cette date, après la défaite de Philippe V à Cynocéphales, Flamininus a obtenu du Sénat de mener contre Nabis une coalition composée de la Confédération achéenne, d'Athènes, de Rhodes et Pergame, de contingents thessaliens, messéniens et même de renforts envoyés par Philippe V[93]. Nabis est maintenant en position de faiblesse. Il revient sur le titre de tyran auquel on le cantonne alors qu'il se considère lui-même comme un roi :

> Ce qui me fait du tort, je le vois bien, c'est le nom de tyran et c'est la politique que je pratique : oui, je libère les esclaves et je donne des terres à la plèbe sans ressources. Pour ce qui est du nom, je peux répliquer que je suis exactement

87. Homolle 1896.
88. Dürrbach 1921, n° 13 ; Ruzé, Christien 2007, p. 376, n. 2.
89. Il est peut-être également passé par l'Égypte, d'où son nom, qui est un *hapax* et reste assez mystérieux ; cf. Texier 1975, p. 17.
90. Grunauer-von Hoerschelmann 1978, p. 26-31 ; monnayage complété par des émissions de bronze (p. 32-34).
91. *IG*, V 1, 885, a-c.
92. Tite-Live 32.39 (trad. Flobert 1997).
93. Teixier, p. 73 et notes 22 à 27.

> le même qu'autrefois quand nous avons contracté alliance, Titus Quinctius. Je me souviens qu'alors vous me donniez le titre de roi.

Le discours de Tite-Live est au style direct et semble ici ne plus dépendre directement de Polybe. Je me demande dans quelle mesure nous n'avons pas là une autre source, peut-être liée à Flamininus dont Tite-Live donne aussi le discours. La défense de Nabis mérite certainement d'être prise au sérieux et pas seulement comme un élément rhétorique visant à infléchir la décision romaine. Juste avant que le discours ne débute, Tite-Live met en place les acteurs. Alors qu'à l'entrevue se rendirent « Titus Quinctius avec son frère, le roi Eumène, Sisilas de Rhodes, les préteurs des Achéens Aristaenus et quelques tribuns militaires »[94], descendit « Nabis avec ses gardes du corps choisis »[95]. On y voit un *tyrannos*[96] accompagné de sa garde, ce qui concorde avec la manière dont certains tyrans exerçaient le pouvoir à l'époque archaïque et classique… mais un *tyrannos* qui dit qu'il ne l'est pas, souhaite se faire appeler *basileus* et rappelle que c'est ainsi que les Romains l'appelaient.

La garde personnelle de Nabis : une garde royale ?

En 34.31.17-18, lors du même discours de 195, après être revenu sur la situation d'Argos où il a mené des réformes agraires et d'octroi de citoyenneté, comme à Sparte, Nabis se défend ainsi :

> Ne jugez pas ce qui se passe à Lacédémone par rapport à vos lois et à vos institutions. Sans entrer dans le détail : vous choisissez les cavaliers et les fantassins d'après le chiffre de l'impôt ; vous voulez que le pouvoir appartienne à une minorité de riches et que la plèbe soit soumise. Notre législateur n'a pas voulu que le gouvernement soit aux mains d'une oligarchie, ce que vous appelez le sénat, ni qu'une classe ou deux domine la société ; il a cru que l'égalité de la fortune et des droits politiques donnerait à la patrie des bras pour se défendre[97].

Il n'est pas question ici de revenir sur les réformes de Nabis, mais le texte de Tite-Live permet d'approcher l'idée selon laquelle la finalité de toutes ces réformes a été pour Nabis de reconstituer une armée, détruite à Mantinée en 207. Dans ce texte, à la fois d'inspiration très polybienne par la comparaison des institutions grecques et romaines, et – me semble-t-il – très peu polybien dans la mesure où Nabis défend le point de

94. Tite-Live 34.30.7.
95. Tite-Live 34.30.6 (trad. Flobert 1997) : *Nabis cum delectis custodibus corporis.*
96. Quelques lignes plus haut, Tite-Live 34.30.4 le qualifie encore de *tyrannus.*
97. Tite-Live 34.31.17-18 (trad. Flobert 1997) : *nolite ad vestras leges atque instituta exigere ea, quae Lacedaemone fiunt. nihil comparare singula necesse est. vos a censu equitem, a censu peditem legitis, et paucos excellere opibus, plebem subiectam esse illis vultis ; noster legum lator non in paucorum manu rem publicam esse voluit, quem vos senatum appellatis, nec excellere unum aut alterum ordinem in civitate, sed per aequationem fortunae ac dignitatis fore credidit, ut multi essent, qui arma pro patria ferrent.*

vue grec et spartiate, le Spartiate insiste sur sa préoccupation majeure d'accroître le nombre de soldats. Voir l'aspect « révolutionnaire » dans ces réformes revient à adopter le point de vue romain[98]. Or justement, Nabis demande à Flamininus de décentrer son regard, de ne pas voir la réalité spartiate avec des yeux romains, selon le prisme des institutions romaines. Nabis insiste au contraire – me semble-t-il – sur sa qualité de roi hellénistique, celle du *Ktistès* qui cherche à fonder un corps civique ou bien à mettre en place des *katoikiai* dans le but de s'assurer la possibilité de lever une armée.

Certes, l'armée de Nabis est une armée de mercenaires. Cela apparaît dans différents passages à la fois de Polybe[99] et de Tite-Live[100]. Les conditions de la paix de Nabis avec Rome montre qu'une clause portait sur le fait que « les mercenaires qui avaient quitté Nabis pour rentrer chez eux ou passer aux Romains retrouveraient la totalité de leurs biens »[101] ; par ailleurs Nabis se voyait amputé de son recrutement crétois[102]. L'armée de Nabis, comme celle de la confédération achéenne dirigée par Philopœmen, présentait des Crétois et des Tarentins. D'où la difficulté de trouver une issue au combat[103].

Mais l'armée de Nabis n'est pas seulement une armée de mercenaires. Dans les préparatifs de la guerre de 195 qui oppose Nabis à la collation menée par les Romains, Tite-Live 34.27 décrit ainsi les forces militaires spartiates :

> La guerre menaçait le tyran de toutes parts, sur terre et sur mer ; la juste estimation de ses forces et de celles de l'adversaire ne lui laissait pratiquement aucune chance de l'emporter. Il ne refusa pourtant pas de se battre mais fit venir de Crète mille soldats d'élite qui s'ajoutèrent aux mille qu'il avait déjà. Il arma trois mille mercenaires en plus de dix mille soldats laconiens venus des villes ou de la campagne[104].

On peut dégager du texte précédent la tripartition suivante :

1 000 + 1 000 = 2 000 mercenaires Crétois qualifiés de *delecti*, c'est-à-dire *epilektoi*, troupe d'élite.	3 000 mercenaires en plus (qui ne sont pas des troupes d'élite).	10 000 soldats laconiens « venus des villes ou de la campagne »[105].

98. Aymard 1938, Mossé 1964 ; 2004 adoptent ce point de vue.
99. Polybe 16.37 où des Crétois à la solde de Nabis sont défaits par un audacieux stratagème de Philopoemen.
100. Tite-Live 34.29.14 relate qu'avant même la capitulation de Gythéion, Pythagoras, commandant de la garnison d'Argos, avait laissé la cité sous la garde de Timocratès de Pellène et rejoint Nabis à Sparte avec 1 000 mercenaires et 2 000 argiens ; en 34.28.3, il montre que Flamininus lui-même, s'étant engagé imprudemment lors d'une opérations aux portes de Sparte en 195, est repoussé par les auxiliaires du tyran, *auxiliares tyranni.*
101. Tite-Live 34.35.8
102. Cf. note 77.
103. Tite-Live 35.29.1-2.
104. Tite-Live 34.27.1-2 (trad. Flobert 1997) : *cum terra marique tantum belli circumstaret tyrannum, et prope nulla spes esset vere vires suas hostiumque aestimanti, non tamen omisit bellum,* [2] *sed et a Creta mille delectos iuventutis eorum excivit, cum mille iam haberet, et tria milia mercennariorum militum, decem milia popularium cum castellanis agrestibus in armis habuit.*
105. Tite-Live 34.27.2 : *decem milia popularium cum castellanis agrestibus in armis habuit.* Sur l'origine de ces soldats citoyens, voir en dernier lieu Kennell 2003 qui mériterait discussion.

On retrouve là la structure d'une armée royale comparable à celle que l'on peut analyser pour l'armée séleucide de la fin du IIIe au début du IIe siècle avant J.-C.[106]. À la bataille de Raphia de 217, par exemple, on retrouve à côté de la phalange macédonienne de 20 000 hommes, 10 000 phalangites d'élite que sont les argyraspides, une grande diversité de contingents ethniques ou pseudo-ethniques, à placer dans l'infanterie semi-lourde ou légère ; et des escadrons de cavalerie lourde, dont la garde royale montée, et des escadrons de cavalerie légère. Le texte ne décrit pas ici les types d'armes, mais les statuts des soldats : mercenaires d'un côté et sujets-citoyens de l'autre.

Ces 10 000 soldats laconiens des villes ou de la campagne me semblent pouvoir constituer le gros de la phalange, soit la phalange macédonienne, soit encore la phalange hoplitique. On sait que la phalange macédonienne a été adoptée par Cléomène III quelques années auparavant, mais le transfert a pu rester inachevé.

Surtout, il me semble que l'on peut voir dans ces 10 000 Laconiens des villes et des campagnes un des effets des réformes politico-sociales engagées par Nabis. On se souvient que le nombre de soldats citoyens, au nombre de 1 000 en 370 n'était plus que d'environ 700 en 244. Sous Cléomène la redistribution agraire affecta 4 000 anciens et nouveaux citoyens ; en 223, Cléomène affranchit 6 000 hilotes et en arma 2 000 qu'il intégra dans son armée. En 222, à la bataille de Sellasie, Sparte était redevenue la première puissance militaire du Péloponnèse et il fallut l'alliance de deux armées, celle d'Antigone Dôsôn et celle de la Ligue achéenne pour défaire la puissance spartiate et mettre un terme momentané aux réformes. Cet effort s'est poursuivi sous Nabis.

La lecture de Nabis comme roi hellénistique peut, pour finir, être menée plus avant à travers ses gardes. Lorsqu'il désigne la garde rapprochée de Nabis, Polybe emploie l'association des termes de δορυφόροι et de σωματοφύλακες. Il s'agit bien là d'une garde personnelle, attestée à la cour de nombreux rois hellénistiques[107]. Il y a fort à parier que ces deux termes grecs désignent des réalités comparables, sans que l'on puisse toujours déterminer quels écarts existaient entre eux ; d'autant que d'autres termes encore peuvent être employés (θεραπεία, ὑπασπισταί en grec). Comme élément de distinction, on a parfois avancé l'idée selon laquelle le corps des *somatophylakes*, « gardes du corps » était attaché à la personne du souverain et restait avec lui nuit et jour alors que les *doryphoroi* (ou *satellites*) étaient plutôt destinés à escorter le roi et à surveiller la résidence de la cour[108].

Dans le domaine antigonide, où les attestations sont les plus nombreuses, à la fois par les textes littéraires et l'épigraphie, on trouve plusieurs termes pour qualifier des réalités comparables. Diodore désigne sous le vocable de *somatophylax* l'un des gardes de Persée[109]. Il est clair, comme le souligne Sylvie Le Bohec, que la θεραπεία désigne aussi très souvent la « garde royale »[110]. Le chef de cette garde est parfois désigné par le

106. Couvenhes 2014.

107. Le Bohec 1993, p. 232 et Hatzopoulos 2001, p. 58-59.

108. Breccia 1903, p. 78-79 ; Corradi 1929, p. 290 ; Bickerman 1938, p. 37 qui s'appuie sur Polyen 8.50 et Plutarque, *Moralia* 184 a.

109. Diodore 30.11.1. Walbank 1940, p. 290-291 (repris dans Walbank 1957, p. 560-561) rapproche ce passage d'un autre de Polybe 18.33.2 où un hypaspiste de Philippe V tient un rôle similaire.

110. Walbank 1957, p. 231 et n. 6 pour les références des savants qui s'accordent sur ce sens. Le terme θεραπεία au sens de « garde royale » apparaît chez Polybe 15.25.3 lors des funérailles de Ptolémée

terme de ὁ ἐπὶ τῆς θεραπείας[111] ou de ὁ ἐπὶ τῆς θεραπείας τεταγμένος[112]. Dans une clause du règlement militaire d'Amphipolis, c'est par le terme ὑπασπισταί qu'est désignée la garde royale[113]. Ces hypaspistes se caractérisaient par l'armement : dans les nouveaux fragments du *diagramma* militaire, publiés par Miltiade Hatzopoulos, ils sont décrits comme porteurs de *doratia*, c'est-à-dire, non pas de longue sarisses, mais de lances plus courtes[114]. Les hypaspistes munis d'une *doratia* du diagramma[115], retrouvé notamment à Amphipolis, sont comparables à des *doryphoroi*.

Chez les Lagides, les *somatophylakes* apparaissent, au moins à deux reprises[116]. Le grade d'*archisomatophylax* doit être considéré comme un titre aulique. Chez les Séleucides, il est à plusieurs fois question de *somatophylakes* gravitant autour du roi[117], que E. J. Bickerman qualifie « d'aides de camp »[118].

À l'époque qui nous occupe, c'est-à-dire à la fin du IIIe et au début du IIe siècle, alors que Polybe emploie fréquemment pour les Macédoniens le terme d'hypaspistes ou de *thérapeia*, il parle de *doryphoroi* et *somatophylakes* pour Nabis. Le détour par Tite-Live lève toute ambiguïté. Tite-Live emploie le terme de *custodes corporis*[119] ou de *satellites*[120] pour parler des *somatophylakes*.

Au livre 35.35, Tite-Live décrit les derniers moments de Nabis en 192[121]. Au cours d'un exercice militaire, l'Étolien Alexaménos fraîchement envoyé par son *Koinon* avec une troupe de secours saisit l'opportunité d'assassiner Nabis en dépit de la protection des gardes du corps du roi spartiate :

> À plusieurs reprises, les troupes sortirent de la ville pour faire l'exercice dans la plaine au bord de l'Eurotas. Les gardes du corps du tyran (*satellites*) étaient presque toujours au centre de la formation. Le tyran, escorté de trois cavaliers parmi lesquels Alexaménos, chevauchait devant les enseignes et inspectait les ailes de chaque côté. Les Étoliens qui servaient comme auxiliaires dans l'armée du tyran, et les mille fantassins qu'Alexaménos avaient amenés avec lui se trouvaient à l'aile droite. Celui-ci avait pris l'habitude de parcourir les rangs avec quelques officiers en compagnie du tyran et lui donnait des conseils

Philopator et Arsinoé ; mais aussi dans l'Égypte lagide (*P.Oxy*. 1798, fr. 1 ; cf. Kapetanopoulos 1996) et séleucide (Polybe 5.56.7 ; 69.6 ; cf. Bar-Kochva 1976, p. 234-235, n. 35).

111. Polybe 4.87.8 à la cour Antigonide de Dôsôn.
112. Polybe 4.87.5.
113. Le *diagramma* doit être maintenant consulté dans l'édition de Hatzopoulos 2001 ; les hypaspistes sont cités dans Appendice épigraphique n° 3 A II, L. 3-4, 6, 8, 12 ; 2 I B, L. 6 ; 2 II, L. 18. Hatzopoulos 2001, p. 57-66 revient longuement sur ce corps
114. Hatzopoulos 2001, p. 61-62, qui revient sur l'épisode du meurtre de Cleithos par Alexandre, et Appendice épigraphique n° 2 I B, L. 6-7 et II, L. 19.
115. Hatzopoulos 2001, Appendice épigraphique n° 2 I B, L. 6-7 et II, L. 19 : εἰς τοὺ]ς ὑπασπιστὰς τοὺς τὰ δοράτια οἴσοντας τῶι βασιλεῖ ἀπ' οἰκιῶν καὶ οὐσιῶν.
116. Vraisemblablement dans une inscription lacunaire de Cyrène (*SEG* 31.1574) et à coup sûr dans Polybe 15.25.3 (cf. Walbank 1967, p. 482).
117. Somatophylakes chez les séleucides : *SEG* 7.6 ; Polybe 8.22.8 ; Hégésandre, *FHG* 4.416 = Athénée 19 d ; Aristodème *FHG* 3.310.7 = Athénée 244 f.
118. Bickerman 1938, p. 37.
119. Tite-Live 40.6.3 ; 43.20.3.
120. Tite-Live 34.25.8 ; cf. aussi Justin 28.3.11.
121. Sur les circonstances de la mort de Nabis, Texier 1975, p. 99-100.

> pour les manœuvres ; il partait ensuite seul à cheval retrouver les siens comme s'il leur portait les instructions nécessaires puis revenait auprès du tyran[122].

Suivent dans le récit de Tite-Live le discours d'Alexaménos à sa troupe de cavaliers, l'effroi qui le saisit au moment d'accomplir l'assassinat dont il avait reçu l'ordre au moment de partir d'Étolie :

> Quand il [Nabis] arriva près de lui, il [Alexaménos] s'élança et lui fit perdre l'équilibre en frappant son cheval. Les cavaliers criblèrent de coups le tyran qui gisait à terre ; sa cuirasse le mettait à l'abri des coups, mais ils trouvèrent enfin une partie du corps qui n'était pas protégée. Il [Nabis] mourut avant que les secours lui parviennnent du centre de l'armée[123].

Dans ce récit, Tite-Live parle du tyran Nabis mais, ses gardes du corps, qualifiés de *satelites* par Tite-Live, font penser à des gardes royaux. Auprès d'autres rois hellénistiques, la garde royale apparaît également comme une émanation de l'armée, à la fois de l'infanterie et de la cavalerie. On constate, en effet, qu'il existe non seulement une garde à pied, qui dans le royaume de Macédoine hellénistique « fut assurée par rotation parmi le corps d'élite des hypaspistes »[124] mais aussi une garde à cheval, qualifiée de *hippeis oi peri tèn aulèn* par Polybe[125], alors que Tite-Live emploie trois expressions comparables : *regia cohors,* (traduction de *basilikè ilè* que l'on trouve dans le domaine séleucide), *regii equites* et – plus curieusement – *sacra ala*[126].

Dans un intéressant article de 2005, Nikos Birgalias s'est essayé à redresser la barre de l'historiographie qui avait sans doute trop penché du côté de la tyrannie pour faire de Nabis un prince hellénistique[127], reprenant à son compte la remarque de Helmut Berve qui plaçait Nabis du côté, non pas des tyrans, mais plutôt des *hegemones* hellénistiques[128]. Il m'a semblé que l'on pouvait passer du prince hellénistique au roi.

Après réexamen du portrait de Polybe, une fois enlevée les couches superficielles dépréciatives il reste, me semble-t-il, l'attestation – polémique – d'un pouvoir que Polybe qualifie de tyrannique alors que Nabis cherchait selon toute vraisemblance à en affirmer la nature royale.

122. Tite-Live 35.35.10-14 (trad. Flobert 1997) : *educi inde frequenter ante urbem in campum ad Eurotan amnem coepere. satellites tyranni in media fere acie consistebant ; tyrannus cum tribus summum equitibus, inter quos plerumque Alexamenus erat, ante signa vectabatur, cornua extrema invisens ; in dextro cornu Aetoli erant, et qui ante auxiliares tyranni fuerant, et qui venerant mille cum Alexameno. fecerat sibi morem Alexamenus nunc cum tyranno inter paucos ordines circumeundi monendique eum, quae in rem esse videbantur, nunc in dextrum cornu ad suos adequitandi, mox inde velut imperato, quod res poposcisset, recipiendi se ad tyrannum.*
123. Tite-Live 35.35.18-19 (trad. Flobert 1997) : *postquam appropinquabat, impetum facit et transfixo equo tyrannum deturbat ; iacentem equites confodiunt ; multis frustra in loricam ictibus datis tandem in nudum corpus vulnera pervenerunt, et priusquam a media acie succurreretur, exspiravit.*
124. Hatzopoulos 2001, p. 59
125. Polybe 4.67.7
126. Alors que le terme *hiera ilè* n'apparaît pas dans nos sources grecques. Sur tout cela, Hatzopoulos 2001, p. 37 et notes pour les références. De même sur les Nicatores, Hatzopoulos 2001, p. 37, 59.
127. Birgalias 2005.
128. Berve 1967, I, p. 411.

On le sait, de nombreux historiens ont tenté, au delà du jugement de Polybe, de réhabiliter le véritable sens de l'action politique de Nabis. Cette réhabilitation s'appuie d'une part sur les discours de Nabis rapportés par Tite-Live qui donnent de Nabis une image différente de celle véhiculée par Polybe, au point que l'on peut se demander si Tite-Live ne suit pas là une autre source ; et d'autre part sur des sources épigraphiques ou numismatiques. L'analyse des termes relatifs à la garde personnelle de Nabis laisse supposer que Nabis a également cherché à légitimer son pouvoir à la manière d'un roi hellénistique et pas seulement à la manière d'un tyran. Mais vaincu par les Romains, c'est l'image du tyran qui lui est restée.

Jean-Christophe Couvenhes
université Paris-Sorbonne
AnHiMA, UMR 8210

Bibliographie

Aymard A. (1938), *Les premiers rapports de Rome et de la Confédération achaienne, 198-189 avant J.-C*, Bordeaux, Feret & Fils.

Bar-Kochva B. (1976), *The Seleucid Army. Organization and Tactics in the Great Campaigns*, Cambridge, Cambridge UP.

Berve H. (1967), *Die tyrannis bei den Griechen*, I-II, Munich, C.H. Beck.

Bickerman E. J. (1938), *Institutions des Séleucides*, Paris, Librairie orientaliste Paul Geuthner.

Birgalias N. (2005), « Nabis : un prince hellénistique ? », *Gerión Anejos*, 9, p. 139-151.

Bouchet C. (2010), « Isocrate et la question des mercenaires », *Studia humaniora Tartuensia*, 11, A, 1, p. 1-25.

Bravo B. (1980), *Sulân. Représailles et justice privée contre les étrangers dans les cités grecques : étude du vocabulaire et des institutions*, Pise, Scuolo normale superiore.

Breccia E. (1903), *Il Diritto dinastico nelle monarchie dei successori d'Alessandro Magno*, Rome, E. Loescher.

Brulé P. (1978), *La piraterie crétoise hellénistique*, Besançon / Paris, Les Belles Lettres.

—. (1999), « Polybe et Nabis », dans J. Renard, *Le Péloponnèse : archéologie et histoire*, Rennes, PU de Rennes, p. 180-193.

Burckhardt L. (1996), *Bürger und Soldaten: Aspekte der politischen und militärischen Rolle athenischer Bürger im Kriegswesen des 4. Jahrhunderts v. Chr.*, Stuttgart, F. Steiner.

Cantarella E. (2000), *Les peines de mort en Grèce et à Rome, origines et fonctions des supplices capitaux dans l'Antiquité classique*, Paris, Albin Michel.

Cohen D. (1983), *Theft in Athenian Law*, Munich, C.H. Beck.

Coleman-Norton P. R. (1941), « Socialism at Sparta », dans *The Greek Political Experience. Studies in Honor of William K. Prentice*, Princeton, Princeton UP, p. 61-77.

Corradi G. (1929), *Studi ellenistici*, Turin, Società editrice internazionale.

Couvenhes J.-C. (2014), « Une réforme de l'armée séleucide sous Antiochos IV ? », dans Feyel C., Graslin-Thomé L. (dir.) (2014), *Le projet politique d'Antiochos IV*, Nancy/Paris, De Boccard, p. 181-208.

Dürrbach F. (1921), *Choix d'inscription de Délos : avec traduction et commentaire*, Paris, E. Leroux.

Eckstein A. M. (1995), *Moral Vision in the Histories of Polybius*, Berkeley / Los Angeles, University of California Press.

Ehrenberg V. (1935), *RE* XVI, 2, *s.u.* Nabis, col. 1471-1482.
Flacelière R., Chambry E. (éd.) (1976), *Plutarque. Vies. Tome XI. Agis-Cléomène - Les Gracques.* Texte établi et traduit, CUF, Paris, Les Belles Lettres.
Flobert A. (éd.) (1997), *Tite-Live, Histoire romaine, Livres XXXI-XXXV. La libération de la Grèce*, Présentation et traduction inédite, Paris, GF Flammarion.
Foucault J. A. de (1972), *Recherches sur la langue et le style de Polybe*, Paris, Les Belles Lettres.
Foulon E., Weil R., Cauderlier P. (éd.) (1995), *Polybe, Histoires. Tome X : Livres XIII-XVI.* Texte établi, CUF, Paris, Les Belles Lettres.
Goukowsky P. (éd.) (2012), *Diodore de Sicile. Bibliothèque historique. Fragments, Tome III. Livres XXVII–XXXII*, texte établi, traduit et commenté, CUF, Paris, Les Belles Lettres.
Griffith G. T. (1935), *The Mercenaries of the Hellenistic World*, Cambridge, Cambridge UP.
Grunauer-von Hoerschelmann S. (1978), *Die Münzprägung der Lakedaimonier*, Berlin, W. de Gruyter.
Guelfucci M.-R. (2010), « Polybe, le regard politique, la structure des Histoires et la construction du sens », *Cah. Études Anciennes*, 47, p. 329-357.
—. (2013), « L'image du pouvoir et le point de vue de l'autre dans les Histoires de Polybe. Enjeux politiques et culturels », *DHA*, Supplément 9, p. 151-172.
Hadas M. (1932), « The social revolution in third-century Sparta », *Class. Weekly*, 26, 9, p. 65-68 et 74-76.
Hatzopoulos M. (2001), *L'organisation de l'armée macédonienne sous les Antigonides : problèmes anciens et documents nouveaux*, Athènes / Paris, De Boccard.
Hermann P. (1965), « Antiochus der Grosse und Teos », *Anadolu*, 9, p. 29-159.
Hodkinson S. (2000), *Property and Wealth in Classical Sparta*, Londres, Duckworth and The Classical Press of Wales.
Holleaux M. (1930), « The Romans against Philip », *CAH*, 8, p. 138-198.
—. (1952), *Études d'épigraphie et d'histoire grecques*, Paris, De Boccard.
Homolle T. (1896), « Inscriptions de Délos. Le roi Nabis », *BCH*, 20, p. 502-522.
Kapetanopoulos E. (1996), « Philip II's assassination and burial », *Anc. World*, 27, p. 81-87.
Karabélias E. (1991), « La peine dans Athènes classique », dans *Recueils de la société Jean Bodin pour l'histoire comparative des institutions*, LV, *La Peine*, 1re partie, *Antiquité*, Bruxelles, De Boeck Université, p. 77-132.
Kennell N. (2003), « *Agreste genus*: helots in Hellenistic Laconia », dans Alcock S., Luraghi M. (dir.), *Helots and their Masters in Laconia and Messenia: Histories, Ideologies, Structures*, Washington, Harvard UP, p. 81-105.
Le Bohec S. (1993), *Antigone Dôsôn : roi de Macédoine*, Nancy, PU de Nancy.
Marasco G. (1981), *Commento alle biografie Plutarchee di Agide e di Cleomene*, I, Rome, Edizioni dell'Ateneo.
Marinovič L. P. (1988), *Le mercenariat grec au Ve siècle av. J.-C. et la crise de la Polis*, Besançon / Paris, Les Belles Lettres.
Mendels D. (1978), « A note on the speeches of Nabis and T. Quinctius Flamininus (195 BC) », *Scr. Class. Isr.*, 4, p. 38-44.
—. (1979), « Polybius, Nabis, and equality », *Athenaeum*, 57.
—. (1982), « Polybius and the socio-economic revolution in Greece (227-146 BC) », *AC*, 51, p. 86-110.
Meyer J. (1971), « La course : romantisme, exutoire social, réalité économique. Essai de méthodologie », *Ann. Bretagne*, 78, 2, p. 307-344.
Mossé C. (1964), « Un tyran grec à l'époque hellénistique : Nabis "roi" de Sparte », *Cah. Hist.*, 9, p. 313-323.
—. (2004), *La tyrannie dans la Grèce antique*, Paris, PUF.
Mundt J. (1903), *Nabis, König von Sparta (206-192 v. Chr.)*, Cologne, Druck von J. P. Bachem.
Oliva P. (1971), *Sparta and her Social Problems*, Amsterdam / Prague, A. M. Hakkert-Academia.
Pédech P. (1964), *La méthode historique de Polybe*, Paris, Les Belles Lettres.

PRITCHETT W. K. (1991), *The Greek State at War*, Berkeley, University of California Press.
RUZÉ F., CHRISTIEN J. (2007), *Sparte : géographie, mythes et histoire*, Paris, Armand Colin.
ROUSSEL D. (éd.) (1970), *Polybe, Histoire*, texte traduit, présenté et annoté, Paris, Gallimard.
TEXIER J.-G. (1975), *Nabis*, Paris, Les Belles Lettres.
VAN EFFENTERRE H. (1948), *La Crète et le monde grec : de Platon à Polybe*, Paris, De Boccard.
WALBANK F. W. (1940), *Philip V of Macedon*, Cambridge, Cambridge UP.
—. (1957), *A Historical Commenlary on Polybius*. I. *Commentary on books I-VI*, Oxford, Oxford UP.
—. (1966), « The Spartan ancestral constitution in Polybius », dans Badian E. (dir.), *Ancient Society and Institutions: Studies presented to Victor Ehrenberg on his 75th birthday*, Oxford, Oxford UP, p. 303-312.
—. (1967), *A Historical Commenlary on Polybius*. II. *Commentary on books VII-XVIII*, Oxford, Oxford UP.

Pierre-Olivier Hochard

L'usurpation d'Achaios : une expérience originale de monarchie militaire[1] ?

Qu'il s'agisse de l'usurpation de Molon en 222 ou du processus d'émancipation des Hautes Satrapies, la seconde moitié du IIIe siècle apparaît dans l'histoire du domaine séleucide comme une période de fragilisation du pouvoir dynastique et surtout de fractionnement du royaume. Dans cette dynamique, l'Asie Mineure occupe une place particulière. Cette région est en effet le théâtre de l'émancipation politique des dynastes de Pergame. Elle est aussi le point de départ de deux usurpations menées par des membres de la famille royale qui, forts de leur pouvoir militaire, tentent de légitimer leur processus d'accession à la fonction suprême. Moins de dix ans après l'effondrement du pouvoir d'Antiochos Hiérax (en 228), ce fut Achaios, arrière-petit-fils de Séleucos Ier et cousin éloigné (ou neveu ?) d'Antiochos III qui usurpa le titre royal. À la grande différence de Hiérax, Achaios ne fut jamais considéré comme un usurpateur légitimé. Alors que Séleucos II dut reconnaître, bien malgré lui, le pouvoir de son frère en Asie Mineure et diviser le royaume[2], Antiochos III considéra toujours Achaios comme un gouverneur de haut rang entré en rébellion, sans que celle-ci ne soit jamais acceptée par Antioche. Pourtant la situation d'Achaios ne semble pas, dans les faits, très différente de celle de Hiérax. Mais se trouvant face à un souverain plus habile et plus énergique que Séleucos II, le pouvoir d'Achaios n'eut pas la longévité de celui de Hiérax. S'appuyant sur ce précédent, Achaios a malgré tout pu vouloir restaurer le royaume d'Asie Mineure détenu par son petit-cousin.

Il semble pourtant que l'usurpation d'Achaios présente une réelle singularité. Auréolé de ses victoires et de son prestige militaires, appuyé par des troupes fidèles, Achaios inscrit sa démarche politique dans le processus de formation des monarchies hellénistiques. Alors que Hiérax réclame et obtient de Séleucos II la reconnaissance d'une préséance royale, Achaios s'empare lui-même de ce titre. Mais tant par son action militaire que par les symboles de son pouvoir, Achaios ne semble pourtant pas se dresser contre les fondements institutionnels du royaume de Séleucos Ier, ni contre le roi légitime Antiochos III. Comment comprendre alors la démarche d'Achaios ?

1. Cet article est le développement d'une hypothèse formulée dans notre thèse inédite *La croisée des empires. Monnaie et formes de pouvoir en Lydie aux époques hellénistique et impériale (336 avant J.-C.-268 de notre ère)*, sous la direction de Catherine Grandjean.
2. C'est dans le contexte de la Troisième guerre de Syrie (ou Guerre laodicéenne) qu'Antiochos Hiérax prit le contrôle de l'Asie Mineure. Afin d'obtenir l'envoi de troupes supplémentaires, Séleucos II est contraint de reconnaître le statut de vice-roi à son frère. Voir Justin XXVII, 2, 6-9 ; Will 1979, p. 248-261.

Cette question est d'autant plus complexe qu'elle s'inscrit dans l'une des périodes les plus troubles de l'histoire séleucide et que cet épisode ne nous est connu que par le récit de Polybe. Les circonstances de l'ascension politique d'Achaios, dans un contexte militaire dense, les conditions dans lesquelles il se pare du diadème et les aspects, surtout militaires, qu'il utilise pour légitimer son pouvoir permettent de mieux cerner cette expérience monarchique.

Achaios, nouvel homme fort d'Asie Mineure

La disparition de Hiérax et la mort de Séleucos II en 226 scellèrent l'effondrement de la puissance séleucide en Asie Mineure. Pourtant les Attalides ne restèrent maîtres de la région que trois ans[3]. En 223, Achaios fut nommé, sous l'autorité d'Antiochos III, ἐπὶ τάδε τοῦ Ταύρου δυναστεία[4]. Achaios s'était déjà illustré en 227 dans la lutte contre Hiérax, et fit ses premiers pas en Asie Mineure sous le commandement de Séleucos III, lors de la campagne de 223[5]. Lorsque mourut le jeune roi, la même année, son frère cadet Antiochos monta sur le trône[6]. En cette période trouble, Achaios fit preuve d'une très grande loyauté envers le souverain légitime. Polybe laisse entendre qu'Achaios poursuivit immédiatement la campagne entamée sous le commandement de Séleucos III[7], et que ses succès furent rapides et aisés. Dès 222, Attale fut totalement refoulé dans son domaine pergaménien. L'Asie Mineure occidentale retomba dans le giron des Séleucides. Achaios s'installa alors très rapidement à Sardes en tant que gouverneur général d'Asie Mineure sous l'autorité d'Antiochos III.

Afin de bien comprendre la situation complexe de la région à partir du règne de Séleucos II, et tout particulièrement à l'époque d'Achaios, il convient de cerner correctement la conception qu'avaient les rois séleucides de l'administration de l'Asie Mineure[8]. Dès le règne d'Antiochos Ier, l'Asie Mineure est constituée en unité administrative[9] où la charge de gouverneur était toujours confiée à un membre important de la famille royale. Avant la réorganisation opérée par Antiochos III à partir de 213, nous connaissons trois gouverneurs en poste à Sardes : Alexandros, sous Antiochos Ier et Antiochos II, est le neveu d'Antiochos Ier[10] ; Antiochos Hiérax est le frère cadet de

3. Sur cette première période de domination attalide en Asie Mineure, voir Ma 2004, p. 35-40.
4. Polybe V, 40, 7
5. Polybe IV, 48, 6-8.
6. Le rôle que joua Achaios dans l'accession au trône d'Antiochos III reste très discuté, mais a son importance pour comprendre la suite des événements. Nous y reviendrons.
7. Polybe IV, 48, 9-11.
8. Nous reprenons ici la démonstration de Capdetrey 2007, p. 294-297. Voir également Sartre 1995, p. 26 qui dresse un tableau de la situation administrative de la région à partir de la situation connue sous Antiochos III.
9. Del Monte 1997 évoque une tablette babylonienne datée de 273 (AD 1 n° 273 B r° 29) rapportant qu'Antiochos Ier aurait laissé « ses troupes, sa femme et un haut dignitaire dans la région de Sardes pour renforcer la garde et [qu']il est allée en Transeuphratène ».
10. Sur la question, confuse, des liens de parenté entre les deux branches issues des fils de Séleucos Ier, voir Bengtson 1944, p. 99-103 ; Carsana 1996, A7.

Séleucos II ; enfin, Achaios est l'arrière-petit-fils de Séleucos Ier[11]. L. Capdetrey résume très bien la portée d'une telle politique : « Le pouvoir séleucide avait de toute évidence une conception patrimoniale d'une charge [...] considéré[e] comme une charge de substitution attribuée aux membres de la dynastie qui ne pouvaient espérer obtenir le diadème »[12]. Le titre porté par le gouverneur d'Asie Mineure ne semble pas figé au IIIe siècle, mais aucune source épigraphique ne lui donne celui de stratège[13]. Ainsi la fonction de gouverneur fait-elle de son dépositaire le représentant du roi dans tous les domaines (mais lorsque le roi était présent en Asie Mineure, le gouverneur devait sans doute s'effacer derrière son autorité). « La charge de gouverneur de l'Asie Mineure séleucide permettait ainsi à son détenteur de jouer un rôle politique qui dépassait les seules responsabilités administratives. Elle conférait une place dans la structure du pouvoir qui, dans les moments de crise, pouvait justifier un mouvement d'émancipation »[14]. Malgré tout, ce n'est pas la fonction administrative qu'occupait Achaios qui lui permit de ceindre le diadème, mais bien son action militaire contre Attale Ier. Comme le résume L. Capdetrey, « l'action d'Achaios à la tête de la *dynasteia* d'Asie Mineure est mal connue. Entre 223 et 220, il eut cependant la haute main sur les troupes d'Asie Mineure qui lui permirent de reconquérir les territoires perdus puis d'affirmer sa rupture avec Antiochos III »[15].

Les circonstances de l'usurpation d'Achaios

C'est en effet en 220 qu'Achaios usurpa l'autorité royale. Son geste est cependant difficile à comprendre. On a voulu y voir trois raisons différentes, tirées des deux versions que nous donne Polybe de cette usurpation.

La première raison invoquée, si l'on suit la première version de Polybe, est l'ambition personnelle.

> Achaios, après l'avoir [Séleucos III] aussitôt vengé en faisant mettre à mort ces deux hommes, avait alors pris en main les forces armées ainsi que l'ensemble des affaires et s'était acquitté de ses responsabilités avec discernement et loyauté. C'est ainsi qu'au lieu de profiter de l'occasion offerte et de se laisser entraîner par ses troupes, qui le pressaient de prendre le diadème, il préféra n'en rien faire et assurer la possession de l'héritage royal au fils cadet, Antiochos [III]. Ce fut dans cette intention qu'il entra en campagne et, poussant activement les opérations, reconquit toutes les provinces situées de ce côté-ci du Tauros. Mais, lorsque son entreprise eut réussi au delà de ses espérances et qu'il eut enfermé Attale dans Pergame et pris possession de tout le reste du pays, il se

11. Polybe VIII, 20. Voir aussi Bengtson 1944, p. 107-111 ; Carsana 1996, A8.
12. Capdetrey 2007, p. 295.
13. Alexandros est qualifié de ὁ καταλελειμμένος ὑπο τοῦ βασιλευς dans un décret de Bargylia (*Syll.*³ *426 = IK-Iasos 608*, l. 47-48). Polybe V, 40 dit qu'Achaios fut nommé dans la ἐπι τάδε τοῦ Ταύρου δυναστεία.
14. Capdetrey 2007, p. 296.
15. *Ibid.*, p. 297.

> laissa griser par ses succès et succomba bientôt à la tentation. Il prit le diadème et se fit décerner le titre de roi, devenant ainsi le plus puissant et le plus redoutable des monarques et dynastes qui régnaient en deçà du Tauros[16].

Cette explication est pourtant la moins vraisemblable. On a en effet du mal à comprendre pourquoi Achaios, si désintéressé et loyal en 223, aurait eu tout à coup des prétentions personnelles sur le trône séleucide alors que la situation lui était beaucoup moins favorable.

La deuxième raison fait référence à la volonté lagide d'affaiblir les Séleucides. Cette idée est reprise par D. Roussel dans les commentaires qu'il fait de sa traduction de Polybe : « C'est sans doute à l'instigation de Ptolémée III Evergète (246-221) qu'Achaios se révolta contre Antiochos III et prit le titre de roi[17]. » Cette idée repose sur la lettre qu'aurait présentée Hermias au conseil royal, dans laquelle Ptolémée III offre son soutien à Achaios pour prendre le diadème[18]. Que cette lettre ait ou non existé[19], l'argument d'une manœuvre politique des Lagides en faveur d'Achaios ne tient pas. En 220, Antiochos III reprocha à Achaios d'intriguer avec Ptolémée[20]. Une telle allusion ne peut faire référence qu'à la libération par Ptolémée du père d'Achaios. Cependant, cette demande n'émanait pas d'Achaios mais des Rhodiens, et Ptolémée n'y consentit que difficilement[21]. De plus, alors qu'il avait été proclamé roi, Achaios ravagea le Sud de l'Asie Mineure (qui appartenait alors aux Lagides) et n'intervint d'aucune manière dans la Quatrième guerre de Syrie contre Antiochos III[22]. On imagine difficilement un tel comportement vis-à-vis d'un allié.

La troisième raison, issue de la seconde version que donne Polybe de l'usurpation, paraît beaucoup moins évidente mais a notre préférence[23].

> De fait, pendant qu'Antiochos [III] faisait campagne contre Artabazanès, Achaïos – qui était persuadé qu'il arriverait quelque accident au roi ou du moins que les distances que celui-ci devrait parcourir lui laisseraient le temps de pénétrer en Syrie avant son retour et qu'avec le concours des Kyrrhestes, qui s'étaient révoltés contre l'autorité royale, il aurait bientôt fait de se saisir des affaires du royaume (τὴν βασιλείαν πραγμάτων) –, avait quitté la Lydie avec ses troupes. Arrivé à Laodicée du Lykos, il s'était paré du diadème et avait, pour la première fois, pris le titre de roi, envoyant des lettres aux cités en cette qualité. C'était surtout à l'instigation d'un banni appelé Garsyéris qu'il s'était décidé à en venir là. Il avait ensuite poursuivi sa marche, mais, alors qu'il était sur le point d'atteindre la Lycaonie, ses soldats s'étaient mutinés, marquant ainsi leur répugnance pour une expédition dont ils se doutaient désormais qu'elle était dirigée contre leur souverain légitime. Observant les dispositions

16. Polybe IV, 48, 9-12. Traduction D. Roussel, éd. Quarto Gallimard.
17. Polybe, *Histoire*, éd. Quarto Gallimard, p. 409, note 131.
18. Polybe V, 42, 7-8.
19. Alors que Polybe V, 42, 7 lui-même prétend qu'il s'agit d'un faux, Schmitt 1964 y voit simplement une lettre authentique dans laquelle Achaios ne fait qu'informer Antiochos III de la démarche lagide. Pour Will 1962, cette lettre n'a tout simplement pas existé.
20. Polybe V, 57, 2.
21. Polybe IV, 51, 1-5.
22. Sur ce point, voir Will 1962, p. 123-127 ; Schmitt 1964, p. 166-171.
23. Cette idée fut essentiellement défendue par Will 1962 ; 1982, p. 23-24.

> dans lesquelles se trouvaient ses troupes, Achaïos avait alors renoncé à son entreprise, mais, comme il voulait les persuader qu'il n'avait jamais eu, même à l'origine, l'intention d'envahir la Syrie, il avait obliqué en Pisidie, qu'il avait mise au pillage. Après avoir procuré à ses hommes un butin considérable, regagnant ainsi la confiance et le dévouement de tous, il regagna le siège de son gouvernement[24].

Notons d'une part qu'Achaios n'espère pas la mort d'Antiochos mais qu'il la considère comme tout à fait possible. Surtout, Achaios ne marche pas sur la Syrie pour s'emparer de la βασιλεία, *la royauté,* mais des βασιλείαν πραγμάτων, *les affaires du royaume,* autrement dit le gouvernement. Ce qui surprend alors le plus est la réaction de l'armée. Cette dernière semble en effet découvrir presque fortuitement les intentions d'Achaios une fois arrivée en Lycaonie. Malgré tout, elle ne tente rien contre l'usurpateur, ni à ce moment-là, ni plus tard. Tâchons donc de comprendre le rôle joué par l'armée dans la gestation de ce processus d'usurpation.

Nous ne nous attarderons pas sur les raisons ayant poussé Achaios à prendre le titre de roi à Laodicée plutôt qu'à Sardes, ni sur le rôle joué par Garsyéris dans cette prise de décision[25]. Interrogeons-nous surtout sur le comportement de l'armée d'Achaios avant son retour à Sardes. Selon Polybe – qui rappelons-le est notre seule source littéraire sur cet événement – l'armée ne s'opposa en rien à l'usurpation d'Achaios. Cela ne peut signifier que deux choses. D'une part, l'armée devait elle aussi craindre pour la vie d'Antiochos III (ou tout du moins pour la stabilité du pouvoir séleucide à Antioche), craintes suffisamment importantes pour justifier un transfert de loyauté sur la personne d'Achaios. D'autre part, les soldats étaient, contrairement à ce que laisse entendre Polybe, parfaitement informés du but de la campagne. La troupe d'Achaios est en effet une armée d'invasion, avec une logistique et un État-major qu'il faut préparer et informer en conséquence. Si le simple soldat peut éventuellement rester dans l'ignorance des objectifs d'une telle expédition, il n'en est certainement rien des cadres. On pourrait objecter que l'armée est convaincue au départ de Sardes de marcher, comme le laisse entendre Polybe, contre les possessions lagides du Sud de l'Asie Mineure, et que ce n'est qu'en arrivant en Lycaonie que les soldats comprennent le véritable but de leur marche. Cette objection ne tient pourtant pas. Comment expliquer dans ce cas que l'armée accepte l'usurpation d'Achaios à Laodicée comme justification d'une expédition contre les Lagides, alors que le statut de gouverneur d'Asie Mineure donne à Achaios le droit (au nom d'Antiochos III) et le pouvoir d'attaquer les possessions des Ptolémées[26] ? De plus « on ne fera croire à personne qu'en entraînant ses troupes en direction de la Lycaonie, Achaios leur avait fixé pour but officiel la Pisidie, qui se trouve au sud, et non à l'est de Laodicée, et où il devait aboutir en définitive, mais sans l'avoir prévu »[27]. Ainsi faut-il considérer, contre l'avis de Polybe, que l'armée sait

24. Polybe V, 57, 3-8. Traduction D. Roussel, éd. Quarto Gallimard, légèrement modifiée.
25. Sur ce point, voir Will 1962, p. 118-119.
26. Que l'on considère donc l'éventualité d'une expédition prévue dès le départ contre les Lagides (ce que nous réfutons) ou la réalité des raids d'Achaios dans le Sud de l'Asie Mineure , on ne peut donc pas convenir d'une intrigue des Lagides pour pousser Achaios à ceindre le diadème.
27. Will 1962, p. 120.

dès le départ qu'elle marche sur la Syrie, pour une expédition dont l'enjeu passe très rapidement des βασιλείαν πραγμάτων à la βασιλεία.

Comment comprendre alors que vers la Lycaonie l'armée refuse d'aller plus loin ? E. Will donne une explication convaincante de ce comportement :

> L'armée [...] savait qu'elle allait imposer un nouveau roi à Antioche : j'ajouterai à présent que, s'il en était ainsi, l'armée devait penser qu'Antiochos III était mort et que, dans les circonstances présentes, il était impossible de laisser la royauté au nourrisson royal, ou tout au moins à lui seul. Mais en Lycaonie, on apprend sans doute qu'Antiochos est toujours de ce monde, et peut-être aussi qu'Hermias n'en est plus : l'épisode de Lycaonie doit se placer chronologiquement peu après le retour du roi en Syrie. Dans ces conditions l'expédition n'a plus d'objet et est abandonnée[28].

Cette explication est bien plus plausible que la simple lecture du texte de Polybe, dont on peut constater les incohérences dans le récit de cet événement. Comment comprendre en effet que l'armée se mutine contre Achaios qu'elle perçoit alors comme un traître, tout en lui conservant malgré tout la royauté ? Comment comprendre également qu'Achaios, ayant prévu d'envahir la Syrie sans en avoir averti ses troupes, puissent survivre (politiquement en tout cas) à un tel échec en mettant au pillage la Pisidie pour regagner la faveur et le respect de son armée ? Ainsi Achaios n'a-t-il sans doute jamais trompé ses soldats, qui furent dès le départ impliqués dans ce processus d'élévation monarchique. Voulant préserver la dynastie séleucide suite à une défaillance supposée de la branche aînée, Achaios renonça à son projet de marcher sur la Syrie en apprenant qu'Antiochos III était vivant, et le pouvoir légitime solidement installé à Antioche. Achaios et son armée rebroussèrent donc chemin et rentrèrent à Sardes. Cela pose alors deux questions : celle du comportement d'Antiochos III face à celui qui, à ses yeux, passe alors pour un usurpateur ; et celle du projet monarchique d'Achaios une fois de retour dans sa capitale.

La monarchie d'Achaios en Asie Mineure

En 220, Achaios est donc roi en Asie Mineure contre le souverain légitime. Une nouvelle fois, deux éléments ne manquent pas alors de surprendre. Non seulement l'armée qui venait à tort de le proclamer roi ne le renversa pas, mais Antiochos III n'entreprit rien contre lui avant 216-215. E. Will et L. Capdetrey ont, sur chacun de ces points, apporté des analyses que nous trouvons forts convaincantes et que nous ne saurions exprimer mieux. Sur la position respective des deux rois, E. Will déclare :

> Du point de vue d'Antiochos, certes, il ne fait aucun doute qu'Achaios est un usurpateur et qu'en tant que tel il ne peut le tolérer ; mais tout le comportement d'Achaios à partir de l'épisode des confins lycaoniens prouve qu'il n'a désormais aucune prétention sur le reste de l'empire séleucide, cependant qu'Antiochos III

28. *Ibid.*, p. 121.

> prouve, par son propre comportement, qu'il le sait et que, pour se consacrer entièrement à la lutte contre l'empire lagide, il consent provisoirement à un partage de la royauté ; bien que les prémisses soient différentes, la situation n'est pas sans analogie avec celle qu'avait provisoirement dû tolérer Séleucos II en face de son frère Hiérax[29].

Concernant la position de l'armée, L. Capdetrey fait remarquer que :

> Achaios avait pris en main les affaires du royaume dès la mort de Séleucos III, peut-être même à Antioche, où il aurait assuré la succession légitime en faveur d'Antiochos III. Le contexte dans lequel Achaios obtint la charge de l'Asie Mineure faisait donc de lui l'homme fort du royaume, inversant dans les faits la relation d'autorité avec le roi légitime. D'une certaine façon, dans les années 223-220, Antiochos III fut le « préposé d'Achaios » sur le trône séleucide. Ce rapport de force inversé, fondé sur l'appartenance d'Achaios à la famille royale et sur les qualités militaires dont il avait fait preuve contre Antiochos Hiérax en 227 puis face à Attale Ier à la fin des années 220, lui conféra dans les années 223-220 un pouvoir tout à fait singulier, différent de celui d'Alexandros qui, pour sa part, était toujours demeuré en retrait de la fonction royale, même s'il joua un rôle en coulisse lors de la guerre fratricide. La rupture de 220 ne constitua sans doute que la traduction officielle, mais lourde de conséquences, d'une situation établie depuis 223 aux yeux même des troupes séleucides installées en Asie Mineure[30].

L'aventure d'Antiochos Hiérax avait donc créé un précédent. S'il n'a certes pas cherché à l'imiter, Achaios a suivi ses traces en s'inscrivant dans la même démarche d'autonomisation royale. L'attitude du roi régnant montre qu'à défaut de l'accepter, il était difficile pour l'autorité légitime de l'empêcher. Plus encore, il semble que l'idée et même l'existence d'un royaume indépendant en Asie Mineure aient été parfaitement intégrées par les armées séleucides basées dans la région. Même si la réalité de son gouvernement nous échappe en grande partie, l'action de Hiérax ne peut se résumer à celle d'un simple *condottiere* aux prises avec les Attalides et les Galates. Son action politique a sans doute montré qu'une ligne de fracture pouvait s'installer le long du Taurus. Achaios n'a fait que confirmer la partition du domaine, renforçant davantage la rupture entre les deux centres de gravité de l'Occident séleucide : la Séleukis d'une part, l'Asie Mineure d'autre part. De ce point de vue, Achaios est bien le successeur de Hiérax en Asie Mineure. Pourtant, la comparaison entre les deux hommes ne peut être poussée plus avant. Elle diffère sur la façon dont Achaios prend le titre royal. Elle diffère également sur la façon dont ce dernier semble exercer son pouvoir. Le comportement qu'eurent Achaios et son armée l'un envers l'autre témoigne peut-être, en comparaison des autres séditions auxquelles durent faire face les souverains séleucides, d'une expérience originale de monarchie en Asie Mineure.

Achaios semble donc avoir pris le titre royal par erreur ou faux-calcul. Dans de telles circonstances, il aurait pu abdiquer la royauté afin de réparer sa méprise et couper court à tout malentendu vis-à-vis d'Antiochos III. Il n'en fit pourtant rien. On touche là

29. Will 1982, p. 26.
30. Capdetrey 2007, p. 297.

à la nature même de la monarchie hellénistique. Loin d'être une magistrature que l'on pourrait déposer, la fonction royale est indissociable de la dignité royale. Qu'Achaios ait agi par erreur, là n'est pas la question. Lorsqu'il est proclamé roi à Laodicée, Achaios assume ses responsabilités sans démériter. Tant qu'Antiochos III ne lui conteste pas cet état de fait les armes à la main, Achaios se trouve ainsi entouré de cette réalité charismatique, héritée ou méritée, qui entoure le souverain depuis la création des premières monarchies hellénistiques. Cela explique également le comportement des troupes qui ne renversent pas Achaios et qui lui restent fidèle jusqu'à la prise finale de Sardes par Antiochos III en 214. A. Kuhrt et S. Sherwin-White expliquent très bien cette loyauté de l'armée : « Royal ideology, Greek and non-Greek, required warrior kings with all the military virtues of bravery leadership success: militarism was part of the package, and personal participation in warfare was viewed as essential »[31]. Sur ce point, la popularité et le charisme qu'Achaios put gagner auprès de ses troupes lors des campagnes contre Hiérax en 227 et contre Attale Ier en 223-222 ne laissent guère de doute sur la légitimité militaire que pouvait avoir ce souverain aux yeux de ses soldats.

Comment comprendre alors la politique que mena Achaios, souverain presque malgré lui face au roi légitime ? Comme le dit E. Will : « Je ne crois pas que, dans son esprit ni dans l'esprit de qui que ce soit à ce moment, il reste roi contre Antiochos : il le reste *avec* Antiochos, à côté de lui, en une sorte de corégence imprévue. Qu'il demeure au sein de la dynastie, ses monnaies le prouvent, qui conservent le symbole séleucide de l'ancre »[32]. Qu'il ne soit pas contre Antiochos III, cela semble avéré. Achaios ne tenta en effet aucune action contre le roi légitime, même dans le contexte particulier de la Quatrième guerre de Syrie. Antiochos III devait d'ailleurs être au fait des intentions d'Achaios à son encontre. On ne saurait dans le cas contraire comprendre pourquoi le roi séleucide se serait lancé dans cette expédition risquée avec un ennemi reconnu et aussi puissant sur ses arrières. Quant aux prétendues collusions entre Achaios et les Lagides lors de ce conflit, elles semblent – tout comme la prétendue responsabilité de Ptolémée III dans l'usurpation d'Achaios – sans aucun fondement[33]. En revanche, nous ne pouvons suivre E. Will lorsqu'il affirme qu'« il reste [roi] avec Antiochos, à côté de lui, dans une sorte de corégence imprévue ». Qu'Achaios se soit retrouvé roi face à Antiochos III de manière fortuite, nous sommes enclin à le penser. En revanche, nous ne pouvons pas abonder dans le sens d'une corégence imprévue. Cela ne fut sans doute jamais l'opinion d'Antiochos III qui dut considérer dès le départ Achaios comme un usurpateur (même conciliant). Ce ne fut probablement pas le cas non plus pour Achaios. Une fois encore, Hiérax offre un parallèle intéressant sur ce point. Lorsqu'il obtint de son frère la reconnaissance de son pouvoir en Asie Mineure (vers 245 ?), Hiérax fit frapper des monnaies, d'argent uniquement, à son nom mais au portrait de Séleucos II. Ce ne fut qu'après la « Guerre fratricide »[34] où il vainquit son frère que Hiérax s'émancipa totalement en apposant sur ses monnaies son propre portrait. Il

31. Kuhrt, Sherwin-White 1996, p. 129.
32. Will 1962, p. 122.
33. Voir sur ce point Will 1962, p. 123-127.
34. La chronologie de cette période reste obscure. Malgré la vigueur réelle du débat, un consensus semble se dégager pour dater la « Guerre fratricide » entre 241 et 239, date à laquelle Antiochos Hiérax écrase Séleucos II à la bataille d'Ancyre (Ma 2004, p. 37). Quoi qu'il en soit, le partage du domaine séleucide entre Séleucos II et Hiérax date de 236 (Will 1979, p. 295).

n'en est rien dans le cas d'Achaios. Ce dernier fait frapper dès 220 non seulement des monnaies d'argent mais aussi d'or – privilège royal – et y fait figurer immédiatement son portrait – et non celui d'Antiochos III – en plus de son nom. Malgré les gages de bonne volonté qu'Achaios a pu donner à Antiochos III, son positionnement est sans appel : c'est en tant que roi, et non vice-roi ou corégent, qu'il entend traiter sur la scène internationale[35]. Il ne reste donc pas avec Antiochos III roi en Asie Mineure. Il apparaît comme seul roi d'Asie Mineure quand Antiochos III est roi du reste du domaine séleucide.

Il fallait donc pour Achaios légitimer non un statut de vice-roi séleucide en Asie Mineure, mais celui de roi de plein droit dans la région, conçue alors comme indépendante d'Antioche. Les aspects militaires semblent alors avoir joué un rôle majeur dans la politique de légitimation menée par Achaios. Nous sommes très mal renseignés par les sources littéraires et épigraphiques sur le gouvernement de ce dernier[36]. La numismatique nous apporte en revanche des éléments plus précis sur sa politique administrative et militaire. Une étude iconographique des émissions de statères et de tétradrachmes se montre riche d'informations.

Figure 1 : Portrait d'Achaios sur ses émissions d'or et d'argent (entre 220 et 216) Tétradrachme issu de la vente Freeman & Sear 04/01/11, Manhattan Sale II, lot 70 – Agrandissement × 2

35. Les lettres qu'il fait rédiger, selon Polybe, V, 57, 5, après avoir pris le diadème vont également dans ce sens.
36. On connait deux stratèges en fonction sous Achaios : Aribazos à Sardes (Polybe VII, 17, 9 ; VIII, 21, 9) et Thémistocle en Mysie ou en Phrygie hellespontique (Polybe V, 77, 8). Les documents relatifs à des événements locaux intervenus sous Achaios sont également rares. Nous avons mention d'une tentative avortée de Magnésie du Méandre pour faire reconnaître une dimension panhellénique à Artémis Leukophryène (*Inschr. Magnesia* 16. Voir Rigsby 1996, p. 180, 186), un décret d'alliance entre Milet et Séleucie/Tralles (*Inschr. Delphinion* 143) et peut-être un décret honorifique pour un ambassadeur de Tralles dépêché « auprès du roi » Achaios (?) (*Tralleis* 26, 1.1.). Cependant, « il est bien difficile de relier aucun de ces documents ou événements au règne du "roi Achaios" » (Ma 2004, p. 46).

Les types monétaires de l'or et de l'argent sont semblables. On y voit au droit Achaios dans la force de l'âge, barbu, drapé et coiffé d'un diadème. Si le type n'a rien de surprenant[37], son style est tout à fait remarquable. A. Houghton en donne la description suivante : « The likeness of Achaeus lies outside the mainstream of Seleucid portraiture, presenting him as a seasoned and hard-bitten military man, with a force of character not seen since the posthumous portraits of the dynastic founder »[38]. Cela peut pourtant s'expliquer. Se rattacher de cette manière au fondateur de la dynastie serait un moyen de rappeler la puissance et l'énergie militaire des Diadoques. Cela renvoie aussi aux fondements des monarchies hellénistiques. La prudence reste de mise, surtout en matière d'iconographie monétaire. Mais l'analyse du type et du style de ces monnaies nous semble révéler la conception que pouvait avoir Achaios de son pouvoir royal. En s'inscrivant dans une logique micrasiatique (même buste drapé et diadémé que Hiérax[39]) tout en renvoyant au processus même de création d'une monarchie hellénistique (même style que Séleucos Ier), Achaios ne s'inscrirait pas dans une logique d'usurpation mais de sécession. Cela expliquerait aussi en grande partie son comportement après l'épisode lycaonien et son attitude très prudente vis-à-vis d'Antiochos III.

Le revers présente quant à lui Athéna Alkidèmos. Ce type retient l'attention car il est inédit sur le monnayage séleucide. Plusieurs explications ont été données pour interpréter ce choix. E. T. Newell[40] supposait qu'il résultait de l'imitation des tétradrachmes d'Antigone Gonatas. A. Hougthon reprend l'argument, mais y voit l'influence de Philippe V : « Achaeus' precious metal coinage appears to have been influenced, both stylistically and typologically, by the contemporary silver of Philip V of Macedoin, who like Achaeus was an enemy of Attalus I »[41]. Il est vrai qu'Athéna Alkidèmos est une divinité proprement macédonienne dont le culte est attesté à Pella[42]. Cependant, « specifically Seleucid references are present [...]: the horse head symbol in field, and the anchor embossed on the shield »[43]. L'utilisation de la tête de cheval et surtout de l'ancre renvoie très clairement à une légitimité dynastique originelle, puisqu'elle fait directement écho au fondateur Séleucos Ier. L'usage d'Athéna Alkidèmos comme type monétaire ne serait donc pas une référence dynastique aux Antigonides (ennemis des Attalides) mais une référence à l'*ethnos* macédonien. Ainsi faut-il rapprocher ce type monétaire de celui du bouclier macédonien qui n'apparaît que « sur des monnaies ayant un rapport étroit avec les Macédoniens »[44]. Or de nombreuses colonies macédoniennes sont attestées dans les alentours d'Apollonis, Hyrcanis, Philadelphie, Sardes et Thyatire, ainsi qu'à Akrasos ou Nakrasa[45], c'est-à-dire le cœur du royaume

37. Ce type a pu poser question (Kleiner 1954-1955) mais il apparaît clairement depuis les travaux de Mørkholm 1969 qu'il s'inscrit dans la tradition iconographique des rois séleucides de la seconde moitié du IIIe siècle.
38. Houghton, Lorber 2002, p. 348.
39. Sur ce point, voir notre thèse inédite *La croisée des empires. Monnaie et formes de pouvoir en Lydie aux époques hellénistique et impériale (336 avant J.-C.-268 de notre ère)*, chapitre 6.
40. Newell 1941, p. 269.
41. Houghton, Lorber 2002, p. 348.
42. Lacroix 1949, p. 119-121.
43. Houghton, Lorber 2002, p. 348.
44. Robert 1962, p. 250.
45. *Ibid.*, p. 250-251, 264-265.

d'Achaios. « Je suggèrerais qu'Achaios fit appel à l'élément macédonien pour établir et consolider son pouvoir et que le choix d'Athéna Alkidèmos comme type monétaire correspondit à cette politique »[46]. Nous serions même enclin à aller plus loin en voyant dans la combinaison des symboles séleucides et d'Athéna Alkidèmos une volonté de rattacher le processus politique d'Achaios à une légitimité non pas royale mais dynastique au sens familial du terme. Descendant direct de Séleucos Ier mais d'une branche cadette, Achaios pourrait afficher ainsi sa volonté de faire de son domaine un royaume séleucide micrasiatique, frère mais indépendant de celui de Syrie issue de la branche aînée. Pour ce faire, il s'appuie sur les colonies militaires macédoniennes, nombreuses en Asie Mineure[47], en convoquant Athéna Alkidèmos qu'il pare cependant des attributs séleucides originels. Qu'il demeure au sein de la dynastie, comme le souligne E. Will, cela semble ainsi avéré. En revanche, ces monnaies ne prouvent pas qu'il se rattache à la famille régnante mais tendraient à montrer qu'il se réfère, tant par le droit que par le revers, à Séleucos Ier, général victorieux et fondateur d'une monarchie nouvelle.

Résumons-nous. Lorsqu'il est nommé gouverneur d'Asie Mineure en 223, Achaios a déjà montré ses qualités de chef militaire contre Hiérax. Le rôle qu'il joua dans l'accession au trône d'Antiochos III et la rapidité de ses succès face à Attale Ier entre 223 et 222 en font le nouvel homme fort d'Asie Mineure et lui assurent la loyauté et le respect de ses troupes. Les circonstances complexes dans lesquelles se passe sa prise de pouvoir royal témoignent du rôle fondamental que joua dès l'origine l'armée dans cette entreprise. Mais l'attitude d'Achaios et de son armée entre 220 et 215 ne permet pas de qualifier cette dernière d'usurpation. Même paré du diadème, Achaios ne menace jamais l'autorité du roi légitime hors d'Asie Mineure, et s'inscrit alors davantage dans une logique de sécession. On pourrait objecter que ce phénomène de fragmentation du domaine séleucide n'a rien d'exceptionnel et est également observable, outre l'Asie Mineure, en Iran et surtout en Sogdiane et en Bactriane où l'autorité séleucide s'écroule dans un processus de construction royale centrifuge[48]. Ces régions connurent en effet l'émergence de royaumes (attalide ou gréco-bactrien) qui puisèrent leur légitimité dans un héritage hellénique, mais non séleucide. Ce ne fut pas le cas d'Achaios. S'il s'appuie sur des troupes fidèles, une assise territoriale solide (Sardes est, comme Pergame, une forteresse réputée imprenable) et des ressources financières réelles (Sardes est capitale satrapique et atelier royal), Achaios ne chercha aucunement à se faire roi contre les Séleucides, contrairement à Diodote Ier et Attale Ier. L'action militaire d'Achaios à partir de 220 montre au contraire qu'il reste profondément séleucide dans sa démarche. Toutes les campagnes militaires qu'il entreprend à partir de 220 ne menacent jamais les intérêts d'Antioche, mais ceux des adversaires « héréditaires » de la dynastie (les Lagides et surtout les Attalides). Pourtant, en s'appuyant sur les colons militaires macédoniens d'Asie Mineure et en se référant directement à Séleucos Ier, Achaios rompt avec les éléments antiochiques pour légitimer son pouvoir par des références séleucides originelles. En remontant au fondateur, Achaios s'inscrit dans le processus même de genèse des monarchies hellénistiques, militaires par nature,

46. Le Rider 1974, p. 253.
47. Daubner 2011.
48. Will 1979, p. 263-290, 301-308. Voir également Widemann 2009.

tout en raccrochant sa légitimité politique au plus petit dénominateur commun le reliant à Antiochos III. À l'origine des deux branches de la dynastie, Séleucos Ier peut apparaitre ainsi comme le fondateur de deux monarchies séleucides : celle des rois d'Antioche et à partir d'Achaios celle des rois de Sardes. Ainsi pourrions-nous considérer l'Asie Mineure et son cœur lydien comme le laboratoire d'une expérience avortée de monarchie séleucide sœur, indépendante de la branche aînée de la dynastie mais fondamentalement attachée à l'héritage de Séleucos Ier. Nous restons bien sûr ici dans le domaine de l'hypothèse, la royauté d'Achaios n'ayant pu s'inscrire dans la durée. Les conditions dans lesquelles Achaios prit le diadème et le processus de légitimation utilisé par ce dernier pour asseoir son autorité font néanmoins de son règne une expérience de monarchie militaire singulière et atypique dans le contexte de fragmentation et d'émancipation monarchique que connaît le domaine séleucide dans la seconde moitié du IIIe siècle.

Pierre-Olivier Hochard
Maître de conférences,
université François-Rabelais de Tours

Bibliographie

Bengtson H. (1944), *Die Strategie in der hellenistischen Zeit: ein Beitrag zum antiken Staatsrecht*, Munich, C. H. Beck'sche Verlagsbuchhandlung.

Capdetrey L. (2007), *Le pouvoir séleucide. Territoire, administration, finances d'une royaume hellénistique (312-129 avant J.-C.)*, Rennes, PU de Rennes.

Carsana C. (1996), *Le dirigenze cittadine nello Stato seleucidico*, Côme, Edizioni New Press.

Del Monte G. (1997), *Testi dalla Babilonia ellenistica*, t. I. *Testi Cronografici*, Pise / Rome, Istituti editoriali e poligrafici internazionali.

Daubner F. (2011), « Seleukidische und attalidische Gründungen in Westkleinasien – Datierung, Funktion und Status », dans Daubner F. (dir.), *Militärsiedlungen und Territorialherrschaft in der Antike*, Berlin / New York, De Gruyter, p. 41-63.

Houghton A., Lorber C. (2002), *Seleucid Coins. A Comprehensive Catalogue*, t. I. *Seleucus* I *throught Antiochos III*, 2 vol., Lancaster / Londres.

Kleiner G. (1954-1955), « Der münchner Goldstater des Achaios », *JfNG*, V-VI, p. 143-149.

Kuhrt A., Sherwin-White S. (1996), *From Samarkhand to Sardis: a new Approach to the Seleucid Empire*, Londres.

Le Rider G. (1974), « Numismatique grecque », *ÉPHÉ. 4e section, Sciences historiques et philologiques. Annuaire 1973-1974*, Paris, p. 251-260.

Lacroix L. (1949), *Les représentations des statues sur les monnaies grecques*, Liège, Faculté de philosophie et lettres.

Ma J. (2004), *Antiochos III et les cités de l'Asie Mineure occidentale*, Paris, Les Belles Lettres.

Mørkholm O. (1969), « Some Seleucid coins of the mint of Sardes », *NNA*, p. 5-20.

Newell E. T. (1941), *The Coinage of Western Seleucid Mints: from Seleucos* I to *Antiochos* III, New York.

Rigsby K. (1996), *Asylia. Territorial Inviolability in the Hellenistic World*, Berkley, University of California Press.

Robert L. (1962), *Villes d'Asie Mineure*, Paris, de Boccard, 2de éd. revue et augmentée.

Sartre M. (1995), *L'Asie Mineure de l'Anatolie d'Alexandre à Dioclétien. IVe siècle av. J.-C. -IIIe siècle apr. J.-C.*, Paris, A. Colin.

Schmitt H. (1964), *Untersuchungen zur Geschichte Antiochos des Grossen und seiner Zeit*, Wiesbaden, F. Steiner.

Widemann F. (2009), *Les successeurs d'Alexandre en Asie centrale et leur héritage culturel*, Paris, Riveneuve.

Will É. (1962), « Les premières années du règne d'Antiochos III (223-219 av. J.-C.) », *RÉG*, 75, p. 72-129.

—. (1979), *Histoire politique du monde hellénistique (323-30 av. J.-C.). De la mort d'Alexandre aux avènements d'Antiochos III et de Philippe V*, Nancy, PU de Nancy, 2de éd. revue et augmentée.

—. (1982), *Histoire politique du monde hellénistique (323-30 av. J.-C.). Des avènements d'Antiochos III et de Philippe V à la fin des Lagides*, Nancy, PU de Nancy, 2de éd. revue et augmentée.

Raphaëlle LAIGNOUX

LES CHEFS ET LEURS TROUPES : S'ASSURER LA FIDÉLITÉ DES SOLDATS PENDANT LES GUERRES CIVILES DES ANNÉES 44-30

Cicéron écrit dans une lettre de 43 adressée à Brutus que « la puissance réside désormais dans la force des armes[1] ». On peut sans doute étendre cette affirmation à l'ensemble de la décennie et voir dans les années 44-30[2] une période de division politique intense à Rome, durant laquelle les rivalités sont le plus souvent arbitrées et résolues sur le champ de bataille. Les cinq guerres civiles qui se succèdent entre la mort de César et la bataille d'Actium conduisent très concrètement à l'affaiblissement ou la disparition d'acteurs prééminents du jeu politique romain. La guerre dite de Modène, qui divise en 44-43 les héritiers de César, entraîne ainsi une première défaite d'Antoine et l'émergence politique d'Octavien, alors allié au Sénat. La réconciliation du camp césarien et la formation du Triumvirat entre Octavien, Antoine et Lépide conduit ensuite à l'affrontement des césariens et des assassins de César lors des batailles de Philippes d'octobre 42. L'élimination des « républicains » facilite sans doute la réémergence de conflits internes à la mouvance césarienne en 41-40 avec la « guerre de Pérouse » entre Octavien et le frère d'Antoine, L. Antonius. De la fin des années 40 à 36, les triumvirs luttent contre le dernier fils de Pompée survivant, Sextus Pompée, qu'Octavien finit par vaincre à Nauloque au large de la Sicile. Enfin, en 31, éclate l'affrontement entre Octavien et Antoine, qui est battu à Actium et choisit de se suicider en 30 à Alexandrie[3]. Ces guerres civiles romaines ne doivent pas faire oublier que des armées sont également mobilisées dans des campagnes de prestige contre des peuples « barbares », en Illyrie sous les ordres d'Octavien entre 35 et 33, en Orient sous la responsabilité d'Antoine entre 40 et 35[4]. Cette brève énumération des principaux conflits militaires des années 44-30 permet de réaffirmer un constat souvent souligné par les historiens antiques et modernes : la prégnance de la guerre comme source d'affirmation politique à la fin de la République, du fait des conséquences à la fois matérielles (élimination des adversaires et accaparement de

1. Cic., *Ad Brut.* 1.10.3. Trad. de J. Beaujeu dans la CUF (tome XI de la *Correspondance* de Cicéron, 1996) : *quidem potentia iam in ui posita est et armis.*
2. Sauf indication contraire, les dates données dans cet article s'entendent avant n.è.
3. Pour une présentation à la fois synthétique et détaillée de la chronologie de la période, voir par exemple Roddaz 2000.
4. Pour les campagnes illyriennes d'Octavien, voir Schmitthenner 1958. Sur les expéditions orientales qu'Antoine conduit lui-même en 36 et 35, voir Bengtson 1974.

richesses) et symboliques (prestige et légitimation) qu'entraînent les victoires pour ceux qui peuvent s'en prévaloir.

Partant de ce constat, l'historiographie moderne s'est souvent interrogée sur les causes du dysfonctionnement des instruments habituels et non violents de règlement des différends politiques[5]. Laissant de côté ces questionnements sur les origines de la « crise de la République » et de la multiplication des guerres civiles, cet article souhaite plutôt se centrer sur certains des processus à l'œuvre *pendant* la crise, à savoir les interactions existant entre les soldats et les principaux prétendants au pouvoir des années 40-30 qui cherchent à se les attacher. L'idée est de se centrer sur ces relations particulières, au poids politique déterminant durant la période, afin de mieux comprendre la structuration et la (re)construction des dominations politiques entre la fin de la République et le début du Principat. Dans cette perspective, il ne s'agit pas d'analyser le déroulement des batailles décisives elles-mêmes, déjà très étudiées[6], mais bien d'étudier les relations personnelles que les chefs tentent de tisser avec leurs soldats avant et après ces batailles. Cela revient finalement à s'interroger sur les pratiques visant à fidéliser des soldats à un moment où ceux-ci constituent un des éléments décisifs de la compétition politique. À un moment aussi où ce recrutement est particulièrement délicat puisque chacun des prétendants se réclame de la République et de la légalité. Ceux disposant du pouvoir officiel à Rome peuvent certes sans doute plus facilement lancer des procédures de conscription, mais la légalité de celles-ci peut être contestée par leurs adversaires. Pour les mêmes raisons, le recrutement de volontaires n'est pas l'apanage de ceux contrôlant les structures étatiques centrales[7]. Ce flou juridique et politique explique sans doute en partie une mobilisation militaire globale sans précédent : ce sont plus d'une centaine de milliers d'hommes qui sont mobilisés en permanence, en grande majorité des citoyens[8], les batailles de Philippes et d'Actium rassemblant même simultanément en un seul endroit entre 150 000 et 200 000 hommes[9]. Comment le rassemblement de ces effectifs militaires colossaux a-t-il été rendu concrètement possible ? L'enjeu ici ne sera pas d'essayer d'appréhender les motivations profondes ou les croyances des soldats engagés dans ces différents conflits militaires[10], ni d'affirmer de façon péremptoire, comme certains auteurs anciens ou

5. Sur la « crise » de la République, voir notamment Syme 1939 ; Meier 1966 ; Gruen 1974 ; Christ 1979 ; Brunt 1988 ; Bruhns, David, Nippel 1997 ; Moatti 1997 ; Franchet d'Espèrey, Fromentin, Gotteland, Roddaz 2003 (en particulier l'article d'H. Bruhns, p. 365-378) ; Hölkeskamp 2009.

6. Globalement, une abondante bibliographie permet de bien connaître le déroulement des affrontements et les forces colossales mobilisées durant cette période. Voir notamment Schmitthenner 1960 ; Botermann 1968 ; Gabba 1969 ; Hahn 1969 ; Brunt 1971 ; Wallmann 1975 ; Keppie 1984 ; Keaveney 2007 ; Cosme 2014.

7. Cadiou 2009, p. 170, souligne que la question du volontariat à la fin de la République n'a pas encore été traitée de manière satisfaisante par l'historiographie.

8. Entre 40 et 60 légions sont mobilisées en permanence (pour plus de détails à ce sujet, voir les références *supra*). Les auxiliaires ne forment qu'une part minoritaire des armées des guerres civiles, mais ces dernières devaient néanmoins comprendre un certain nombre de nouveaux citoyens, auxquels la citoyenneté avait justement été donnée en raison de leur engagement, cf. Brunt 1971, p. 698-699 ; Keppie 1984, p. 140-141 ; Cadiou 2008, p. 684.

9. Pour les effectifs présents à Philippes et à Actium, voir notamment Brunt 1971, p. 485-487, 501, 504-507.

10. Comme l'ont montré les recherches anthropologiques contemporaines sur les rites politiques et les phénomènes de liesse populaire (Héran 1986 ; Mariot 2006), il est pour le moins compliqué, et même illusoire, de vouloir imputer des états mentaux précis à des individus à partir de leurs comportements observés. Cela ne veut pas dire pour autant qu'il n'existe pas de croyances. Mais les convictions intimes

modernes ont pu le faire, que les soldats des guerres civiles sont avant tout motivés par l'argent[11], mais bien de tenter de cerner les interactions extérieures et publiques qui lient ces soldats aux différents prétendants en compétition.

Ces interactions peuvent être en partie « routinisées » depuis longtemps (que l'on pense par exemple à la discipline militaire qui contraint une grande partie d'entre elles). Mais je souhaiterais montrer ici qu'elles correspondent aussi, et avant tout, à des « pratiques de légitimation[12] », c'est-à-dire à des stratégies explicites qui visent à obtenir ou à manifester l'adhésion volontaire (et pas seulement contrainte) des soldats à un chef désigné. Dans le cadre de cet article, je me bornerai cependant à l'étude des pratiques de légitimation émanant des « chefs » eux-mêmes, qui visent à susciter la reconnaissance des soldats, et non pas aux pratiques initiées par les soldats eux-mêmes (que celles-ci consistent en des réactions de reconnaissance ou de rejet exprimées publiquement[13]). L'analyse sera donc centrée sur les procédés par lesquels des prétendants au pouvoir en concurrence violente tentent d'obtenir l'engagement et le soutien du nombre le plus important possible de soldats. L'étude des abondantes sources littéraires et matérielles sur cette époque troublée montre en fait que ces processus se démultiplient et pour ainsi dire explosent quantitativement entre 44 et 30. Pour fidéliser leurs hommes et les engager dans les conflits qui les opposent, les différents rivaux politiques, les césariens, les républicains ou encore Sextus Pompée, développent des stratégies multiples, qui vont bien au delà des dons matériels souvent mis en avant par l'historiographie et associent en réalité aux rétributions financières de multiples pratiques d'ordre symbolique. Beaucoup de ces stratagèmes ne sont pas nouveaux, mais leur combinaison et usage récurrent sont tout à fait inédits. Par conséquent, c'est en fait une nouvelle économie de la légitimation dans le domaine militaire[14] qui se construit dans les années 40-30.

1. Les prétendants au pouvoir et leurs soldats : contre l'explication par le charisme

Deux types d'explication dominent dans l'historiographie pour tenter de comprendre la politique des *imperatores* des guerres civiles et l'attachement des soldats à leur égard : d'un côté, comme évoqué en introduction, certains auteurs modernes se

des individus sont inaccessibles aux sciences sociales, et il est donc délicat de fonder scientifiquement sur elles une explication des mécanismes de pouvoir. Weber souligne d'ailleurs que l'important n'est pas tant que les gouvernés croient, mais qu'ils agissent « comme si » ils y croyaient, quelles que soient leurs motivations profondes (Weber 1995 [1922], p. 288).

11. Jal 1962 met en évidence la vision négative que de nombreux auteurs anciens développent sur les soldats des guerres civiles, les considérant comme particulièrement indisciplinés et intéressés par les récompenses matérielles ; Cagniart 2007, p. 82, présente encore le soldat du Iᵉʳ s. comme un mercenaire.
12. Sur le concept de légitimation, voir notamment Lagroye 1985 ; Beetham 1991.
13. Sur ce deuxième volet des processus de légitimation dans le domaine militaire et, plus largement, sur l'ensemble des pratiques de légitimation développées durant la période, voir ma thèse à paraître (*La fabrique de l'Empire*).
14. Cet article présente une synthèse et un approfondissement de remarques issues de ma thèse et de différents articles dans lesquels j'ai abordé des questions liées aux armées des guerres civiles (Laignoux 2010 ; 2014b ; 2015).

contentent d'affirmer (sans pouvoir le prouver) que ces soldats sont des mercenaires uniquement mus par l'amour de l'argent ; de l'autre, une partie de l'historiographie, plus centrée sur les chefs militaires eux-mêmes, a recours à la notion de charisme pour expliquer le « suivisme » de ces soldats. C'est le caractère « charismatique » de César, d'Antoine ou encore d'Octavien qui expliquerait ainsi l'engagement d'armées si conséquentes au service de leur cause. On ne s'attardera pas ici sur l'utilisation très relâchée de la notion de charisme ou de ses composés dans cette tradition explicative, qui néglige souvent le substrat théorique wébérien en assimilant simplement le chef charismatique à un leader doté objectivement de qualités extraordinaires (mais non spécifiées[15]). Comme exemple significatif, on peut évoquer les analyses de P. Veyne à propos de la domination augustéenne[16], qui pour le coup repart au moins explicitement du concept wébérien. Il élabore à partir de là une théorie distinguant trois sortes de charisme : le charisme royal (*i.e.* l'amour attaché à la fonction royale, transmis automatiquement aux rois successifs), le charisme héroïque ou de prouesse (*i.e.* le culte obtenu par un homme suite à ses actions exceptionnelles), le charisme de délégation ou de *leadership* (*i.e.* la délégation du pouvoir par l'opinion publique à un mandataire[17]). P. Veyne affirme alors à propos d'Octavien-Auguste :

> Auguste a eu ces deux charismes à la fois [le charisme royal et le charisme héroïque] : le vrai fondement et l'origine historique de sa souveraineté [...] ce fut tout simplement le fait qu'il avait été le « sauveur » de la patrie [nous dirions : un héros national]. Puis, une fois installé sur le trône, Auguste a eu le charisme royal qu'il a transmis à sa dynastie[18].

Selon P. Veyne, la réussite d'Auguste résiderait donc dans le développement successif d'un « charisme de prouesse » et d'un « charisme royal », ces deux espèces de charisme étant finalement assez proches de ce que M. Weber appelle le « charisme pur », attaché à une personne, et le « charisme de fonction », associé à une institution.

Mais le concept de charisme pose en réalité plusieurs problèmes, qui empêchent d'y voir une explication pertinente d'une domination politique. Le charisme est en effet une notion très floue, aussi bien chez M. Weber lui-même que chez ses continuateurs, comme le montre l'exemple de l'analyse du pouvoir d'Auguste par P. Veyne. Les explications « par le charisme » tombent en effet très souvent dans ce « cercle tautologique » qui conduit à expliquer le pouvoir d'un chef par son « charisme », et ce charisme lui-même par son pouvoir constaté : dans cette optique, si Auguste a réussi, c'est qu'il était charismatique ; et il était charismatique puisqu'il a réussi.

15. Sur l'utilisation massive et relâchée du « charisme » dans les productions académiques ou médiatiques contemporaines, voir Laignoux 2014a ; Roa Bastos 2014. Sur cet usage du charisme dans un sens « non spécifique » à propos de César, voir les réflexions critiques de Bruhns 2014.
16. Pour d'autres analyses récentes inspirées de la notion wébérienne de charisme, voir par exemple Ando 2000 sur l'empereur comme figure charismatique ou encore Phang 2008, p. 22-24, sur les relations entre les soldats des guerres civiles et leurs chefs. Pour une évaluation critique des tentatives d'application de la théorie du charisme à César, voir Yavetz 1990 [1983] (en particulier p. 209-240) et surtout Bruhns 2000 ; 2014.
17. Veyne 1976, p. 519-520. Tout en affirmant que la notion de charisme telle que conceptualisée par Weber « est trop vague » (p. 518), ou encore « n'est ni claire, ni homogène » (p. 519), P. Veyne élabore une théorie elle aussi assez obscure.
18. Veyne 1976, p. 520.

Mais jamais les spécificités des qualités personnelles ou des stratégies politiques qui distingueraient, par exemple, Octavien de Marc Antoine (et expliqueraient donc leur réussite « charismatique » différente) ne sont définies précisément. De même, la relation particulière qui se nouerait entre le « porteur de charisme » et ses partisans – pour le dire autrement, les croyances que ces derniers auraient dans le charisme de leur chef –, n'est pas non plus explicitée, tout simplement parce qu'elle ne peut pas l'être avec les outils dont les sciences sociales disposent aujourd'hui, comme je l'ai évoqué en introduction[19]. Surtout, le charisme est considéré dans ce type d'explication comme le produit naturel de qualités personnelles extraordinaires objectives, alors que ces qualités personnelles sont en grande partie elles-mêmes construites et mises en scène par les prétendants au pouvoir.

En résumé, le passage par le charisme semble donc obscurcir, plus qu'il n'éclaire, les fondements d'une domination politique. Il est comme un voile ou un raccourci théorique qu'on jette sur une configuration historique complexe, pour s'éviter de devoir démêler l'écheveau apparemment inextricable des circonstances. Pour étudier les liens que tel ou tel prétendant tisse avec ses troupes, il semble dès lors plus fructueux d'éviter ces explications par le charisme et de décentrer l'analyse par rapport aux qualités personnelles supposées du chef. Il paraît plus intéressant de rappeler, par exemple, la persistance de contraintes pratiques fortes qui pèsent sur les soldats, indépendamment de la personnalité de leur chef du moment : comme leurs prédécesseurs, les soldats des guerres civiles sont ainsi tout simplement tenus par la discipline et les sanctions propres à l'armée[20]. Même si les généraux des guerres civiles font souvent preuve d'une « indulgence intéressée[21] », ils choisissent parfois une attitude plus sévère. De 44 à 30, quatre mutineries et deux mouvements de désertion sont ainsi réprimées relativement durement, dans une gradation allant du licenciement précoce jusqu'à la décimation[22]. Par ailleurs, et c'est sur ce point que je souhaiterais m'arrêter plus longuement, il paraît particulièrement important de se pencher sur les discours et stratégies de légitimation utilisés par les césariens, les républicains et les pompéiens vis-à-vis de leurs soldats, qui permettent de comprendre comment est construite concrètement, par des moyens aussi matériels que symboliques, l'adhésion et l'engagement des soldats.

19. Pour plus de précision sur la notion wébérienne, les problèmes qu'elle pose ou encore la bibliographie sur ces questions, voir Laignoux 2014a ; Roa Bastos 2014.

20. Sur la discipline militaire et ses transformations de la République au Principat, voir Phang 2008 (pour qui la discipline dans l'armée romaine renvoie à un ensemble de règles allant bien au delà de la simple coercition ; sur les sanctions, dont le rôle dans l'ensemble de la socialisation des soldats serait en fait assez limité, voir spécifiquement le chapitre « Disciplina and Punishment », p. 111-151).

21. Jal 1962, p. 17.

22. La mise en place d'actions répressives après une mutinerie concerne Antoine, Octavien et sans doute Brutus : Antoine ordonne une décimation partielle suite à la mutinerie de Brindes de l'automne 44 (Cic., *Phil.* 3.4-10-31 ; 4.4 ; 5.22 ; 13.18 ; App., *BC* 3. 43-44 ; D.C. 45.35.3) ; Brutus éloigne C. Antonius et quelques officiers meneurs et fait peut-être également exécuter plusieurs mutins après une révolte en 43 (Plut., *Brut.* 26. 8 ; D.C. 47.23) ; Octavien fait vraisemblablement éliminer les instigateurs de la mutinerie de l'automne 36, comme par exemple Ofilius (Vell. Pat. 2.81 ; App., *BC* 5.128-129 ; cf. D.C. 49.14) et il punit ou licencie certains des révoltés d'une mutinerie de 35 (D.C. 49.34.3-5). Sont également attestées deux décimations pour lâcheté au combat lors de conflits extérieurs : Antoine ordonne une décimation lors du siège de Phraaspa en 36 (Plut., *Ant.* 39.9 ; D.C. 49.27.1 ; Frontin, *Strat.* 4.1.37) ; Octavien agit de même lors du siège de Promona en Illyrie en 34 (App., *Ill.* 26).

2. Les pratiques de légitimation matérielles : « acheter » la fidélité de ses soldats

Pour s'attacher des soldats, les principaux prétendants en concurrence dans les années 44-30 ne se contentent pas de promener leur supposé « charisme » sur les champs de bataille : ils se voient contraints de développer une véritable « politique du don » en veillant à récompenser matériellement les soldats qui s'engagent auprès d'eux. Ainsi, ils leur font généralement distribuer différents revenus complémentaires s'ajoutant à la solde, qui avait par ailleurs été sans doute déjà doublée en 49 par César[23]. Ces rétributions financières ne peuvent évidemment être conçues comme désintéressées et visent certainement, pour les prétendants, à s'assurer de la fidélité de leurs soldats, d'une certaine manière en les achetant. Cassius, dans une lettre qu'il écrit à Cicéron en mai 43, souligne bien par exemple qu'il demande des financements supplémentaires afin que ses soldats continuent à soutenir la *res publica*[24].

Selon les récits disponibles, Brutus, Cassius, Octavien, Antoine et son frère L. Antonius procèdent à des distributions exceptionnelles d'argent, qui s'additionnent à la solde ordinaire des soldats. Il est vraisemblable de penser que d'autres acteurs prééminents, comme Lépide et Sextus Pompée, ont aussi effectué ce type de dons, mais il n'en reste aucune trace claire dans les sources. L'historiographie a souvent souligné l'existence de telles distributions mais sans les étudier précisément et en détail[25]. La documentation existante permet en tous les cas d'avérer vingt et une distributions d'argent exceptionnelles entre 44 et 30, onze au nom d'Octavien[26], cinq pour les soldats

23. L'historiographie établit en général la solde césarienne à 225 deniers (cf. par ex. Keppie 1983, p. 39 ; *contra* Woytek 2003, p. 537-545, selon qui la solde serait passée sous César de 90 à 180 deniers).
24. Cic., *Fam.* 12.12.3.
25. Au mieux, quelques pages sont centrées sur les distributions exceptionnelles de la fin de la République, mais le recensement et l'analyse sont souvent superficiels et incomplets (cf. Keppie 1983, p. 42-43 ou Woytek 2003, p. 550-552). Je résume dans ce paragraphe certaines des conclusions d'un article que j'ai consacré récemment à l'organisation concrète des multiples distributions exceptionnelles se déroulant entre la mort de César et 29 (Laignoux 2014b).
26. Cf. Laignoux 2014b : 1/ En octobre 44, Octavien attribue 500 deniers aux vétérans césariens des colonies de Campanie qui se joignent à lui (cf. Cic., *Att.* 16.8.1 ; Nic. Dam. 31.132-138 ; Plut., *Ant.* 16.8 ; Suét., *Aug.* 10 ; App., *BC* 3.40 ; D.C. 45.12.2). 2/ En novembre 44, il procède à des distributions en faveur des soldats engagés à ses côtés (cf. App., *BC* 3.42). 3/ Fin 44, à Albe, il distribue 500 deniers à ses soldats (Plut., *Ant.* 16.8 ; Suét., *Aug.* 10 ; App., *BC* 3.48 ; D.C. 45.13.3-4). 4/ Durant l'été 43, il distribue 2 500 deniers à ses soldats (cf. App., *BC* 3.94, ainsi que 74-86-90 ; D.C. 46.46.5). 5/ En octobre 42, avant Philippes, il accorde 5 deniers aux soldats des triumvirs (Plut., *Brut.* 39.1). 6/ Durant l'été 41, il effectue différents dons sur le Champ de Mars (sans doute 5 000 deniers par soldat, 25 000 par centurion, 50 000 par tribun, cf. App., *BC* 4.120 ; 5.16 et 22 ; D.C. 47.42.5). 7/ Durant l'été 36, en Sicile, il effectue des distributions pour les soldats de Cornificius (D.C. 49.7.6). 8/ À l'automne 36, en Sicile, il distribue 500 deniers à ses soldats (ceux restant engagés selon App., *BC* 5.129, tous selon D.C. 49.14). 9/ Milieu 32, il procède à des distributions d'argent en faveur de ses soldats (cf. D.C. 50.7. 3). 10/ Début 30, Octavien distribue de l'argent aux soldats quittant le service (D.C. 51.4.5). 11/ Été 30, Octavien donne 250 deniers aux soldats de la campagne d'Égypte (D.C. 51.17.7). On peut ajouter qu'une distribution supplémentaire a encore lieu au retour d'Octavien en Italie en 29 (cf. *RG* 15.3 ; D.C. 51.21.3).

de Brutus et Cassius[27], quatre pour ceux d'Antoine[28], une pour L. Antonius[29]. Ce nombre montre que le phénomène se développe considérablement, ou plus exactement que les hommes politiques de l'époque étendent et systématisent des pratiques des décennies précédentes. Ce type de dons, qui sont clairement attestés depuis le milieu de la République mais étaient alors rares et concentrés au moment de quelques triomphes, a été, depuis Sylla, de plus en plus pratiqué, et ce hors des cérémonies triomphales. Des auteurs mentionnent ainsi des distributions exceptionnelles effectuées par Sylla dans les années 80[30]. Son exemple est ensuite suivi, notamment par César, pour lequel les sources mentionnent huit distributions entre 50 et 44, en dehors et au moment des triomphes[31]. Les distributions des années 44-30 se situent donc dans la continuation d'expériences initiées depuis la première moitié du Ier siècle.

De montant très varié, allant de 5 à 5 000 deniers pour un légionnaire, les sommes offertes pendant la période sont globalement supérieures aux gratifications triomphales du IIe siècle[32] et se situent dans la lignée des dons césariens (s'échelonnant de 250 à 5 000 ou 6 000 deniers pour un légionnaire[33]). Même si on constate une tendance à la diminution des dons après Philippes – les distributions réalisées ensuite n'excèdent pas 500 deniers –, ces gratifications continuent à constituer un complément non négligeable pour les soldats et démontrent l'attention toute particulière dont ils bénéficient entre 44 et 30. Ces occurrences, telles que les sources parvenues les retranscrivent, tendent aussi à pointer un investissement particulier d'Octavien dans ce souci matériel pour les soldats, qui semble chez lui absolument crucial.

27. Cf. Laignoux 2014b : 1/ Début 43, Cassius procède à des dons en faveur des légions engagées sous ses ordres en Syrie (Cic., *Fam.* 12.12.2). 2/ et 3/ Milieu 42, Brutus et Cassius effectuent deux distributions en faveur de leurs soldats (App., *BC* 4.89 et 89-101, évoquant pour la deuxième gratification des dons de 1 500 deniers par soldat, 7 500 par centurion). 4/ En octobre 42 (avant les batailles de Philippes), Brutus distribue 50 deniers à ses soldats (Plut., *Brut.* 39.2). 5/ En octobre 42 (après la 1re bataille), Brutus donne 1 000 ou 2 000 deniers à ses soldats (Plut., *Brut.* 44.3 ; 46.1 ; App., *BC* 4.118 ; cf. D.C. 47.47.2).
28. Cf. Laignoux 2014b : 1/ En octobre 44, Antoine offre 100 deniers aux soldats des quatre légions venant de Macédoine et campant à Brindes (Cic., *Att.* 16.8.2 ; Plut., *Ant.* 16.8 ; App., *BC* 3.43-44 ; D.C. 45.13.1-2). 2/ Fin novembre 44, il fait distribuer 500 deniers aux deux légions venant de Macédoine restées de son côté (Plut., *Ant.* 16.8 ; App., *BC* 3.45). 3/ Durant l'hiver 36-35, il distribue de l'argent (peut-être 35 deniers) aux soldats de sa campagne contre les Parthes (D.C. 49.31.4). 4/ Milieu 32, Antoine a sans doute offert de l'argent à ses soldats en prévision de l'affrontement avec Octavien (même si on ne dispose pas d'attestation précise à ce sujet, cf. Keppie 1983, p. 43).
29. Cf. Laignoux 2014b : en 41, L. Antonius procède à des distributions d'argent au profit de deux légions installées à Albe (App., *BC* 5.30).
30. Sylla aurait ainsi distribué des gratifications en dehors de cérémonies triomphales, pendant sa campagne contre Mithridate (Sall., *Cat.* 11.5) et pendant la guerre civile qui suit (Plut., *Sull.* 28.2-3).
31. Cf. Laignoux 2014b : 1/ En 50, César distribue 250 deniers à une légion (cf. App., *BC* 2.29). 2/ En 49, il donne 500 deniers à ses légionnaires (cf. Suét., *Iul.* 38 ; voir aussi Caes., *B Civ.* 1.39 ; 1.87). 3/ En 48, il distribue différentes gratifications aux membres d'une cohorte ayant combattu à Dyrrachium (cf. Caes., *B Civ.* 3.53). 4/ En 47, après sa victoire sur le royaume du Pont, il distribue des récompenses aux troupes à ses côtés (Caes., *B Alex.* 77). 5/ Au moment de la mutinerie de 47, il promet (App., *BC* 2.92 ; D.C. 42.54.2) ou donne directement (Plut., *Caes.* 51.2) 1 000 deniers à chaque soldat. 6/ En 46, il récompense les soldats se trouvant à ses côtés en Afrique (Caes., *B Afr.* 86.3). 7/ Lors des triomphes de 46, il distribue 6 000 (Suét., *Iul.* 38) ou 5 000 deniers aux légionnaires, 10 000 aux centurions, 20 000 aux tribuns et préfets (App., *BC* 2.102 ; cf. D.C. 43.21.3). 8/ En 45, en Espagne, César attribue 3 000 deniers à la *turma Cassiana*, 2 000 aux fantassins (Caes., *B Hisp.* 26.1). Sur ces distributions césariennes, voir aussi Keppie 1983, p. 41-42 ; Woytek 2003, p. 550-551.
32. Entre une dizaine et une cinquantaine de deniers, cf. Brunt 1971, p. 394 ; Bastien 2007, p. 282-284.
33. Pour les montants précis et les sources, voir les notes ci-dessus.

Cette politique de dons matériels à destination des soldats se traduit aussi (mais uniquement pour les césariens et, encore une fois, en particulier pour Octavien) dans une politique ambitieuse d'attributions de terres. Si de tels dons fonciers aux vétérans sont fréquents depuis la fin du IIe siècle, la distribution de terres comme récompense du service militaire atteint un niveau sans précédent dans les années 40-30[34]. Selon les chiffres proposés par L. Keppie, ce sont finalement sans doute près de 86 000 anciens soldats qui ont reçu des terres, le double si l'on prend en compte les récompenses distribuées après Actium et la campagne d'Égypte par Octavien. Cette politique de rétribution s'est effectuée en plusieurs vagues successives. Entre 47 et les mois qui suivent la mort de César, environ 20 000 vétérans du dictateur reçoivent des terres. Après les batailles de Philippes de 42, ce sont 46 000 hommes qui reçoivent des terres des triumvirs. Après Nauloque, c'est au tour de 20 000 militaires de se voir attribuer des terres par Octavien. Ces chiffres[35] prouvent là encore le soin apporté par différents prétendants, et en particulier par Octavien, à la récompense « en nature » de leurs soldats. Cette politique aboutit à privilégier ces derniers au détriment d'autres catégories de la population, des pérégrins et des citoyens se voyant pour cela au contraire dépossédés de leurs terres, en Italie et dans les provinces.

Ces dons matériels, qui s'accompagnent parfois également de décorations (qu'on peut considérer comme situées à l'intersection entre rétributions matérielles et symboliques[36]), sont caractérisés, malgré l'hétérogénéité de l'objet des dons, par un certain nombre de points communs. Ils sont tout d'abord éminemment personnalisés et privatisés, en ce sens que les prétendants qui les mettent en œuvre s'attachent à les présenter explicitement comme des dons qu'ils font eux-mêmes, personnellement, à leurs soldats. Les prétendants sont ainsi le plus souvent présents lors des distributions d'argent[37]. Lors des attributions de terres, s'ils ne sont pas sur place la plupart du temps au moment de l'installation, ils n'en sont pas moins présentés comme les auteurs des dons ou les « fondateurs formels » des colonies ainsi créées[38]. La responsabilité publique de la cité dans ces récompenses est donc gommée alors même que, dans les faits, c'est encore bien l'État romain ou des recettes publiques qui permettent de les financer. Les distributions exceptionnelles ne sont que marginalement prélevées sur la cassette personnelle de certains prétendants[39]. C'est également un nombre minime de terres qui est obtenu grâce à des opérations d'expropriations financées sur fonds personnels

34. Sur ce thème, en particulier sur les procédures précises d'appropriation des terres et pour le détail des sources, voir Laignoux 2015.
35. Cf. Keppie 1983, p. 50, 60, 70, 75.
36. Octavien attribue par exemple des couronnes à de nombreux soldats après Nauloque selon App., *BC* 5.128-129.
37. La présence du « commanditaire » est clairement mentionnée par les sources pour 18 des 21 distributions ayant eu lieu entre 44 et 30, cf. Laignoux 2014b, p. 205.
38. Pour plus de précisions sur ce point, voir Laignoux 2015 : même si c'est souvent uniquement le nom des *triumvirs* qui est mentionné par les sources, seules quelques attestations démontrent leur présence sur place (cf. Cic., *Phil.* 2.102), tandis que d'autres mentions prouvent que leur présence n'était pas indispensable (cf. *CIL*, X, 3825 = *ILS* 6308 = *ILLRP* 482). Ils assumaient donc le rôle de « fondateurs formels » (Keppie 1983, p. 87), les opérations concrètes de fondation étant placées sous la responsabilité d'autres acteurs.
39. Pour les sources de financement des distributions, voir Laignoux 2014b, p. 213-214 : à quelques exceptions près (comme par exemple les premières distributions qu'Octavien effectue en 44 en tant que *priuatus*),

par César avant sa mort[40] ou par la suite par Octavien[41]. Souligner l'importance des fonds publics dans la réalisation d'une politique généreuse envers les soldats permet d'autant mieux de comprendre la domination des césariens à ce niveau : ce sont eux qui, à partir de 43-42, maîtrisent l'appareil étatique et ses ressources.

Ces pratiques, que certains qualifieraient sans doute aujourd'hui de « clientélisme », voire de « corruption » (avec toutes les connotations péjoratives que ces termes impliquent[42]), ne relèvent pas de pratiques juridiquement condamnées à Rome[43], en tout cas, et peuvent du coup être qualifiées sans doute de façon plus neutre d'« économie politique du don ». En ce sens, cette politique généreuse envers les soldats s'intègre dans l'ensemble plus vaste des rapports de patronage et de don/contre-don qui structuraient largement les relations sociales à Rome[44]. Néanmoins, les pratiques en cours dans la sphère militaire à la fin de la République témoignent d'évolutions importantes par rapport aux usages jusque là observés : on se situe, à la fois par la largesse des dons et par le nombre de soldats qui se retrouvent ainsi redevables envers un individu, bien au delà du système clientélaire classique ou même des « cadeaux » intervenant dans le cadre des élections. Comme l'a montré Z. Yavetz à propos des relations privilégiées construites par César avec l'ensemble de la plèbe urbaine de Rome[45], on doit donc souligner que les rapports entre les soldats et leurs chefs sont de plus en plus personnalisés et que ces relations sont de plus en plus « monopolistiques ». Si l'essence de la relation ainsi construite entre un chef-patron et ses clients n'a rien d'original (l'échange de biens matériels contre un soutien politique[46]), la période se caractérise par un contexte de concurrence politique exacerbée qui finit par faire entrer l'armée entière dans les clientèles de quelques prétendants au pouvoir. Leur rivalité violente débouche par ailleurs finalement sur la victoire totale d'un acteur unique, Octavien-Auguste, qui se retrouve ainsi en situation de « monopole clientélaire » après la victoire d'Actium.

les républicains et les césariens ont avant tout mobilisé différents types de fonds publics, provenant d'Italie ou des provinces.

40. App., *BC* 2.94 ; D.C. 42.54.1.
41. Les *Res Gestae* (16. 1) évoquent la politique de dédommagement qu'Auguste a conduite, en insistant sur sa spécificité (ce qui renvoie sans doute précisément à un financement sur fonds personnels). Mais selon D.C. 51.4.7-8, Octavien aurait en vain essayé de financer les achats de terres par la vente de biens personnels ou de biens de ses compagnons, car personne n'aurait osé les acheter.
42. Sur la notion de clientélisme et la persistance de relations clientélaires dans les systèmes politiques contemporains, voir par exemple le recueil collectif coordonné par F. Sawicki et J.-L. Briquet, qui définit en introduction le clientélisme comme « un système d'échanges interpersonnels non marchands de biens et de services échappant à tout encadrement juridique entre agents disposant de ressources inégales » (Briquet, Sawicki 1998, p. 2) ; voir également, pour une perspective comparatiste, le recueil dirigé par V. Lécrivain (Lécrivain 2007).
43. Sur les pratiques effectives de corruption et leur répression, voir par exemple Perelli 1994 ; Rosillo López 2010.
44. Sur les caractéristiques générales des rapports clientélaires à Rome, voir par exemple Deniaux 1993, notamment p. 1-13.
45. Yavetz 1990 [1983], p. 150.
46. Voir évidemment Mauss 1923-1924 ; plus récemment, voir Azoulay 2004, qui, à partir de la *charis* chez Xénophon, met en évidence l'importance de l'échange de bienfaits dans la construction d'une domination politique (cf. aussi Azoulay 2014).

3. Les pratiques de légitimation symboliques : des outils nombreux et multiples

Comme si cette économie politique du don en nature ne semblait pas suffisante, malgré sa générosité, les principaux prétendants qui s'opposent après la mort de César paraissent aussi avoir à cœur de convaincre les soldats de la justesse de leurs revendications. Pendant toute la durée des guerres civiles, ils produisent et diffusent en effet de très nombreux discours de légitimation, selon trois modalités privilégiées.

Les sources littéraires se font tout particulièrement l'écho de l'organisation de nombreux rassemblements mettant en présence les soldats et leurs chefs. Quelques récits mentionnent les prestations de serment, mais ces passages sont toutefois peu nombreux et très brefs, sans doute car le caractère habituel et routinier du *sacramentum* entraîne un certain désintérêt des auteurs[47]. Les sources s'étendent en revanche beaucoup plus sur l'organisation de nombreuses *contiones* militaires par les rivaux des guerres civiles. Ces assemblées, qui donnent lieu à un discours prononcé en situation de « face-à-face » avec les soldats, ne constituent certes pas une pratique nouvelle. Mais c'est encore une fois la multiplication de ces *contiones* qui est remarquable, la convocation de tels rassemblements n'ayant jamais été autant utilisée qu'à partir du milieu du Ier siècle. On compte ainsi une vingtaine de *contiones* à l'époque des dictatures césariennes et une trentaine entre 44 et 30[48] (11 à 13 pour Antoine[49], 16 à 19

47. Les serments attestés démontrent néanmoins des tendances innovantes. Quelques exemples sont particulièrement frappants à ce titre, car ils présentent des originalités dans le contenu du serment ou la qualité des jureurs qui en font du coup des formes d'allégeance de moins en moins civique et de plus en plus personnelle : en mai 44, Antoine distribue des terres à des vétérans qui, en échange, lui prêtent serment de soutenir les actes de César et de conserver leurs armes (Cic., *Att.* 14.21.2) ; à l'automne 44, Antoine organise à Tibur un serment à sa personne par des soldats mais aussi des sénateurs, voire des chevaliers et des plébéiens (App., *BC* 3.46 ; D.C. 45.13.5 ; cf. Cic., *Phil.* 13.19) ; à l'été 43, avant de marcher sur Rome, Octavien fait jurer à ses soldats de ne pas combattre d'autres armées césariennes (autrement dit les soldats de Lépide et d'Antoine, cf. D.C. 46.42.3-4 et 52.1) ; en 32, a lieu le fameux serment de « *tota Italia* » à Octavien (*RG* 25.2 ; Suét., *Aug.* 17 ; cf. D.C. 50.6.6 ; voir aussi Girardet 1990, en particulier p. 345-350) ; enfin, rappelons que Auguste prend la peine dans les *Res Gestae* d'indiquer que 500 000 soldats lui ont prêté serment tout au long de sa carrière (*RG* 3.3).

48. D'après la liste des occurrences donnée par Pina Polo 1989, p. 335-341, 24 *contiones* militaires se déroulent entre 49 et la mort de César, alors qu'aucune *contio* de ce type n'est attestée entre 88 et 63 et que seulement neuf sont connues pour les années 50 ; sur les *contiones* des années 40-30 (qui ne sont pas toutes recensées par Pina Polo 1989, p. 341-345), voir aussi Laignoux 2010, p. 53-56, 57 (pour la *contio* particulière de Tibur qui s'est finie par un serment collectif) et 62-63 (tableau des *contiones* militaires de l'époque à l'exception de celles de L. Antonius et d'Asinius Pollion).

49. 1/ Octobre 44, *contio* tenue à Brindes (Cic., *Att.* 16.8.2 ; *Phil.* 5.22 ; App., *BC* 3. 43 ; D.C. 45.13). 2/ Octobre 44, *contio* également prononcée à Brindes (App., *BC* 3.44). 3/ Novembre 44, *contio* à Tibur (Cic., *Phil.* 13.19 ; cf. App., *BC* 3.46 ; D.C. 45.13.5). 4/ Avril-mai 43, *contio* en Gaule Cisalpine (Cic., *Fam.* 11.13.2-3). 5 ?/ Printemps 43, discours prononcé par Antoine devant le camp de Lépide, donc pas véritablement devant une assemblée de soldats spécialement convoquée à cet effet (Plut., *Ant.* 18.2-3). 6 ?/ Novembre 43, *contio* à l'occasion de la formation du Triumvirat, tenue par l'ensemble des triumvirs ou seulement Octavien selon les sources (Vell. Pat. 2.65 ; Plut., *Ant.* 19.1 et 20.1 ; Suét., *Aug.* 62 ; App., *BC* 4.2-3 ; D.C. 46.55-56). 7/ Octobre 42, *contio* avant la bataille de Philippes (D.C. 47.42, ne donne pas le nom des orateurs, mais on n'imagine mal que Marc Antoine et Octavien n'aient pas pris eux-mêmes la parole avant la première bataille de Philippes). 8/ Octobre 42, *contio* après la première bataille de Philippes (App., *BC* 4.119-120). 9/ Octobre 42, *contio* avant la deuxième bataille de Philippes (App., *BC* 4.126-127). 10/ Octobre 42, *contio* après la victoire de Philippes (App., *BC* 5.3). 11/ 36, *contio* après

pour Octavien[50], 2 ou 3 pour Lépide[51], 3 pour Brutus[52], 2 pour L. Antonius[53], 1 pour Cassius[54], Sextus Pompée[55] ou encore Asinius Pollion[56]), dont dix ont d'ailleurs aussi été l'occasion de certaines des gratifications déjà évoquées[57].

Les soldats semblent même l'auditoire privilégié par les prétendants pour les discours et harangues qu'ils prononcent eux-mêmes directement. Si l'on prend par exemple les cas d'Antoine et d'Octavien pour lesquels les sources mentionnent le plus de discours directs face à divers groupes de citoyens, les militaires forment clairement un public favorisé, et ce de plus en plus au cours de la décennie. Antoine a ainsi prononcé 14 discours attestés au Sénat, mais, parmi ceux-ci, un seul intervient après son consulat de 44, en 40. Il a de même tenu dix *contiones* urbaines à Rome, dont seulement deux après 44, une à la fin de 43 et une début 42. Ses *contiones* militaires s'échelonnent quant à elles tout au long de la période : 3 en 44 ; 1 à 3 en 43 ; 4 en 42, 1 en 36, 1 en 32 et 1 en 31. Cette prééminence progressive des discours adressés par Antoine aux soldats peut en partie s'expliquer par son éloignement de Rome, mais ce n'est pas le cas d'Octavien, qui, lui aussi, privilégie de plus en plus les militaires dans les rassemblements qu'il organise. Par comparaison avec les 16 à 19 discours prononcés face à des soldats, ses discours au Sénat évoqués dans les sources sont beaucoup moins nombreux (dix, à une fréquence relativement régulière entre 43 et 32), ce qui est encore plus net dans le cas des *contiones* urbaines (six, la première en 44 et la dernière en

des combats en Médie (Plut., *Ant.* 44.3-5). 12/ Automne 32, *contio* informative (D.C. 50.7). 13/ Été 31, *contio* avant Actium (D.C. 50.15-22).

50. 1/ Fin 44 (App., *BC* 3.48 ; D.C. 45.13.4). 2/ Février-mars 43 (App., *BC* 3.65). 3/ Fin juillet 43, *contio* en Gaule Cisalpine (App., *BC* 3.86-88). 4/ Mi-août 43, *contio* après la marche sur Rome (App., *BC* 3.94 ; D.C. 46.46). 5/ Novembre 43, *contio* à propos du Triumvirat (Vell. Pat. 2.65 ; Plut., *Ant.* 19.1 et 20.1 ; Suét., *Aug.* 62 ; App., *BC* 4.2-3 ; D.C. 46.55-56). 6/ *Contio* donnée à une date incertaine, entre 42 et 33 (Suét., *Aug.* 27). 7/ Octobre 42, *contio* avant Philippes (D.C. 47.42, cf. note *supra*). 8/ Octobre 42, *contio* avant la deuxième bataille de Philippes (App., *BC* 4.126-127). 9/ Octobre 42, *contio* après la victoire de Philippes (App., *BC* 5.3). 10/ Printemps 41, *contio* au Champ de Mars (App., *BC* 5.16). 11/ Printemps 40, *contio* après la victoire de Pérouse (App., *BC* 5.46-47). 12/ Été 36, *contio* en Sicile (D.C. 49.7.6). 13/ Automne 36, *contio* en Sicile (App., *BC* 5.128). 14/ Automne 36, *contio* en Sicile (App., *BC* 5.129 ; D.C. 49.14). 15/ Eté 31, *contio* avant Actium (D.C. 50.23-30). 16/ Au cours de l'été 30, *contio* devant Alexandrie (D.C. 51.10). À ces véritables *contiones* militaires, on peut ajouter des discours tenus dans un cadre moins formel que les assemblées militaires habituelles. Il s'agit, d'une part, de deux discours tenus par Octavien dans des colonies de vétérans en 44 (Cic., *Att.* 16.8.1 ; Nic. Dam. 31.132-137 ; Vell. Pat. 2.61 ; App., *BC* 3.40) et en 40 (App., *BC* 5.57) ; d'autre part, d'un discours qu'Octavien, aurait prononcé au moment où il entre dans le camp de Lépide pour s'approprier ses troupes en 36 (App., *BC* 5.124 ; D.C. 49.12.2).

51. 1/ Mars 43, *contio* en Gaule Transalpine (Cic., *Fam.* 10.31.4 ; cf. 10.33.2). 2/ Mai 43, *contio* en Gaule Transalpine (Cic., *Fam.* 10.21.4). 3 ?/ Novembre 43, *contio* à propos du Triumvirat, tenue par l'ensemble des triumvirs ou seulement Octavien selon les sources (Vell. Pat. 2.65 ; Plut., *Ant.* 19.1 et 20.1 ; Suét., *Aug.* 62 ; App., *BC* 4.2-3 ; D.C. 46.55-56).

52. 1/ *Contio* en 43 ou 42 (Tac., *Ann.* 4.34.5). 2/ Octobre 42, *contio* après la première bataille de Philippes (Plut., *Brut.* 44.3-4 ; App., *BC* 4.117-118 ; D.C. 47.47.2). 3/ Octobre 42, *contio* avant la deuxième bataille de Philippes (Plut., *Brut.* 46.1 ; App., *BC* 4.125).

53. App., *BC* 5.36 ; 5.39.

54. Octobre 42, *contio* avant la première bataille de Philippes (App., *BC* 4.89-101 ; cf. D.C. 47.42).

55. Automne 36, *contio* à Céphalonie (D.C. 49.17.3).

56. Cic., *Fam.* 10.31.5.

57. Cf. Laignoux 2014b, p. 208-209.

32[58]). Globalement, le nombre important de *contiones* militaires et leur répartition chronologique témoignent d'une attention plus grande accordée aux soldats tout au long de la période. On pourrait y voir la préfiguration de l'importance accordée plus tardivement dans la représentation de l'empereur aux scènes d'adresse aux soldats[59]. Plus fondamentalement, cela traduit un glissement socio-politique majeur parmi les citoyens : les soldats deviennent en quelque sorte le peuple « par excellence », un groupe privilégié au sein de la masse civique[60].

D'autres types de discours confirment ces remarques sur la place désormais particulière des soldats dans les pratiques de légitimation des hommes politiques romains. Plusieurs textes montrent qu'ils sont également les destinataires de messages écrits, des sortes de « tracts » avant l'heure, diffusés au sein des camps militaires. En octobre 44, Octavien fait ainsi distribuer des messages auprès des légions de Macédoine arrivées à Brindes[61]. De même, au printemps 43, Marc Antoine écrit aux soldats d'Asinius Pollion afin de tenter de se les attacher[62]. Après la première bataille de Philippes, Antoine et Octavien font parvenir des textes aux soldats de Brutus[63]. En 41, L. Antonius et Octavien diffusent des textes et des proclamations justifiant le déclenchement de la guerre de Pérouse[64]. En 40, ce sont Octavien et Antoine qui envoient des messages aux vétérans et cités italiennes[65]. En 30, enfin, durant la campagne d'Égypte, Antoine fait adresser des billets aux soldats d'Octavien[66].

En plus de ces discours oraux et écrits, les soldats sont vraisemblablement les cibles principales des « discours en images » qui sont véhiculés par les monnaies frappées durant la période[67]. Ce sont en effet la paye et les gratifications dont bénéficient les soldats qui devaient absorber la majorité des dépenses, donc des frappes, des prétendants[68]. Les soldats devaient donc constituer le public principal auquel s'adressaient les types monétaires, en particulier les types impératoriaux frappés à travers toute la Méditerranée par les *imperatores* concurrents[69]. Si on ne peut malheureusement évaluer les volumes des émissions qui en résultent, le nombre abondant de types impératoriaux frappés après la mort de César permet au moins de souligner la multiplicité

58. Sur les sources à propos des *contiones*, voir les notes *supra*. Pour les autres assemblées, voir ma thèse à paraître.
59. Sur l'importance des *contiones* militaires sous l'Empire, voir Pina Polo 1989, p. 219 ; David 1995, p. 35, 39 ; David 2000.
60. Cf. David 2014, p. 41. Selon Cresci Marrone 2005, César et Octavien mettent l'armée sur le même plan que le peuple dans la vie politique, mais Auguste remettra, au moins dans ses discours, l'accent sur le rôle politique du peuple.
61. App., *BC* 3.31.
62. Cic., *Fam.* 10.32.4.
63. D.C. 47.48.1.
64. App., *BC* 5.24.
65. D.C. 48.28.2.
66. D.C. 51.10. Jal 1963, p. 220, suppose que ces lettres sont envoyées par le moyen de flèches ou de frondes.
67. Sur l'ensemble des discours iconographiques de l'époque, voir ma thèse en cours de publication.
68. Cette période de guerres civiles voit sans doute s'accentuer les liens habituels entre frappes monétaires et dépenses militaires (sur la prégnance des dépenses publiques, en particulier militaires, pour les émissions de monnaies, voir par exemple Lo Cascio 1982 ; Callataÿ 2000). Bien entendu, l'importance des sommes à payer nécessitait aussi le recours à des pièces anciennes, qui ne peuvent donc donner lieu à des discours de légitimation contemporains.
69. L'expression « type impératorial » renvoie au titre d'« *imperator* » revendiqué par ceux qui président à ces frappes hors de Rome (à ce sujet, voir plus précisément Laignoux 2014c, p. 151).

des images politiques auxquelles les soldats étaient ainsi confrontés. On compte ainsi 34 types impératoriaux frappés par les pompéiens ou les césariens entre 49 et 44[70] ; par la suite, la fermeture de l'atelier de Rome à partir de 41 ou 40 et la multiplication des conflits civils renforcent encore les tendances émergentes de l'époque césarienne, avec plus de 250 types impératoriaux ! Aux types nombreux de Marc Antoine (135[71]) et Octavien (entre 70 et 72 selon les choix de datation[72]), dont six portent également le nom de Lépide[73], on peut ajouter 29 types émis sous la responsabilité de Brutus et Cassius[74], 12 types frappés par Sextus Pompée[75], ainsi que quelques émissions isolées frappées par Staius Murcus, Domitius Ahenobarbus ou encore Labienus[76]. Les soldats sont par ailleurs peut-être aussi les destinataires privilégiés des images politiques

70. Cf. Laignoux 2014c : les types impératoriaux émis au nom de Pompée ou de différents pompéiens sont *RRC* 444, 1 ; 445, 1-3 ; 446, 1 ; 447, 1 ; 459, 1 ; 460, 1-4 ; 461, 1 ; 462, 1-2 ; 469, 1 ; 470, 1 ; 471, 1 ; les 17 types césariens sont *RRC* 443, 1 ; 452, 1-5 ; 456, 1 ; 458, 1 ; 457, 1 ; 467, 1 ; 468, 1-2 ; 476, 1 ; 482, 1 ; 550, 1-3.
71. Cf. Laignoux 2014b ; 2014c : 10 peut-être en Italie (*RRC* 517, 4-6, pour la localisation, voir Ferriès 2007, p. 373-5 ; 520 ; 521, 1-2 ; 529, 1-4) ; 11 en Gaule (*RRC* 488, 1-2 ; 489, 1-6 ; 492, 1-2 ; 493, 1) ; 5 en Cyrénaïque (*RRC* 546, 1-3 ; *RPC* I, 924-5) ; 109 en Orient (*RRC* 496, 1-3 ; 516, 1-5 (frappes en Orient selon Crawford 1974, p. 100, mais en Gaule Cisalpine selon Bernareggi 1973, p. 82-83) ; 517, 1-3 et 7-8 ; 522, 1-4 ; 527, 1 ; 528, 1-3 ; 530, 1 (= *RPC* I, 2226) ; 531, 1 ; 533, 1-3 ; 536, 1-4 ; 539, 1 ; 541, 1-2 ; 542, 1-2 ; 543, 1 ; 544, 1-39 ; 545, 1-2 ; *RPC* I, 1290-1 ; 2201-2 ; 1453-70 ; 4088-93 ; 4094-6 ; 4135). Sont comptées parmi ces monnaies celles dont les dénominations ne sont pas romaines, comme les cistophores sans doute frappés en 39 à Éphèse (*RPC* I, 2201-2), les tétradrachmes frappés entre 36 et 34 en Phénicie (*RPC* I, 4094-6) et les drachmes frappées en 37-36 à Antioche (*RPC* I, 4135), mais pour lesquelles la représentation d'Antoine, le matériau (argent) et le prestige régalien (anciennes monnaies des rois de Pergame et des rois séleucides) amènent à penser qu'elles n'ont pu être frappées que sur décision de Marc Antoine.
72. Cf. Laignoux 2014b (72 types entre 44 et 29) ; 2014c (70 types entre 44 et 31) : 55 en Gaule Cisalpine et en Italie (*RRC* 490, 1-4 ; 492, 1 ; 493, 1 ; 495, 1-2 ; 497, 1-3 ; 518, 1-2 ; 523, 1 ; 528, 1-3 ; 529, 1-4 ; 534, 1-3 ; 535, 1-2 (= *RPC* I, 620-1) ; 537, 1-2 ; 538, 1-2 ; 540, 1-2 ; *RIC* I², 250, 251, 252, 253, 254 = 255, 256, 257, 258 = 259, 260 = 261, 262, 263, 264, 265, 267, 268, 269, 270, 271, 272, 273, 274, 543 ; Giard 1976, p. 65 n°5) ; 1 à Narbonne (*RPC* I, 518) ; 3 ou 4 en Afrique (*RPC* I, 877-9 ; *CRR* 1339 peut-être frappée en Afrique) ; 5 en Cyrénaïque (*RRC* 546, 4-8 = *RIC* I², 531-5) ; 5 en Orient (*RRC* 517, 1-2, 6-8). Parmi ces monnaies, sont comprises les monnaies en bronze sans indication d'ethnique et frappées à Narbonne, en Italie et en Afrique (*RPC* I, 518 ; 620-1 ; 877-9), ainsi que la série des *aurei* et deniers portant en légende CAESAR DIVI F ou IMP CAESAR qu'il est difficile de dater et de localiser précisément, si ce n'est qu'ils ont été frappés en Occident entre 36 et 28 (*RIC* I², 250, 251, 252, 253, 254 = 255, 256, 257, 258 = 259, 260 = 261, 262, 263, 264, 265, 266, 267, 268, 269, 270, 271, 272, 273, 274, 276, 543 ; Giard 1976, p. 65 n°5). Selon Kraft 1969, p. 6-25, ces deniers et *aurei* ont été frappés après Actium. Selon Giard 1976, p. 66-73, ces émissions ont été frappées à Rome en 29. Pour Sutherland 1976, p. 156-157, ces monnaies ont été frappées entre 32 et 29 en Occident, peut-être à Rome avant Actium, sans doute à Brindes ou près de Brindes par la suite. Rich, Williams 1999, p. 171-172, suggèrent que ces frappes ont eu lieu entre 34 et 28 en Italie. Enfin, Assenmaker 2007, propose des datations entre 36 et 28 selon les types monétaires. Cet arc chronologique plus large que ceux qui ont été souvent proposés semble l'hypothèse la plus convaincante, à la fois par les types représentés et parce que l'on s'expliquerait mal un arrêt du monnayage d'Octavien entre 36 et 31.
73. Cf. Laignoux 2014c : 4 en Gaule (*RRC* 489, 1-3 ; 492, 2) et 2 en Italie (*RRC* 495, 1-2).
74. Cf. Laignoux 2014b ; 2014c : dans différentes régions de l'Orient romain, *RRC* 498 ; 499, 1 ; 500, 1-7 ; 501, 1 ; 502, 1-4 ; 503, 1 ; 504, 1 ; 505, 1-5 ; 506, 1-2 ; 507, 1-2 ; 508, 1-3 et l'*aureus* correspondant, cf. Cahn 1989.
75. Cf. Laignoux 2014c : 7 en Espagne : *RRC* 477, 1a, 1b, 2, 3a, 3b ; Buttrey 1960, p. 90 (type 6, une seule monnaie) ; *RRC* 478, 1a = *RPC* I, 487 (Sicile selon Martini 1995, p. 42, 112-122). 5 en Sicile : *RRC* 479, 1 (= *RPC* I, 671) ; 511, 1-4.
76. *RRC* 510, 1 ; 519, 1-2 ; 524, 1-2. On peut y ajouter les types de Nasidius (*RRC* 483, 1-2) et de Domitius Calvinus (*RRC* 532, 1), frappés sans doute sous contrôle de Sextus Pompée et d'Octavien.

diffusées via les intailles, petites pierres ou pâtes de verre gravées qui sont diffusées massivement et comme jamais auparavant à cette époque[77].

La variété des supports et des canaux de diffusion de ces discours, mais aussi leur nombre colossal, démontrent la diversification et la multiplication des messages adressés aux soldats par rapport aux époques précédentes, qui constituent comme on l'a vu le public privilégié au sein du peuple romain. Si on est loin évidemment du « village global » ou du village médiatique planétaire du XXe siècle théorisé par M. McLuhan, on constate tout de même, déjà à cette époque, une espèce de saturation de l'espace public, notamment de la sphère militaire, en messages « publicitaires » de légitimation. Ce recensement précis des outils de légitimation démontre donc que c'est véritablement une stratégie volontaire de « communication politique » (certains parleraient de « propagande[78] ») qui se déploie à l'attention des soldats des guerres civiles.

4. Les revendications de légitimité : des discours similaires entre opposants

Les différents concurrents mettent donc en œuvre une « politique de communication » utilisant différents outils et modalités pour se mettre en avant. Chacun d'entre eux produit ainsi ce que l'on pourrait appeler des « revendications de légitimité », autrement dit des discours à travers lesquels ces prétendants visent à se présenter comme compétents et aptes à gouverner, en somme comme « légitimes[79] ». On a pu voir jusqu'à présent que ces revendications de légitimité s'adressaient de plus en plus à une catégorie particulière et stratégique de la population (les soldats) et que ces discours se multipliaient et se systématisaient dans la période de guerre civile que j'étudie. Mais quel est le contenu précis de ces discours de légitimation, et montre-t-il d'éventuelles différences entre les prétendants au pouvoir ?

77. Sur cette hypothèse et plus largement pour une mise au point historiographique sur les intailles politiques de la fin de la République, voir Laignoux 2014b, p. 217-222.
78. Les connotations actuelles du terme de « propagande » (laissant à la fois transparaître une idée de manipulation – donc un jugement de valeur négatif – et une liaison avec les médias de masse et/ou les régimes autoritaires du XXe s.) le rendent difficiles à utiliser (en ce sens, voir aussi Hurlet, Mineo 2009, p. 18). Il me semble dès lors préférable d'employer une expression comme « communication politique » pour le moment tout de même moins chargée, même s'il s'agit là encore d'une expression plus souvent utilisée pour qualifier des pratiques de l'époque contemporaine (cf. Delporte 2007, Cotteret 1991). Je ne pense en effet pas que l'utilisation de ce syntagme très général devrait être limité à la deuxième moitié du XXe s. et au type spécifique de communication développé dans les démocraties contemporaines (ce qui est par exemple proposé par Delporte 2003). Par là, je ne reprends pas non plus certaines propositions de spécialistes de l'Antiquité visant à proposer à la place du terme « propagande » l'utilisation de notions polysémiques, donc parfois peu claires, comme « expression » ou « auto-représentation » (Veyne 1990 ; Weber, Zimmermann 2003).
79. M. Weber fait reposer sa distinction des trois types de domination légitime (légale, traditionnelle ou charismatique) sur les type de « revendications » de ceux qui exercent la domination (et non pas les croyances des gouvernés) : « Il faut distinguer les formes de domination suivant la revendication de légitimité qui leur est propre » (Weber 1995 [1922], p. 286 ; à ce propos, voir aussi Dobry 2003, notamment p. 132).

Pour éviter les biais introduits par les sources postérieures, on est obligé de s'en tenir ici aux sources contemporaines, et donc finalement de fonder l'analyse avant tout sur les discours monétaires. En effet, seuls trois discours de *contiones* militaires sont évoqués avec quelque précision chez Cicéron[80]. Ces rares passages sont en outre malheureusement très allusifs et ne permettent pas de tirer de conclusion générale si ce n'est que les arguments et la rhétorique utilisées dans ces *contiones* ne paraissent pas se démarquer fortement des discours traditionnels faits aux soldats (état d'avancement de la guerre, promesses de récompenses[81]). Les traces des messages diffusés par écrit, également issues de Cicéron, vont dans le même sens : les textes qu'Antoine fait envoyer aux soldats d'Asinius en 43 semblent avant tout contenir des promesses de gratifications financières[82].

Les types monétaires, par leur nombre, permettent quant à eux des mises en série et donc des résultats plus probants[83]. En comparant les centaines de types de la période, on se rend compte qu'il existe surtout, malgré quelques différences, de grandes similitudes entre les discours des prétendants étudiés. Contrairement à ce qui est parfois avancé, on ne constate pas, par exemple, d'opposition ou de différenciation claire du point de vue des protections divines revendiquées. La concurrence exacerbée et la guerre que se livrent les prétendants au pouvoir, y compris par leurs discours, n'entraînent pas pour autant l'affirmation de « programmes » ou de revendications nettement différenciés, mais au contraire le creusement des mêmes sillons discursifs par les différents rivaux[84]. Les prétendants au pouvoir emploient ainsi dans leurs discours les mêmes armes symboliques.

De manière générale, l'analyse des discours monétaires démontre d'abord un glissement généralisé vers une personnalisation de plus en plus marquée des messages. À la multiplicité des types et légendes du milieu du Ier siècle[85] succède, dans les décennies 40-30, une certaine homogénéisation autour de la mise en valeur de la personnalité même de quelques « chercheurs de légitimité », que ce soit sur les émissions de l'atelier de Rome ou les frappes impératoriales. Les principaux prétendants au pouvoir, à l'exception notable de Cassius, reprennent ainsi l'innovation césarienne de début 44 consistant à se faire représenter au droit des monnaies[86]. Quelques portraits accaparent donc la majorité des faces monétaires de l'époque[87]. Les légendes monétaires subissent des évolutions semblables : outre le nom des magistrats monétaires ou de quelques autres magistrats en charge de la frappe, s'y retrouve de plus en plus celui des hommes les plus puissants du moment. Si les monnaies de l'atelier de Rome n'évoquent

80. Cic., *Fam.* 10. 31. 4 (*contio* de Lépide en Gaule Transalpine en mars 43) ; *Att.* 16. 8. 2 et *Fam.* 11. 13. 3 (*contiones* d'Antoine à Brindes en 44 et en Gaule Cisalpine fin avril 43).
81. Sur la rhétorique des *contiones* militaires à la fin de la République, voir Pina Polo 1989 ; David 2000. Pour les *contiones* triumvirales, voir aussi Laignoux 2010.
82. Cic., *Fam.* 10. 32. 4.
83. Comme la destination des intailles politiques avant tout aux soldats reste une hypothèse, je ne répéterai pas ici les remarques que j'ai formulées sur le contenu de ces images glyptiques dans Laignoux 2014b, p. 217-222.
84. À propos des discours monétaires de la période, voir aussi Laignoux 2011 ; 2012 ; 2014b ; 2014c ; ainsi que ma thèse en cours de publication.
85. Alföldi 1956.
86. Suspène 2008.
87. Pour les références et les chiffres précis, voir Laignoux 2014c, p. 157.

jamais exclusivement les triumvirs[88], hors de Rome (à part chez les républicains[89]) le phénomène se généralise : 60 % des types impératoriaux antoniens mentionnent Antoine (seul ou avec un autre triumvir) sans évoquer de magistrat subordonné[90] ; de même pour 80 % des types impératoriaux d'Octavien[91] ; pareillement pour Sextus Pompée, à l'exception d'un type[92]. Les légendes sont ainsi de plus en plus fréquemment centrées sur un seul individu, pendant plusieurs années d'affilée, et non plus sur trois ou quatre magistrats changeant annuellement comme antérieurement. On assiste aussi au développement des revendications familiales ou dynastiques, accentuant encore l'impression de privatisation de l'iconographie monétaire au profit de quelques acteurs et de leur famille. Sextus Pompée fait par exemple représenter son père et son frère[93], tandis qu'Octavien fait évoquer César[94]. Marc Antoine va quant à lui jusqu'à montrer des membres vivants de sa famille (son frère, son fils aîné, ses compagnes successives[95]).

Mise à part cette personnalisation généralisée, un certain nombre de thèmes politiques plus larges sont également figurés de façon similaire sur les monnaies de prétendants supposément opposés. On peut considérer la majorité de ces thèmes comme des thèmes « populaires » dans la mesure où on peut à la fois les rapprocher de l'idéologie des *populares*, mais aussi du sens commun du terme qui renvoie à des stratégies visant à toucher le plus large ensemble possible de destinataires. Ces thèmes populaires et transpartisans correspondent globalement à trois ensembles. De nombreux droits et revers monétaires évoquent ainsi la victoire et la guerre. Ce sont des thèmes qui sont figurés via des images déjà bien connues au Ier siècle (allégorie de Victoire, trophée, arc de triomphe, dieu Mars). L'intérêt est ici de souligner que c'est

88. Laignoux 2014c, p. 155 : Antoine, Octavien ou Lépide sont en tout cas évoqués sur environ 33 % des types frappés à Rome après la mort de César (*RRC* 494, 1 à 15, 17 à 19, 25 ; 525, 1-2 ; 526, 1 et 3).

89. Laignoux 2014c, p. 156 : Brutus frappe seulement deux monnaies en son seul nom (*RRC* 501, 1 et 503, 1).

90. Laignoux 2014c, p. 156 : 83 types sur 135 (*RRC* 488, 1-2 ; 489, 1-6 ; 492, 1-2 ; 493, 1 ; 496, 1-3 ; 520 ; 527, 1 ; 528, 1-3 ; 529, 1-4 ; 533, 1-3 ; 536, 1-4 ; 539, 1 ; 541, 1-2 ; 542, 2 ; 543, 1 ; 544, 1-39 ; 545, 2 ; *RPC* I, 924-5 ; 2201-2 ; 4094-96 ; 4135).

91. Laignoux 2014c, p. 156 : 56 types sur 70 (*RRC* 490, 1-4 ; 492, 1 ; 493, 1 ; 495, 1-2 ; 497, 1-3 ; 518, 2 ; 528, 1-3 ; 529, 1-4 ; 535, 1-2 (= *RPC* I, 620-1) ; 537, 1-2 ; 538, 1-2 ; 540, 1-2 ; *CRR* 1339 ; *RIC* I², 250, 251, 252, 253, 254 = 255, 256, 257, 258 = 259, 260 = 261, 262, 263, 264, 265, 267, 268, 269, 270, 271, 272, 273, 274, 543 ; Giard 1976, p. 65 n° 5 ; *RPC* I, 518 ; 877-9 ; *RRC* 546, 4). Vu la période considérée ici, on peut ajouter *RIC* I², 266 et 276 datant de 30 ou 29.

92. Laignoux 2014c, p. 156 : *RRC* 478, 1a = *RPC* I, 487.

93. Laignoux 2014c, p. 157-158 : 2 types monétaires de Sextus représentent son frère Cn. Pompée (*RRC* 477, 2 ; 511, 1) ; surtout, de nombreux types font référence à Pompée le Grand, via son portrait (*RRC* 477, 1a, 1b, 3a, 3b ; Buttrey 1960, p. 90, type 6 ; 511, 1 ; Pompée est même représenté sous les traits de Neptune sur *RRC* 511, 3-4 ou sous ceux de Janus sur *RRC* 479, 1, ce qui fait de Sextus le premier à assimiler son père à un dieu selon Alföldi 1956, p. 78), l'adjectif « MAGNVS » (que l'on retrouve même sur toutes les monnaies de Sextus) ou encore l'adjectif « PIVS » (*RRC* 477, 3a, 3b ; Buttrey 1960, p. 90 ; *RRC* 478, 1a ; 479, 1 ; 511, 1-4). L'idée de piété filiale est encore mise en avant par la représentation de *Pietas* (*RRC* 477, 1a, 1b, 2, 3a, 3b ; Buttrey 1960, p. 90), ainsi que par celle du mythe des frères de Catane (*RRC* 511, 3).

94. Laignoux 2014c, p. 158 : Octavien se présente, à partir de 40 et surtout de 38, comme DIVI FILIVS, mais il fait néanmoins assez peu représenter César lui-même (*RRC* 490, 2 et 4 ; *RRC* 534, 1-2 ; 535, 1 = *RPC* I, 620). Il fait par ailleurs figurer *Pietas* à une reprise (*RRC* 494, 19), de même pour la *sella* de César (*RRC* 497, 2).

95. Laignoux 2014c, p. 158 : L. Antonius (*RRC* 517, 3-5) ; M. Antonius Antyllus (*RRC* 541, 1-2) ; Fulvie (*RRC* 489, 5-6 = *RPC* I, 512-513) ; Octavie (*RRC* 527, 1 ; 533, 3 ; *RPC* I, 1453-56 ; 1459-65 ; 1468-70 ; 2201-2 ; 4088-91) ; Cléopâtre (*RRC* 543, 1 ; *RPC* I, 4094-96).

à la fois Octavien[96] et les républicains[97] qui, proportionnellement à leur monnayage respectif, ont le plus recours à cette « idéologie de la victoire ». En comparaison, Antoine, Lépide et Sextus Pompée choisissent moins les types guerriers[98].

Dans les années 40, on assiste également à la diffusion massive d'images évoquant des promesses d'abondance et de prospérité. Les césariens en particulier ont recours à l'image de Fortuna, des *cornucopiae*, du caducée ou encore des poignées de main[99]. Il faut noter que le monnayage de Brutus présente des divinités féminines difficilement identifiables (« déesse avec *polos* » et « femme voilée »), mais qui étaient peut-être réputées favoriser la prospérité[100]. Il faut isoler dans cette catégorie thématique les monnaies faisant référence aux récits du nouvel âge d'or : on rapporte depuis les Gracques, en effet, qu'un oracle sibyllin prédit le renversement de Jupiter par le Soleil et le retour de l'âge d'or[101]. On trouve ainsi diverses monnaies associant Antoine à un symbolisme cosmique et à l'idée d'un nouvel âge d'or[102]. Brutus et Cassius font eux aussi appel au thème de l'âge d'or, par l'intermédiaire de la figure divine d'Apollon[103]. Dans la lignée de ces remarques, on peut souligner que le monnayage d'Octavien des années 36-28 fait référence à de nombreuses divinités[104], mais sans prédilection notable pour Apollon, contrairement aux monnayages républicains, ce qui constitue sans conteste une indication intéressante de la « labilité politique » des symboles et des divinités, qui peuvent être repris simultanément ou même faire l'objet de récupérations complètes dans des délais très courts, comme c'est le cas de la figure d'Apollon qui deviendra par la suite une divinité augustéenne majeure.

Un ensemble supplémentaire de monnaies peut être ajouté aux thèmes populaires utilisés par plusieurs prétendants à la fois. Il s'agit d'une catégorie qui s'entendrait comme « populaire » plus par la pédagogie dont elle fait preuve que par des références à une idéologie spécifique. Il s'agit en effet des types utilisés pour rendre compte le plus clairement possible de la valeur des monnaies de bronze, dénominations frappées à nouveau par les césariens et Sextus Pompée après une éclipse de plusieurs décennies[105]. Sextus et Octavien choisissent ainsi de recourir aux types traditionnels

96. Le monnayage d'Octavien fait référence au thème de la victoire à de nombreuses occasions, notamment après 36 : Victoire (*RRC* 494, 25 et 33 ; *CRR* 1339 ; *RIC* I², 254 = 255, 256, 258 = 259, 260 = 261, 263, 264, 266, 268, 270 ; 276 ; *RRC* 546, 4-8 = *RIC* I², 531-5) ; trophée (*RRC* 497, 3 ; *RIC* I², 265, 273) ; arc de triomphe (*RIC* I², 267) ; Mars (*RRC* 494, 9 et 18 ; 497, 3 ; *RIC* I², 274). Sur l'importance qu'acquiert ce thème pour le Principat, voir notamment Roddaz 2006.

97. Victoire (*RRC* 502, 3 ; 504, 1 ; 507, 2) ; trophée (*RRC* 503, 1 ; 504, 1 ; 506, 2 ; 507, 1 ; 505, 4-5) ; aplustre (*RRC* 505, 1-2).

98. Lépide (*RRC* 494, 7) ; Sextus (*RRC* 511, 2) ; Antoine (*RRC* 489, 4-6 ; 494, 8 et 17 ; 545, 1-2 ; 546, 2-3 ; 536, 1-4 ; *RPC* I, 1291).

99. Fortuna (*RRC* 494, 4 ? ; 32-33 ; 516, 1-3 ; 525, 1) ; mains serrées (*RRC* 494, 10-12 ; 529, 4) ; *cornucopia* (*RRC* 494, 13-15 ; 32-33 ; 516, 4-5 ; 520 ; 525, 1 ; *RIC* I², 252 ; 253) ; caducée (*RRC* 520 ; 529, 2-4).

100. *RRC* 502, 1-3 ; 508, 1-2 ; cf. Laignoux 2012.

101. Sauron 2000, p. 30-31.

102. *RRC* 494, 5, datant de 42 et représentant Aion-Pantheos (cf. Alföldi 1956, p. 89 ; 1997, p. 7, 161), dont le caducée et la couronne radiée font référence à l'âge d'or ; *RRC* 496, 1-3 et 533, 3, représentant Sol.

103. Apollon : *RRC* 503, 1 ; 504, 1 ; 505, 1-5 ; 506, 2. Lyre ou trépied : *RRC* 498 ; 499, 1 ; 500, 1 ; 501, 1 ; 502,1-2 et 4. Sur cette place d'Apollon dans le monnayage républicain, voir Hollstein 1994 ; Laignoux 2012.

104. Mercure (*RIC* I², 257) ; Apollon (*RIC* I², 272) ; Terminus (*RIC* I², 269) ; Diane (*RIC* I², 273) ; Jupiter Ammon (*RPC* I, 879 ; *RRC* 546, 4 = *RIC* I², 535).

105. Pour une mise au point et un bilan historiographique à ce sujet, voir Laignoux 2014c, p. 160-161.

des petites monnaies romaines, Janus et la proue[106]. C'est ponctuellement la solution adoptée par Antoine[107], mais ce dernier, basé en Orient, fait plutôt développer une typologie originale, servant à éclairer et expliquer la valeur faciale de monnaies peu familières pour les populations des régions dans lesquelles elles sont frappées. Comme l'a montré M. Amandry, la série des bronzes antoniens frappés par Bibulus, Atratinus et Capito démontre un effort très clair de pédagogie : on peut citer l'exemple d'un sesterce qui présente au revers un quadrige d'hippocampes, un objet quadrangulaire et en légende l'indication HS et Δ, tous ces éléments venant souligner qu'un sesterce vaut bien 4 as[108].

Pour être complet, il faut souligner que même si la tendance générale est à une certaine homogénéisation des types monétaires, deux ensembles de types « populaires » restent quant à eux spécifiques à un clan politique. Le monnayage républicain est ainsi le seul à représenter, mais pas de manière prépondérante, l'idée de *libertas*[109], ce qui n'a rien d'étonnant dans la mesure où on retrouve là une des revendications évidentes des tyrannicides. Les césariens se distinguent par des thèmes faisant explicitement référence aux légions et à leurs symboles. Octavien émet un type représentant *aquila* et enseignes, ainsi que des monnaies commémorant des fondations coloniales[110]. Antoine fait frapper un abondant monnayage dit légionnaire[111], qui dénote évidemment une volonté marquée d'établir ou d'entretenir une relation particulière avec ses soldats.

L'analyse des « revendications de légitimité » adressées principalement aux soldats et transmises par les sources contemporaines conduit donc à constater une certaine homogénéité des messages d'un prétendant à l'autre, à quelques rares exceptions près. Cette indifférenciation relative des discours, qui peut paraître paradoxale ou étonnante, s'explique sans doute justement par le fait que cette communication politique des prétendants vise essentiellement un destinataire commun, les soldats. Si l'on compare avec d'autres discours contemporains, on remarque d'ailleurs que le ton et les arguments employés, par exemple par Antoine et Octavien en 44-43, sont beaucoup plus pacifiques dans leurs échanges avec le Sénat que lors des *contiones* militaires[112]. Le contexte d'énonciation, mais aussi le support des discours, influe donc fortement sur leur contenu. Sans surprise, les soldats sont donc les destinataires de discours distincts de ceux adressés aux sénateurs. Néanmoins, on doit souligner que ce ne sont finalement pas uniquement ni majoritairement des discours exaltant les vertus guerrières qui leur sont adressés, mais bien des discours renvoyant aux qualités de leurs chefs ou à des thèmes politiques plus généraux, ce qui confirme le statut nouveau acquis par les soldats dès cette époque comme segment stratégique du peuple.

106. Janus et la proue pour Sextus Pompée : *RRC* 478, 1 ; 479, 1 (Janus étant ici représenté sous les traits de Pompée, cf. *supra*). La proue uniquement pour Octavien : *RPC* I, 518.
107. *RRC* 530, 1 (= *RPC* I, 2226).
108. *RPC* I, 1453-70 ; 4088-93. Pour une analyse détaillée, voir Amandry 1986 ; 1987 ; 1990.
109. Allégorie de *Libertas* : *RRC* 498 ; 499, 1 ; 500, 2-5 ; 501, 1. Figure de L. Brutus : *RRC* 506, 1. Poignard et *pileus* : *RRC* 508, 3 et l'*aureus* correspondant, cf. Cahn 1989. Diadème défait : *RRC* 505, 3.
110. *RRC* 497, 3 ; *RRC* 525, 2 ; *RIC* I², 272.
111. *RRC* 544, 1-39 ; cf. Chitescu 1974.
112. À ce sujet, voir ma thèse en cours de publication.

Les relations que les chefs de guerre de la période entretiennent avec leurs soldats sont donc éminemment, et stratégiquement, construites. L'explication de l'adhésion et de la fidélité (toujours fragile) des soldats doit donc faire l'économie de l'idée de chefs au charisme inné ou touchés par la faveur divine, à qui l'on obéirait par la grâce de leur seule personnalité. L'obéissance et l'allégeance n'ont rien de naturel et elles sont dures à obtenir (même si certaines institutions sociales bien établies, comme la discipline militaire par exemple, peuvent y aider) : c'est ce que cette étude des pratiques de légitimation matérielle et symbolique des prétendants au pouvoir a tenté de montrer.

Chacun des prétendants au pouvoir s'efforce ainsi d'obtenir la faveur des militaires, sans jamais être sûr d'y parvenir. Cette sollicitation généralisée, permanente et systématique d'une ressource particulièrement cruciale (dans la mesure où elle sert à faire la guerre) contribue à faire des soldats un groupe privilégié au sein de la masse civique. Ceux-ci deviennent les citoyens par excellence, sans cesse sollicités par des discours politiques et plus particulièrement favorisés à cet égard que la plèbe urbaine elle-même. De plus, cette concurrence des prétendants pour l'accaparement de cette ressource rare que sont les soldats, conduit à leur « clientélisation » du fait de la privatisation et de la personnalisation des interactions entre les chefs et leurs troupes. Et la « mécanique » des guerres civiles, qui provoque l'éviction de tous les prétendants sauf un, aboutit ainsi *de facto* au « monopole clientélaire » qu'Octavien-Auguste peut s'assurer sur l'ensemble des soldats romains après Actium.

Par ailleurs, les stratégies utilisées pour tenter de s'assurer le soutien des soldats se fondent chez tous les prétendants sur un usage limité de la discipline et un emploi en revanche récurrent des dons matériels, mais aussi des pratiques discursives et symboliques. Tout se passe comme si les prétendants jugeaient que l'« achat » des soldats ne pouvait à lui seul garantir leur fidélité mais qu'il fallait en plus essayer de les convaincre. Ces tentatives de séduction des soldats passent par des messages, comme on l'a vu, à la fois relativement simples et généraux, mais aussi similaires d'un prétendant à l'autre.

Se pose dès lors, pour terminer, la question de l'efficacité et de l'impact de ces discours. Comme évoqué en introduction, il est impossible d'avoir accès aux croyances individuelles de ces soldats, mais quelques réflexions peuvent en revanche être faites sur les conditions de possibilité de la compréhension de ces messages. Si l'on pense par exemple aux « tracts » décrits plus haut, se pose notamment la question du niveau d'alphabétisation des soldats. On doit sans doute supposer, en suivant les analyses de M. Corbier à propos des inscriptions, que ces textes devaient être écrits dans un style simple et étaient lisibles par la plupart grâce à « un niveau d'alphabétisation pauvre, largement répandue[113] ». Certains officiers pouvaient jouer un rôle d'intermédiaires et de traducteurs de ces messages.

Les discours monétaires posent peut-être encore plus fortement le problème de la « lisibilité » du message. Comme souligné par P. Veyne[114], les images du pouvoir ne sont pas forcément décodées aisément par les masses, ni même destinées à l'être. Elles sont peut-être avant tout des justifications adressées par les gouvernants à eux-

113. Corbier 1987, p. 57-59, un niveau d'alphabétisation satisfaisant étant sans doute relativement peu répandu dans la population (cf. Harris 1983).

114. Veyne 1990.

mêmes ou aux élites. Tout en soulignant également que les abréviations des légendes monétaires de la fin de la République n'étaient certainement pas accessibles à tous, T. Hölscher a mis en évidence que certaines monnaies pouvaient aussi reprendre des images plus simples à décrypter en revanche, comme par exemple les aigles et les étendards du monnayage légionnaire d'Antoine[115]. Néanmoins, même ces messages simples ne sont pas gages d'efficacité car rien ne permet de dire que leur signification s'imposerait à leurs destinataires, en l'occurrence les soldats : ceux-ci peuvent très bien ne leur accorder qu'une attention « oblique » ou « nonchalante », pour reprendre les qualificatifs de R. Hoggart à propos des publics populaires britanniques du XXe siècle, moins dupes et moins passifs que certains ne l'imaginent[116].

Car on peut en effet constater, pour finir, que les soldats se font eux-mêmes, entre 44 et 30, les acteurs de très nombreuses pratiques de reconnaissance ou de rejet des prétendants : réactions informelles lors des *contiones*, acclamations impératoriales, mutineries, défections... Même si les prétendants au pouvoir exercent toujours une influence déterminante par leur pouvoir de convocation ou de contrôle, qui leur permet de susciter en partie les attestations de légitimité qu'ils recherchent, les « agents de légitimation » que sont les soldats disposent paradoxalement, d'une certaine indépendance et d'un certain pouvoir collectif : les différentes mutineries ainsi que les défections attestées prouvent que les soldats disposent d'une marge de manœuvre importante, qui les autorise à ne pas toujours fournir les attestations de légitimité réclamées par leurs chefs. Ainsi, les pratiques de légitimation des chefs envers leurs troupes ne sont jamais totalement assurées de rencontrer le succès. L'adhésion et l'engagement des soldats restent une denrée fragile, ce qui explique sans doute la multiplication de ces pratiques de légitimation des chefs durant la période.

Raphaëlle Laignoux
université Paris 1 Panthéon-Sorbonne
UMR AnHiMA

Bibliographie

Abréviations

CRR = Sydenham E. A. (1952), *The Coinage of the Roman Republic*, Londres, Spink and Son.

RIC I² = Sutherland C. H. V. (1984), *The Roman Imperial Coinage*, t. 1. *From 31 BC to AD 69*, Londres, Spink and Son.

RPC I = Burnett A., Amandry M., Pau Ripollès P. (dir.) (1992), *Roman Provincial Coinage*, t. 1. *From the Death of Caesar to the Death of Vitellius (44 BC-AD 69)*, Londres / Paris, British Museum Press / BnF.

RRC = Crawford M. H. (1974), *Roman Republican Coinage*, Cambridge, Cambridge UP.

115. Hölscher 1984.
116. Hoggart 1970 [1957].

Études

Alföldi A. (1956), « The main aspects of political propaganda on the coinage of the Roman Republic », dans Carson R. A. G., Sutherland C. H. V. (dir.), *Essays in Roman Coinage Presented to Harold Mattingly*, Oxford, Oxford UP, p. 63-95.

—. (1997), *Redeunt Saturnia Regna*, Bonn, Dr. Rudolf Habelt GMBH.

Amandry M. (1986), « Le monnayage en bronze de Bibulus, Atratinus et Capito. Une tentative de romanisation en Orient », *SNR*, 65, p. 73-104.

—. (1987), « Le monnayage en bronze de Bibulus, Atratinus, Capito, II », *SNR*, 66, p. 101-134.

—. (1990), « Le monnayage en bronze de Bibulus, Atratinus et Capito, III », *SNR*, 69, p. 65-102.

Ando C. (2000), *Imperial Ideology and Provincial Loyalty in the Roman Empire*, Berkeley / Londres, University of California Press.

Assenmaker P. (2007), « CAESAR DIVI F et IMP CAESAR. De la difficulté de dater des émissions monétaires », dans Moucharte G., Borba Florenzano M. B., Callataÿ F. de, Marchetti P., Smolderen L., Yannopoulos P. (dir.), *Liber amicorum Tony Hackens*, Louvain-la-Neuve, Association de numismatique Professeur Marcel Hoc, p. 159-177.

Azoulay V. (2004), *Xénophon et les grâces du pouvoir. De la* charis *au charisme*, Paris, Publications de la Sorbonne.

—. (2014), « Le charisme wébérien à l'épreuve du monde grec : plaidoyer pour un ajustement réciproque », dans Bernardou *et al.* 2014, p. 169-188.

Bastien J.-L. (2007), *Le triomphe romain et son utilisation politique à Rome aux trois derniers siècles de la République*, Rome / Paris, ÉfR / de Boccard.

Beetham D. (1991), *The Legitimation of Power*, Londres, Macmillan.

Bernadou V. *et al.* (2014), Blanc F., Laignoux R., Roa Bastos F. (dir.), *Que faire du charisme ? Retours sur une notion de Max Weber*, Rennes, PUR.

Bernareggi E. (1973), « La monetazione in argento di Marco Antonio », *NAC*, 2, p. 63-105.

Bengtson H. (1974), « Zum Partherfeldzug des Antonius », *SBAW*, 1, p. 1-48.

Botermann H. (1968), *Die Soldaten und die römische Politik in der Zeit von Caesars Tod bis zur Begründung des zweiten Triumvirats*, Munich, Beck.

Briquet J.-L., Sawicki F. (dir.) (1998), *Le clientélisme politique dans les sociétés contemporaines*, Paris, PUF.

Bruhns H. (2000), « Le charisme en politique : idée séduisante ou concept pertinent ? », *Les Cahiers du Centre de Recherches Historiques*, 24 [URL : http://ccrh.revues.org/1882].

—. (2003), « Crise de la république romaine ? Quelle crise ? », dans Franchet d'Espèrey S., Fromentin V., Gotteland S., Roddaz J.-M. (dir.), *Fondements et crises du pouvoir*, Bordeaux, Ausonius, De Boccard, p. 365-378.

—. (2014), « Retour pratique sur la notion de "charisme" chez Max Weber », dans Bernardou *et al.* 2014, p. 149-167.

Bruhns H., David J.-M., Nippel W. (dir.) (1997), *Die späte römische Republik. La fin de la République romaine. Un débat franco-allemand d'histoire et d'historiographie*, Rome, ÉfR.

Brunt P. A. (1971), *Italian Manpower, 225 BC-AD 14*, Oxford, Clarendon Press.

—. (1988), *The Fall of the Roman Republic*, Oxford, Clarendon Press.

Buttrey T. V. (1960), « The *Pietas Denarii* of Sextus Pompey », *NC*, s. 6, 20, p. 83-101.

Cadiou F. (2008), Hibera in terra miles. *Les armées romaines et la conquête de l'Hispanie sous la République (218-45 av. J.-C.)*, Madrid, Casa de Velázquez.

—. (2009), « Le service militaire et son impact sur la société à la fin de l'époque républicaine : un état des recherches récentes », *CGG*, 20, p. 157-171.

Cagniart P. (2007), « The late Republican army (146-30 BC) », dans Erdkamp P. (dir.), *A Companion to the Roman Army*, Oxford, Blackwell, p. 80-95.

Cahn H. A. (1989), « EIDibus MARtiis. *Aurei und Denare* », *NAC*, 18, p. 211-232.

Callataÿ F. de (2000), « Guerres et monnayages à l'époque hellénistique. Essai de mise en perspective suivi d'une annexe sur le monnayage de Mithridate VI Eupator », dans

Andreau J., Briant P., Descat R. (dir.), *Économie antique. La guerre dans les économies antiques. Entretiens d'archéologie et d'histoire*, Saint-Bertrand-de-Comminges, Musée archéologique départemental, p. 337-364.

Chitescu M. (1974), « À propos des monnaies frappées par Marc-Antoine pour ses légions », *Dacia*, 18, p. 147-153.

Christ K. (1979), *Krise und Untergang der römischen Republik*, Darmstadt, Wissenschaftliche Buchgesellschaft.

Corbier M. (1987), « L'écriture dans l'espace public romain », dans *L'Urbs. Espace urbain et histoire (Ier siècle av. J.-C.-IIIe siècle apr. J.-C.)*, Rome, ÉfR, p. 27-60.

Cosme P. (2014), *Auguste, maître du monde. Actium, 2 septembre 31 av. J.-C.*, Paris, Tallandier.

Cotteret J.-M. (1991), *Gouverner c'est paraître. Réflexions sur la communication politique*, Paris, PUF.

Cresci Marrone G. (2005), « 'Voi che siete popolo...' Popolo ed esercito nella concezione cesariana ed augustea », dans Urso G. (dir.), *Popolo e potere nel mondo antico*, Pise, ETS, p. 157-172.

David J.-M. (1995), « Le chef et sa troupe », dans Dupont F. (dir.), *Paroles romaines*, Nancy, PU de Nancy, p. 35-42.

—. (2000), « Les *contiones* militaires des Colonnes trajane et aurélienne : les nécessités de l'adhésion », dans Huet V., Scheid J. (dir.) (2000), *Autour de la Colonne aurélienne. Geste et image sur la colonne de Marc Aurèle à Rome*, Turnhout, Brepols, p. 213-226.

—. (2014), « Rome et l'Italie de la guerre sociale à la mort de César : une nouvelle citoyenneté. État de la recherche », *Pallas*, 96, p. 35-52.

Delporte C. (2003), « Pour une histoire de la propagande et de la communication politique », *Vingtième Siècle. Revue d'histoire*, 80, p. 3-4.

—. (2007), *La France dans les yeux. Une histoire de la communication politique de 1930 à nos jours*, Paris, Flammarion.

Deniaux E. (1993), *Clientèles et pouvoir à l'époque de Cicéron*, Rome, ÉfR.

Dobry M. (2003), « Légitimité et calcul rationnel. Remarques sur quelques "complications" de la sociologie de Max Weber », dans Favre P., Hayward J. E. S., Shemeil Y. (dir.), *Être gouverné : études en l'honneur de Jean Leca*, Paris, PFNSP, p. 127-150.

Ferriès M.-C. (2007), *Les partisans d'Antoine (des orphelins de César aux complices de Cléopâtre)*, Paris / Bordeaux, De Boccard / Ausonius.

Gabba E. (1969), « Lo svolgimento militare della guerra di Perugia », *RÉL, Mélanges Durry*, 47bis, p. 215-223.

Giard J.-B. (1976), *Catalogue des monnaies de l'Empire romain*, I. *Auguste*, Paris, Bibliothèque nationale.

Girardet K. M. (1990), « Der Rechtsstatus Oktavians im Jahre 32 v. Chr. », *RhM*, 133, p. 322-351.

Gruen E. S. (1974), *The last Generation of the Roman Republic*, Berkeley / Londres, University of California Press.

Hahn I. (1969), « Die Legionsorganisation des zweiten Triumvirats », *AantHung*, 17, p. 199-222.

Harris W. V. (1983), « Literacy and Epigraphy, I », *ZPE*, 52, p. 87-111.

Héran F. (1986), « Le rite et la croyance », *Revue française de sociologie*, 27/2, p. 231-263.

Hoggart R. (1970 [1957]), *La culture du pauvre*. Étude sur le style de vie des classes populaires en Angleterre, Paris, Éditions de Minuit.

Hölkeskamp K.-J. (dir.) (2009), *Eine politische Kultur (in) der Krise. Die « letzte Generation » der römischen Republik*, Munich, R. Oldenbourg Verlag.

Hollstein W. (1994), « Apollo und Libertas in der Münzprägung des Brutus und Cassius », *JNG*, 44, p. 113-133.

Hölscher T. (1984), *Staatsdenkmal und Publikum : vom Untergang der Republik bis zur Festigung des Kaisertums in Rom*, Konstanz, Universitätsverlag Konstanz.

Hurlet F., Mineo B. (dir.) (2009), *Le principat d'Auguste. Réalités et représentations du pouvoir. Autour de la* res publica restituta, Rennes, PUR.

Jal P. (1962), « Le "soldat des Guerres Civiles" à Rome à la fin de la République et au début de l'Empire », *Pallas*, 11, p. 7-27.

Keaveney A. (2007), *The Army in the Roman Revolution*, Londres / New York, Routledge.

Keppie L. (1983), *Colonisation and Veteran Settlement in Italy 47-14 BC*, Londres, British School at Rome.

—. (1984), *The Making of the Roman Army. From Republic to Empire*, Londres, B.T. Batsford Ltd.

Kraft K. (1969), *Zur Münzprägung des Augustus*, Wiesbaden, Frank Steiner.

Lagroye J. (1985), « La légitimation », dans Grawitz M., Leca J. (dir.), *Traité de science politique*, t. 1, Paris, PUF, p. 395-467.

Laignoux R. (2010), « Conflits de légitimité et rassemblements de foule durant la période triumvirale : acclamations, serments et cortèges », *Hypothèses*, p. 51-63.

—. (2011), « L'utilisation du sacré et la légitimation du pouvoir pendant le Triumvirat : quelques pistes de recherche pour les années 44-42 av. J.-C. », *Cahiers Mondes anciens*, 2 (URL : http://mondesanciens.revues.org/index360.html).

—. (2012), « Le monnayage de Brutus et Cassius après la mort de César », dans Holmes N. (dir.), *Proceedings of the XIVth International Numismatic Congress (Glasgow 2009)*, Glasgow / Londres, Spink, p. 785-793.

—. (2014a), « Pour une réévaluation du charisme et de ses usages en sciences sociales », dans Bernadou *et al.* 2014, p. 13-25.

—. (2014b), « Des guerres à prix d'or : multiplication et cérémonialisation des distributions exceptionnelles à la fin de la République », dans Reddé M. (dir.), *De l'or pour les braves ! Soldes, armées et circulation monétaire dans le monde romain*, Bordeaux, Ausonius, p. 199-227.

—. (2014c), « Frapper monnaie entre 49 et 31 av. J.-C. : les guerres civiles romaines comme laboratoire d'unification monétaire », dans Dubouloz J., Pittia S., Sabatini G. (dir.), *L'*imperium Romanum *en perspective. Les savoirs d'Empire dans la République romaine et leur héritage dans l'Europe médiévale et moderne*, Besançon, PU de Franche-Comté, p. 147-169.

—. (2015), « Politique de la terre et guerre de l'*ager* à la fin de la République. Ou comment César et les triumvirs ont inventé des terres pour leurs vétérans », *MÉfRA*, 127 / 2, 2015 (URL : http://mefra.revues.org/3064).

Lécrivain V. (dir.) (2007), *Clientèle guerrière, clientèle foncière et clientèle électorale. Histoire et anthropologie*, Dijon, Éditions universitaires de Dijon.

Lo Cascio E. (1982), « Spesa militare, spesa dello stato e volume delle emissioni nelle tarda repubblica », *AIIN*, 29, p. 75-97.

Mariot N. (2006), *Bains de foule. Les voyages présidentiels en province, 1888-2002*, Paris, Belin.

Martini R. (1995), *Monetazione bronzea romana tardo-repubblicana*, t. II. *Sextus Pompeius. Le emissioni hispaniche del tipo CN. MAG, le serie di Eppius e gli « assi » siciliani*, Milan, Ennerre.

Mauss M. (2007[1923]), *Essai sur le don : forme et raison de l'échange dans les sociétés archaïques*, Paris, PUF.

Meier C. (1966), *Res publica amissa. Eine Studie zur Verfassung und Geschichte der späten römischen Republik*, Wiesbaden, Franz Steiner.

Moatti C. (1997), *La raison de Rome*, Paris, Seuil.

Perelli L. (1994), *La corruzione politica nell'antica Roma*, Milan, Rizzoli.

Phang S. E. (2008), *Roman Military Service. Ideologies of Discipline in the late Republic and Early Principate*, Cambridge, Cambridge UP.

Pina Polo F. (1989), *Las contiones civiles y militares en Roma*, Saragosse, Universidad de Zaragoza.

Rich J. W., Williams J. H. C. (1999), « *Leges et Ivra P. R. Restitvit*: a new aureus of Octavian and the settlement of 28-27 BC », *NC*, 159, p. 169-213.

Roa Bastos F. (2014), « En finir avec le charisme ? », dans Bernardou *et al.* 2014, p. 217-235.

Roddaz J.-M. (2000), « L'héritage », dans Hinard F. (dir.), *Histoire romaine*, t. I. *Des origines à Auguste*, Paris, Fayard, p. 825-912.

—. (2006), « La diffusion du thème de la victoire dans l'Occident romain », dans Navarro Caballero M., Roddaz J.-M. (dir.), *La transmission de l'idéologie impériale dans l'Occident romain*, Bordeaux / Paris, Ausonius / de Boccard, p. 35-47.

Rosillo López C. (2010), *La corruption à la fin de la République romaine (IIe-Ier s. av. J.-C.)*, Stuttgart, Franz Steiner Verlag.

Sauron G. (2000), *L'histoire végétalisée. Ornement et politique à Rome*, Paris, Picard.

Schmitthenner W. (1958), « Octavian's militärische Unternehmungen in den Jahren 35-33 v. Chr. », *Historia*, 7, p. 189-236.

—. (1960), « Politik und Armee in der späten römischen Republik », *HZ*, 190, p. 1-17.

Suspène A. (2008), « Les effigies monétaires romaines et l'apparition du portrait de César : problèmes légaux et politiques », *RÉA*, 110, p. 461-481.

Sutherland C. H. V. (1976), « Octavian's Gold and Silver Coinage from c. 32 to 27 BC », *NAC*, 5, p. 129-157.

Syme R. (1939), *The Roman Revolution*, Oxford, Oxford UP.

Veyne P. (1976), *Le pain et le cirque. Sociologie historique d'un pluralisme politique*, Paris, Seuil.

—. (1990), « Propagande expression roi, image idole oracle », *L'Homme*, 114, XXX (2), p. 7-26.

Wallmann P. (1975), « Untersuchungen zu militärischen Problemen des Perusinischen Krieges », *Talanta*, 6, p. 58-91.

Weber M. (1995 [1922]), *Économie et société*, Paris, Pocket.

Weber G., Zimmermann M. (dir.) (2003), *Propaganda – Selbstdarstellung – Repräsentation im römischen Kaiserreich des I. Jhs. n. Chr.*, Stuttgart, Franz Steiner Verlag.

Woytek B. (2003), Arma et nummi. *Forschungen zur römischen Finanzgeschichte und Münzprägung der Jahre 49 bis 42 v. Chr.*, Vienne, Verlag der Osterreichischen Akademie der Wissenschaften.

Yavetz Z. (1990 [1983]), *César et son image. Des limites du charisme en politique*, Paris, Les Belles Lettres.

Dorian Bocciarelli

La légitimation de l'empereur par le *consensus exercituum* pendant l'année des Quatre Empereurs

L'année 68 après J.-C. marque le début de la plus importante crise de succession que le principat ait alors vécue : la seule année 69 a connu quatre princes, Galba, Othon, Vitellius et Vespasien, dont les trois premiers ont été tués ou contraints au suicide par leur successeur[1]. En outre, un problème de légitimité se posait, dans la mesure où, pour la première fois depuis l'instauration du nouveau régime, l'empereur n'appartenait pas à la famille des Julio-Claudiens[2]. Par conséquent, c'est ailleurs qu'il a fallu chercher un processus de légitimation à l'avènement de chacun des empereurs de l'année 69 après J.-C. Dans le bilan qu'il a dressé de son action politique[3], Auguste faisait du *consensus uniuersorum* une des principales sources de sa légitimité de prince[4]. Le consensus des armées, et principalement celui des prétoriens, n'en était qu'une composante ; il fallait y ajouter la reconnaissance du Sénat et du Peuple romain. Au cours des deux années qui ont suivi la mort de Néron et pour la première fois dans l'histoire du principat, les légions cantonnées dans les provinces[5] ont non seulement joué un rôle primordial dans l'élection des empereurs, mais elles leur ont donné une légitimité que les quatre princes ont revendiquée de manières diverses.

Nous dresserons d'abord un tableau des forces militaires en présence durant l'année 69 après J.-C., en remarquant qu'elles ont quasi toutes joué un rôle dans la guerre civile. Sans nous arrêter à l'histoire militaire d'une période riche en batailles, nous soulignerons que les forces armées ont apporté la victoire à leur candidat, mais aussi sa légitimité à la tête de l'empire, grâce au *consensus exercituum*. Enfin, nous verrons à quel titre les empereurs de cette période ont pu revendiquer ce consensus des armées, et les moyens dont ils ont usé pour le conserver.

1. Cosme 2012 ; Morgan 2006 ; Le Bohec 2002 ; Benoist 2001 ; Wiedemann 1996 ; Le Roux 1994 ; Murison 1993 ; Sancery 1983 ; Nicolas 1978 ; Wellesley 1975 ; Greenhalgh 1975 ; Chilver 1970-1971.
2. Suet., *Galba* 1, 1 : *progenies Caesarum in Nerone defecit* ; *ibid.* 2. Plutarque, *Galba* 3, 2, commet une erreur en prétendant que Galba avait un lien de parenté avec Livie ; il confond en fait l'épouse d'Auguste et la seconde épouse du père de Galba, qui portaient le même nom. Sur la question de la légitimation par l'appartenance à la *domus Augusta*, voir Suspène 2010 ; Moreau 2009 ; 2005 ; Corbier 1995.
3. Scheid 2007.
4. Auguste, *Res Gestae Diui Augusti* 34. Sur ce point, voir Scheid 2007, p. 82-87.
5. Concernant l'histoire des légions, nous renvoyons à deux ouvrages ainsi qu'à leur bibliographie : Le Bohec, Wolff 2000 ; Ritterling 1924.

Le poids des légions dans le conflit des années 68-69 après J.-C.

À la fin de l'année 69, après que Vespasien a été reconnu par le Sénat, le nombre de légions réparties dans l'Empire s'élevait à trente[6]. Aux forces légionnaires, il faut ajouter les troupes auxiliaires, moins précisément évoquées et nommées par les sources textuelles ou numismatiques, mais dont le nombre d'hommes était sans doute supérieur au nombre total de légionnaires dans l'empire[7]. Chacune de ces légions a contribué, d'une manière plus ou moins directe, à faire un empereur : Galba, l'année précédente, avait été proclamé par la légion qui était cantonnée en Citérieure, la légion VI *Victrix*, accompagnée de deux ailes de cavalerie et de trois cohortes[8]. Il avait rapidement procédé à la levée d'une seconde légion, la VII *Galbiana*[9], pour l'accompagner dans sa marche vers Rome, mais il l'avait ensuite envoyée en Pannonie[10] prendre la place de la X *Gemina*, qui était elle-même retournée en Citérieure[11].

À cette époque, l'armée rhénane, qui passait pour la plus puissante[12], était constituée de sept légions : dans le district de Germanie Inférieure se trouvaient la légion I, à Bonn[13], la V *Alaudae* et la XV *Primigenia* dans le double camp de Vetera[14], la légion XVI à Novaesium[15]. Dans le district de Germanie Supérieure, les légions IV *Macedonica* et XXII *Primigenia* étaient cantonnées à Mogontiacum[16], tandis que la XXI *Rapax* se trouvait à Vindonissa[17]. Quand Vitellius fut nommé par Galba légat de Germanie Inférieure, il y trouva, en raison de la rivalité qui existait entre les légions, des troupes mal disposées envers le nouvel empereur que la seule légion VI *Victrix* avait proclamé[18]. Lorsque les armées du Rhin refusèrent de prêter serment à Galba et qu'elles proclamèrent Vitellius empereur dans les premiers jours de janvier 69[19], elles furent rapidement rejointes par la légion I *Italica* et par l'aile de cavalerie *Tauriana*, cantonnées à Lyon, par les troupes de Rétie et par les trois légions de Bretagne, la II *Augusta*, la IX *Hispana* et la XX *Valeria Victrix*[20], qui lui envoyèrent chacune des détachements[21]. Vitellius fit alors marcher deux armées en direction de Rome, comptant 70 000 hommes au total[22]. Après la victoire de l'armée vitellienne sur Othon, qui avait

6. Morgan 2006, p. 291.
7. Spaul 1994 ; 2000 ; Tentea, Matei-Popescu 2004 ; Holder 1980.
8. Suet., *Galba* 10, 2 ; Dion Cassius 63, 27, 1.
9. Suet., *Galba* 10, 2 ; Tac., *Hist.* 2, 11, 2 ; Le Roux 2000.
10. Tac., *Hist.* 2, 11, 2. Gómez-Pantoja 2000a.
11. Tac., *Hist.* 2, 58, 5 ; 3, 44, 1.
12. Plutarque, *Galba* 6, 3.
13. Tac., *Hist.* 4, 25, 1 : *Bonam, hiberna primae legioni, uentum.*
14. Franke 2000a ; Le Bohec 2000.
15. Ritterling 1924, col.1761-1764.
16. Franke 2000b ; Gómez-Pantoja 2000b ; Tac., *Hist.*, 1, 55, 3.
17. Bérard 2000.
18. Suet., *Galba* 16, 4 : *displicere imperatorem in Hispania factum*... ; Suet., *Vit.* 7, 5 ; Plutarque, *Galba* 22, 8 ; Dion Cassius 64, 4, 1. Sur la légion VI *Victrix*, voir Le Roux 1982.
19. Tac., *Hist.* 1, 55-57 ; Plutarque, *Galba* 22-23 ; Suétone, *Otho* 8, 1 ; *Vit.* 8, 2.
20. Tac., *Hist.* 1, 59, 4. Sur les légions de Bretagne, voir Keppie 2000 ; sur la légion *I Italica*, voir Absil 2000 ; Kolendo 1977.
21. Tac., *Hist.* 3, 22, 2.
22. Tac., *Hist.* 1, 61, 2 ; Suet., *Vit.* 9, 1.

entre-temps fait tuer Galba pour prendre sa place, Tacite décrit l'entrée du nouvel empereur à Rome, accompagné de ses légions et de ses auxiliaires[23] :

> En tête s'avançaient les aigles de quatre légions, sur les côtés les étendards appartenant aux détachements de quatre autres légions, puis les enseignes de douze ailes de cavalerie ; après les lignes d'infanterie venait la cavalerie, puis trente-quatre cohortes d'infanterie auxiliaire distinguées d'après le nom de leur nation ou l'aspect de leur armement[24].

Othon n'avait pu opposer à cette puissante armée que la légion I *Adiutrix*[25], cinq cohortes prétoriennes et quelque deux mille gladiateurs[26] ; tous ses espoirs reposaient sur l'arrivée des quatre légions de Dalmatie et de Pannonie qui lui avaient juré obéissance[27]. Mais les quelques détachements qu'elles avaient envoyés ne purent repousser les troupes nombreuses de Vitellius avant que le gros de l'armée de l'Illyricum n'arrive[28].

Craignant des représailles de la part de Vitellius, les trois légions de Mésie (la III *Gallica*, la VII *Claudia Pia Fidelis*[29] et la VIII *Augusta*[30]), les deux légions de Pannonie (la XIII *Gemina*[31] et la VII *Galbiana*) et les deux légions de Dalmatie (la XI *Claudia Pia Fidelis* et la XIV *Gemina*[32]) se rangèrent du côté de Vespasien[33], déjà fort du ralliement de toutes les légions cantonnées en Orient : les légions III *Cyrenaica* et XXII *Deiotariana* en Égypte[34] ; les légions IV *Scythica*, VI *Ferrata* et XII *Fulminata* en Syrie[35] ; les légions V *Macedonica*, X *Fretensis* et XV *Apollinaris* en Judée[36]. Au total, Vespasien pouvait compter sur quinze légions.

Même s'il a pu arriver que certaines d'entre elles n'interviennent pas directement dans un conflit, comme il semble que ce soit le cas de la légion IV *Scythica*, cantonnée en Syrie, elles ont tout de même permis à d'autres de marcher vers l'Italie ou d'envoyer des détachements : dans le cas de la légion que nous venons de mentionner, le fait qu'elle soit restée dans la province de Syrie a sans doute permis à Mucien de partir à la tête de la légion VI *Ferrata* et de treize mille vexillaires pour contribuer à la victoire de Vespasien[37] sans laisser la province sans force militaire.

23. Cosme 2012, p. 147-148 : l'auteur essaie de reconnaître plus précisément les auxiliaires que Tacite mentionne sans les nommer.
24. Tac., *Hist.* 2, 89, 2.
25. Lörincz 2000.
26. Tac., *Hist.* 2, 11, 5 ; Plutarque, *Othon* 10, 5 ; 12, 7-8.
27. Tac., *Hist.* 1, 76, 1 ; Suet., *Otho* 9, 4 ; Plutarque, *Othon* 8, 2.
28. Suet., *Vesp.* 6, 2.
29. Sur les légions III *Gallica* et VII *Claudia Pia Fidelis*, voir Piso 2000 ; Le Bohec, Wolff 2000 ; plus précisément, sur la III *Gallica*, Dabrowa 2000a. Voir aussi Dion Cassius 65, 14, 3.
30. Reddé 2000.
31. Wolff 2000a.
32. Fellmann 2000 ; Franke 2000c.
33. Tac., *Hist.* 2, 85-86 ; Suet., *Vesp.* 6, 4.
34. Wolff 2000b ; Daris 2000.
35. Speidel 2000 ; Cotton 2000 ; Bertrandy, Rémy 2000.
36. Tac., *Hist.* 2, 76, 12. Dabrowa 2000b ; Wheeler 2000. Du reste, Vespasien disposait pour réprimer la révolte des Juifs de huit ailes de cavalerie et de dix cohortes d'auxiliaires (Suet., *Vesp.* 4, 12). Tacite dénombre neuf légions favorables à Vespasien en Orient, dont quatre en Syrie (Tac., *Hist.* 2, 4 ; 2, 6 ; 2, 76). En fait, la III *Gallica* avait été récemment envoyée de Syrie vers la Mésie, mais Mucien la comptait quand même parmi ses forces (Tac., *Hist.* 2, 74).
37. Tac., *Hist.* 2, 83, 1 ; 3, 46, 5 ; Suet., *Vesp.* 6, 6-7.

Le nombre de légions et la puissance militaire ont évidemment permis à leur commandant de s'imposer et de remporter la victoire sur leur adversaire. Un type monétaire commun aux quatre empereurs de l'année 69 montre d'ailleurs la déesse Victoria sur un globe tandis que la légende de revers mentionne explicitement le nom de chaque empereur. Mais l'adhésion des armées à la cause de l'empereur lui donne également sa légitimité, et, une fois la victoire remportée, le *consensus exercituum* apparaît comme la première étape du *consensus uniuersorum*.

La légitimation par le *consensus exercituum*

En s'appuyant sur les travaux d'E. Flaig[38], F. Hurlet décrit le principat « comme un *Akzeptanz-System* qui aurait reposé non pas sur une prétendue légitimité du pouvoir impérial, mais sur l'adhésion à la personne même du prince », reposant sur « un accord entre le prince et les principales forces en présence dans la société romaine : en l'occurrence, l'armée, le Sénat et la plèbe urbaine, qui pouvaient marquer leur ralliement respectivement par l'acclamation, le sénatus-consulte et la loi comitiale »[39]. En s'appuyant sur les travaux de J. Kromayer[40] et en les prolongeant, J. Scheid a pour sa part reconstitué un scénario d'investiture des premiers empereurs du principat dont il établit d'une manière chronologique les différentes étapes[41] : il appartient en tout premier lieu aux prétoriens d'acclamer le futur prince. Ensuite, le Sénat approuve leur choix en donnant à l'élu le titre d'*imperator*, et propose de convoquer des comices pendant lesquels la puissance tribunicienne, l'*imperium* proconsulaire et d'autres prérogatives seront accordés. On voit donc que c'est aux prétoriens qu'il appartient de proposer leur candidat, et que le Sénat et le Peuple ratifient leur choix. Cet accord entre trois entités forme le *consensus uniuersorum*[42], l'accord unanime, qui constitue, toujours selon J. Scheid, « l'un des fondements du pouvoir impérial, et pour ainsi dire sa seule légitimité »[43].

Comme pour les princes précédents, l'acclamation par les soldats des empereurs des années 68-69 après J.-C. est confirmée par les sources : Galba a été proclamé par la légion VI *Victrix*[44] en Citérieure avant d'être reconnu par le Sénat à Rome[45] et qu'une députation ne lui soit envoyée à Narbonne[46] ; Othon a été salué dans le camp des prétoriens à Rome[47] ; de la même manière, c'est les légions du Rhin qui ont nommé

38. Flaig 1992.
39. Hurlet 2002, p. 166.
40. Kromayer 1888.
41. Scheid 1992. Nous renvoyons également à l'ouvrage fondamental de P. Grenade, Grenade 1961, notamment aux p. 261-300. Cf. également Parsi 1963.
42. Sur la notion de *consensus uniuersorum*, voir Hurlet 2009 ; Lobur 2008 ; Solmy Fauque de Jonquières 2008 ; Rouvier 1963.
43. Scheid 2007, p. 86.
44. Suétone, *Galba* 10, 1 ; Plutarque, *Galba* 5, 1 ; Dion Cassius 63, 27, 1.
45. Plutarque, *Galba* 7, 2 : τὸ στράτευμα πρῶτον, εἶθ' ὁ δῆμος καὶ ἡ σύγκλητος αὐτοκράτορα τὸν Γάλβαν ἀναγορεύσειεν... ; 7, 5 ; Dion Cassius 63, 27, 2b.
46. Plutarque, *Galba* 11, 1 ; Dion Cassius 63, 29, 6.
47. Suet., *Otho* 6, 6-7 ; Tac., *Hist.* 1, 27-28 ; Plutarque, *Galba* 25, 4-6.

Vitellius *imperator* à Cologne dans les tous premiers jours de janvier 69[48], alors que le Sénat ne l'a reconnu qu'après sa victoire à Bédriac, quelque trois mois après[49]. Enfin, c'est l'*exercitus* de Mésie et d'Orient qui a choisi de proclamer Vespasien empereur[50], alors qu'il se trouvait en Judée et bien avant sa victoire sur Vitellius et sa reconnaissance par le Sénat en décembre[51].

La situation particulière des années 68-69 donne plus d'importance à la première étape de l'investiture du prince, c'est-à-dire à l'acclamation par les militaires, en même temps qu'elle lui donne une inflexion différente de ce qui s'était passé sous les Julio-Claudiens : comme les candidats se trouvaient dans des provinces lointaines – et il n'y avait qu'Othon qui ait été nommé à Rome – l'acclamation constitue le seul gage de légitimité dont pouvait se prévaloir les trois légats consulaires. Pour obtenir l'acclamation du Sénat et sa validation par une loi comitiale, les légats insurgés devaient au moins attendre que l'empereur à Rome ait été déclaré ennemi public (ce qui a été le cas pour Néron au moment de la révolte de Galba)[52], ou qu'il disparaisse d'une manière ou d'une autre (comme Galba, Othon, puis Vitellius). Du reste, les Actes des arvales précisent que les prêtres ont accompli un sacrifice pour la collation de la puissance tribunicienne de Vitellius le 30 avril 69[53], soit deux mois et demi environ avant son entrée dans Rome[54]. Cela prouve que la présence physique du nouvel empereur dans la capitale n'était pas une condition absolument nécessaire à l'acclamation impératoriale par le Sénat et à sa confirmation par la plèbe urbaine. Donc, en attendant que l'empereur officiel soit vaincu, la seule légitimité des candidats à l'empire reposait sur le consensus de l'armée. Cela a pu donner lieu à une sorte de guerre de l'image, où les mêmes motifs étaient utilisés par des rivaux, comme c'est le cas sur les deniers anonymes frappés par Vindex semblant répondre à l'appel à la fidélité de l'armée lancé par Néron (**fig. 1-2**).

Par ailleurs, alors que c'était les prétoriens qui avaient proclamé Caligula, Claude et Néron[55], la période de la guerre civile voit les légions stationnées dans les provinces les remplacer pour jouer le premier rôle dans le processus d'acclamation impériale, révélant à Tacite ce « secret » : un empereur pouvait être fait ailleurs qu'à Rome[56].

Galba, soucieux de préserver l'*auctoritas* du Sénat et pour que sa légitimité ne parût pas usurpée, différa de prendre les noms d'*imperator* et de Caesar, et se proclama *legatus Senatus ac populi Romani*[57] : c'était une manière habile d'anticiper sur la reconnaissance effective du Sénat et de la plèbe urbaine, une fois qu'il serait arrivé à Rome, et d'ajouter leur consensus à celui des légionnaires de la légion VI *Victrix*. En

48. Tac., *Hist.* 1, 55-57 ; Suet., *Galba* 16, 4 ; *Otho* 8, 1 ; *Vit.* 8, 2 ; Plutarque, *Galba* 22 ; *Othon* 4, 2 ; Dion Cassius 64, 4, 2.
49. Tac., *Hist.* 2, 55, 3. Selon les Actes des arvales, les prêtres sacrifient le 30 avril *ob comitia tribuniciae potestatis*, et, le 1er mai, *ob diem imperii ... quod (ante diem tertium decimum) k(alendas) Mai(as) stat(utum) est* (= *CIL* VI, 2051, I, l. 84-89), c'est-à-dire le 19 avril. Voir Scheid 1992, p. 230.
50. Tac., *Hist.* 2, 79, 1 ; 2, 85-86 ; Suet., *Vit.* 15, 1 ; *Vesp.* 6, 4-6 ; Dion Cassius 65, 9, 1.
51. Tac., *Hist.* 4, 3, 3.
52. Suet., *Nero* 49, 2 ; Dion Cassius 63, 28, 2b.
53. *CIL* VI, 2051, I, l. 81-93.
54. Cosme 2012, p. 146.
55. Grenade 1961 ; Parsi 1963.
56. Tac., *Hist.* 1, 4, 2 : *euulgato imperii arcano posse principem alibi quam Romae fieri.*
57. Suet., *Galba* 10, 1 ; Plutarque, *Galba* 5, 2 ; Dion Cassius 63, 29, 6.

effet, les soutiens militaires du nouvel empereur n'étaient pas des plus solides, et c'est certainement à raison qu'il donna son congé à Verginius Rufus[58], le légat de Germanie Supérieure que ses légions avaient plusieurs fois poussé à prendre la tête de l'Empire[59] après avoir vaincu les insurgés de Vindex, en 68[60]. Galba ne choisit donc pas de faire représenter explicitement sur ses monnaies le soutien dont il jouissait auprès de l'armée, mais plutôt la concorde des provinces, notamment des provinces gauloises avec les provinces hispaniques, qui avaient été à l'origine de son élévation (**fig. 3**).

Cependant, les nombreuses légions des districts de Germanie étaient mal disposées envers Galba et acceptaient difficilement qu'une seule légion ait imposé son empereur au reste de l'armée[61]. Contrairement à Galba et à Othon et fort de l'appui de sept légions, Vitellius fit du *consensus exercituum* l'un des thèmes majeurs développé au revers de ses monnaies frappées au début de son principat. On le rencontre avant tout sur les monnaies qui ont été émises avant sa reconnaissance par le Sénat, à un moment où Galba était encore empereur, et que l'on a coutume de désigner sous l'appellation de « monnaies anonymes de la guerre civile »[62]. Certaines de ces monnaies ont certainement été frappées à proximité des camps légionnaires rhénans ; l'une d'elles, un denier naguère inédit et que nous avons récemment publié[63], donne à voir d'une manière spectaculaire l'union qui existait entre les sept légions des deux districts, représentée par leurs sept aigles (**fig. 4**). Quoique la légende de revers de cet exemplaire unique soit légèrement hors du flan, il ne fait pas de doute qu'il faille y lire le mot CONSENSVS. Cette notion importante de l'imagerie véhiculée par les monnaies anonymes de Vitellius se trouve encore matérialisée par une *dextrarum iunctio*[64] qui unit la *fides exercituum* à la *fides*[65] ou *concordia*[66] *praetorianorum* (**fig. 5-6**). H. Mattingly, en s'appuyant sur un passage de Suétone précisant que des envoyés de l'armée du Rhin étaient allés leur exposer leurs griefs contre Galba, pensait que ces deniers devaient être considérés comme de la propagande destinée aux prétoriens de Rome pour les rallier à sa cause[67]. C. M. Kraay allait même plus loin dans la conjecture : il supposait que les monnaies portant la légende CONCORDIA PRAETORIANORVM avaient été frappées pour acheter les prétoriens et les faire rejoindre la cause des vitelliens[68].

À notre sens, c'est faire peu de cas des procédures d'investiture d'un nouveau prince : comme l'a démontré J. Scheid, les empereurs étaient salués en premier lieu par les prétoriens. Claude, Néron et Othon avaient été appelés *imperator* dans leur camp. C'était la première étape à laquelle Vitellius ne pouvait se soustraire. C'était donc pour que son investiture n'apparût pas moins légitime que celle de ses prédécesseurs

58. Plutarque, *Galba* 10 ; Dion Cassius 63, 29, 5. Sur Verginius Rufus, voir l'article fondamental de Levick 1985 ; Syme 1991.
59. Plutarque, *Galba* 6, 3-4 ; 10, 1-4 ; *Othon* 18, 6 ; Tacite, *Hist.* 1, 8, 6 ; Dion Cassius 63, 25, 1.
60. Plutarque, *Galba* 6, 3-6 ; Dion Cassius 23, 24-25 ; Tac., *Hist.* 1, 51, 5 ; 1, 53, 4.
61. Suet., *Galba* 16, 4-5 ; *Vit.* 7, 5. Plutarque, *Galba* 10, 5 ; 22, 8.
62. Martin 1974 ; Nicolas 1979 ; Assenmaker 2015 ; Ehrhardt 2000 ; Zehnacker 1987 ; Kraay 1952 ; 1949 ; Mattingly 1914 ; 1952.
63. Bocciarelli 2012.
64. Tac., *Hist.* 1, 54, 1 ; 2, 8, 3.
65. RIC I, Civil Wars, 121 = AM 7.
66. RIC I, Civil Wars, 118 = AM 3.
67. Mattingly 1923, p. cxcix ; Suet., *Galba*, 16, 5.
68. Kraay 1952, p. 81-83.

qu'il fit frapper ce type de monnaies, qui n'étaient pas destinées aux prétoriens, mais seulement à renforcer l'illusion du *consensus uniuersorum* et à ancrer à Rome la prise de pouvoir d'un gouverneur de province.

Par ailleurs, la nature même des monnaies de ces deux derniers types tend à prouver que la thèse de H. Mattingly et de C. M. Kraay n'est pas la bonne : 32 % des monnaies mentionnant les prétoriens sont fourrées[69]. Il semble donc très improbable que Vitellius ait tenté d'acheter la garnison de Rome avec des monnaies dont l'âme était en cuivre, alors qu'Othon disposait des richesses romaines et qu'il les avait lui-même corrompus en leur offrant nominativement non pas des deniers de cuivre, mais des monnaies d'or[70].

Les monnaies que Vitellius a fait frapper à son portrait dans des ateliers provinciaux et avant qu'il ne parvienne à Rome développent, en plus des thèmes de la *fides exercituum*[71], de la *fides*[72] et de la *concordia praetorianorum*[73], celui du *consensus exercituum* : on voit au revers de ces monnaies la représentation de Mars, nu et casqué[74] (**fig. 7**). Le nombre important de coins gravés à ce type montre qu'il s'agit d'un thème cher à Vitellius.

Un groupe de monnaies frappées au portrait de Vespasien offre des caractéristiques semblables à celles de Vitellius[75]. L'hétérogénéité des styles et le nombre réduit de liaisons de coins au sein de ce groupe ont conduit les auteurs du *Roman Imperial Coinage* à rester prudents sur l'attribution à un atelier précis, et ils préfèrent ranger ces monnaies sous l'appellation « uncertain and military issues[76] ». En effet, l'iconographie militaire laisse penser que ces monnaies ont été produites pour payer les troupes de Vespasien, mais aussi, comme dans le cas de Vitellius, pour le présenter comme le bénéficiaire du *consensus exercituum* : on y trouve d'abord un denier mentionnant explicitement les armées de la province de Mésie[77] (**fig. 8**). À la manière du denier représentant les sept aigles des légions de Germanie, ce denier, connu par un unique exemplaire, précise non seulement les bénéficiaires de la frappe, mais proclame aussi leur fidélité à la cause du légat de Judée[78]. Un autre denier (**fig. 9**) souligne la communauté des thèmes iconographiques entre Vitellius et Vespasien, qui s'est très certainement inspiré des monnaies de son adversaire (**fig. 10**). Enfin, un dernier type de revers illustre encore une fois le *consensus exercituum* dans le monnayage de

69. Notre pourcentage est supérieur à celui que donne Nicolas 1979, p. 1349 (28,2 %). Nous avons personnellement répertorié 41 monnaies du type RIC, Civil Wars, 118, dont 19 sont fourrées, et 52 monnaies du type RIC, Civil Wars, 121, dont 12 sont fourrées. À titre de comparaison, un autre type de monnaies anonymes frappées dans les districts des Germanies, le RIC, Civil Wars, 125a et représenté par 41 exemplaire dans notre documentation personnelle, ne comporte aucune monnaie de métal vil.
70. Suet., *Otho* 4, 3 ; Tac., *Hist.* 1, 24, 1. Les deux historiens s'accordent sur le montant des cadeaux offerts aux prétoriens de garde lorsque Galba dînait chez Othon : il leur offrait un *aureus* par personne, soit cent sesterces. Cf. Dion Cassius 64, 9, 2-3.
71. RIC I, Vitellius, 27-30, 42, 47, 52-54.
72. RIC I, Vitellius, 55.
73. RIC I, Vitellius, 19.
74. RIC I, Vitellius, 4-6, 20-26, 40, 49-51, 64.
75. RIC II, Vespasian, 1342-1389.
76. RIC II, p. 39-42.
77. RIC II, Vespasian, 1342.
78. Paunov 2013.

Vespasien, mais cette fois d'une manière plus originale que chez Vitellius[79] : on y voit deux légionnaires, chacun portant une aigle, se serrer la main ; la légende de revers vient préciser la scène : CONSEN(*sus*) EXERCIT(*uum*) **(fig. 11)**.

Il semble donc que la stratégie de communication de Vitellius et de Vespasien sont différentes de celle d'Othon : ce dernier était à Rome au moment de sa proclamation, et les sources indiquent qu'il avait reçu l'accord des trois catégories que nous avons mentionnées et qui lui donnaient sa légitimité[80]. Dès lors, il n'est guère étonnant de ne pas trouver dans le monnayage d'Othon[81] une entreprise de légitimation similaire à celle du monnayage de Vitellius émis avant sa reconnaissance par le Sénat. Quand Othon évoque par anticipation sa victoire sur les armées du Rhin[82], Vitellius n'insiste pas tant sur la force de son *exercitus* que sur la *fides* et la *concordia* qui y règnent, et qui, à terme, font de sa proclamation par les armées l'élément principal de sa légitimité d'empereur. Le cas de Vespasien est similaire : il ne présente pas seulement au revers de ses monnaies l'*exercitus* de Mésie comme un surcroît de puissance militaire capable de lui faire remporter la victoire contre son concurrent, mais aussi comme l'adhésion supplémentaire d'une force apte à légitimer sa prise de pouvoir. Fort du soutien des légions cantonnées en Orient, l'adhésion des trois légions de Mésie offrait un consensus élargi vers l'Occident et commençait à tendre vers le *consensus uniuersorum*, gage ultime de la légitimité impériale.

Les conditions de l'obtention du *consensus uniuersorum*

Pour obtenir la fidélité de ses légions, puis leur consensus, leur légat devait réunir plusieurs conditions. La première semble avoir été que le légat d'Auguste jouisse de la reconnaissance et de la considération des légions sous ses ordres[83]. Une grande carrière militaire remplissait cette première condition. Avant d'être gouverneur de Tarraconaise, Galba s'était illustré sous le principat de Caligula par ses exploits militaires durant sa légation en Germanie Supérieure, où il avait remplacé Gaetulicus[84]. Vespasien avait lui aussi une carrière militaire brillante : il avait été légat de légion en Germanie et en Bretagne sous le principat de Claude, ce qui lui valut les insignes triomphaux[85] ; il devint par la suite légat d'Auguste propréteur de Judée, avec la mission de mettre un terme à la révolte juive, aidé de trois légions sous ses ordres[86].

79. RIC II^2, Vespasian, 1350-1351, 1365, 1381.
80. Suet., *Otho* 7, 1 ; Plutarque, *Galba* 28, 1 ; Tac., *Hist.* 1, 45, 1 ; Dion Cassius 64, 8, 1.
81. Shotter 1996.
82. RIC, Otho, 13-17.
83. À titre d'exemple, l'aile *Siliana*, cantonnée aux abords du Pô, épousa la cause de Vitellius parce qu'elle l'avait servi en Afrique, quand il en était proconsul, alors qu'elle ne connaissait pas Othon (Tac., *Hist.* 1, 70, 2).
84. Suet., *Galba* 6, 2. Plutarque, *Galba* 3, 3.
85. Suet., *Vesp.* 4, 1 ; Dion Cassius 65, 8, 3^2.
86. Suet., *Vesp.* 4, 10-12.

Le cas de Vitellius est légèrement différent : pour Tacite, il ne devait rien à ses mérites, mais tout à « l'illustration de son père »[87], Lucius. La popularité de ce dernier auprès des légions est unanimement rapportée par les auteurs anciens. Après un premier consulat, il fut gouverneur de Syrie sous le principat de Tibère ; il exerça encore deux autres consulats et la censure, avec l'empereur Claude pour collègue[88]. À sa mort, le Sénat lui accorda des funérailles publiques et sa statue fut placée devant les rostres[89]. C'est en effet le sentiment favorable dont jouissait le père de Vitellius auprès des légionnaires qui joua en faveur du fils. Aussi, de nombreux types monétaires représentent dans le monnayage de Vitellius le portrait de son père[90] (**fig. 12-13**).

C'est donc le prestige militaire et la capacité à répondre aux exigences des légionnaires qui permettait aux légats d'obtenir leur consensus : Verginius Rufus, Vespasien et Vitellius, grâce au prestige de son père, y parvinrent, contrairement à Hordeonius Flaccus[91], le pâle remplaçant de Verginius choisi à dessein par Galba[92], et L. Clodius Macer, dont la tentative de révolte en Afrique proconsulaire en 68 échoua peut-être à cause du manque de popularité dont il souffrait auprès des troupes de la légion III *Augusta*[93] dont il était le légat de légion (**fig. 14-15**).

Il fallait par ailleurs que le candidat à l'empire ait les moyens financiers de payer son armée et d'entretenir sa *fides* par des dons en argent et des promesses de pillage. L'armée et avant tout les prétoriens n'avaient jamais accepté que Galba les privât du *donatiuum* que Nymphidus Sabinus leur avait promis[94] et que Claude et Néron avaient octroyé lors de leurs avènements respectifs[95].

Du reste, le paiement de la solde et le financement des préparatifs de guerre posaient de grandes difficultés. La solde des légionnaires était payée trois fois par an, le 1er janvier, le 1er mai et le 1er septembre[96] ; cela laisse penser que la solde des légionnaires rhénans avait été perçue juste avant leur défection à Galba, survenue le 1er janvier 69, et que, par conséquent Vitellius n'aurait pas eu besoin de les payer de nouveau entre leur départ pour Rome et la victoire sur Othon, au milieu du mois d'avril. Toutefois, les sources mentionnent à plusieurs reprises les difficultés financières de Vitellius : après sa proclamation, non seulement les alliés Trévires et Lingons, mais aussi les légionnaires lui apportèrent de l'argent, voire leurs décorations pour participer à l'effort de guerre[97] ; par ailleurs, Tacite mentionne le don par Valens de 300 sesterces par légionnaire quand il se trouvait aux alentours de Vienne, lors de sa marche sur

87. Tac., *Hist.* 3, 86. Voir aussi Suet., *Vit.* 7, 5 ; Plutarque, *Galba* 22, 7.
88. Suet., *Vit.* 2, 6 et Tac., *Ann.* 6, 32, 6 ; 12, 4, 1 ; 14, 56, 1 ; *Hist.* 1, 9, 2.
89. Suet., *Vit.* 3, 2.
90. RIC, Vitellius, 7, 76-77, 94-95, 98-99, 114, 134-135.
91. Tac., *Hist.* 1, 59, 1 ; 1, 56, 1 : l'auteur, très dur envers le légat propréteur Hordeonius, souligne son indécision et son manque d'autorité, incapable de se faire respecter par son armée.
92. Plutarque, *Galba* 10, 6.
93. Cosme 2012, p. 40 ; Le Bohec 1989, p. 352. Sur Macer, voir Kunisz 1994 ; Morgan 2000 ; Bessone 1979 ; Burian 1960. Sur la numismatique de Macer, Hewitt 1983.
94. Suet., *Galba* 16, 2 ; Tac., *Hist.* 1, 5, 1 ; 1, 18, 5 ; 1, 25, 3 ; 1, 37, 11 ; 1, 41, 4 ; Dion Cassius 64, 3, 3 ; Plutarque, *Galba* 2, 2. Ce dernier donne le montant de la somme promise par le préfet du prétoire : 7 500 deniers. C'était le double des sommes accordées par Claude et par Néron (cf. note *infra*).
95. Suet., *Claud.* 10, 8 ; Tac., *Ann.* 12, 69, 4.
96. Speidel 2014 ; 1992 ; Alston 1994.
97. Tac., *Hist.* 1, 57, 4-5.

Rome[98]. Ce passage tend à prouver que le *stipendium* du 1er janvier n'avait pas suffi à contenter les troupes de Vitellius et qu'il était nécessaire de se procurer les moyens de les payer. Les mêmes besoins d'argent et un *donatiuum* de 25 deniers sont évoqués par Dion Cassius concernant Vespasien[99].

Galba, Vitellius et Vespasien se trouvaient hors de Rome quand ils furent acclamés par leurs légions. Pour pouvoir les payer sans le recours à l'atelier romain, ils durent ouvrir des ateliers temporaires dans des villes provinciales ayant frappé monnaie auparavant voire utiliser des ateliers itinérants qui suivaient leurs troupes (**fig. 16**).

Selon C. H. V. Sutherland[100], Galba ouvrit un atelier dans la province d'Hispania, peut-être à Tarraco (?)[101], et trois autres ateliers en Gaule, à Vienne[102], Narbonne[103] et Lyon[104], ceci afin de payer les légions qui lui étaient fidèles avant de s'approprier l'atelier romain. Alors que Galba puis Othon se trouvaient à Rome et que l'atelier de la capitale battait monnaie pour eux, Vitellius eut recours, toujours selon le *RIC*, à l'atelier de Tarraco (?)[105], à l'atelier de Lyon[106], et dans une moindre mesure, à un atelier peut-être itinérant, accompagnant la marche de ses légions[107]. Enfin, et sans compter les monnaies dites « provinciales » émises en Orient[108], la récente réédition du deuxième volume du *RIC*[109] montre le grand nombre d'ateliers monétaires de Vespasien, qui a fait battre monnaie dès sa proclamation dans plusieurs villes des provinces orientales : à Éphèse[110], à Alexandrie[111], en Judée[112], à Antioche[113] et dans des ateliers indéterminés qui ont produit des types à connotation militaire et que l'on peut localiser à proximité des camps de certaines légions[114]. À mesure de la progression de son armée et de l'adhésion des provinces occidentales à sa cause, il utilisa les ateliers de Tarraco (?)[115] et de Lyon[116].

Il ne fait pas de doute que ces émissions ont servi à financer l'effort de guerre et à payer les forces militaires. Ne prenons que le cas de Galba et de Vitellius, qui ont utilisé l'un et l'autre les mêmes ateliers principaux de Tarraco et de Lyon : l'étude de coins que nous avons faite de ces monnayages montre que les plus grands volumes ont été émis avant que les deux empereurs ne s'emparent de l'atelier romain, qui

98. Tac., *Hist.* 1, 66, 1.
99. Dion Cassius 65, 9, 2 ; 65, 22, 2.
100. Sutherland 1984. Cette répartition des monnaies en plusieurs ateliers provinciaux est très largement tributaire du travail de H. Mattingly, (Mattingly 1923).
101. RIC, Galba, 1-84.
102. RIC, Galba, 85-94.
103. RIC, Galba, 95-120.
104. RIC, Galba, 121-141.
105. RIC, Vitellius, 1-46.
106. RIC, Vitellius, 47-65.
107. RIC, Civil Wars, 118-129.
108. Burnett, Amandry, Carradice 1999.
109. Carradice, Buttrey 2007.
110. RIC II^2, Vespasian, 1390-1521.
111. RIC II^2, Vespasian, 1522-1529. Lach 2012.
112. RIC II^2, Vespasian, 1530-1538.
113. RIC II^2, Vespasian, 1539-1563 ; Tac., *Hist.* 2, 82, 1. D'une manière générale, sur l'image impériale de Vespasien, voir Rosso 2010.
114. RIC II^2, Vespasian, 1342-1389.
115. RIC II^2, Vespasian, 1295-1341. Voir Carradice, Sanahuja, Benages 2010.
116. RIC II^2, Vespasian, 1104-1294.

prenait alors le relais. Nous partons du principe que les monnaies mentionnant sur leur légende d'avers la puissance tribunitienne, le grand pontificat, le titre de père de la patrie ou le *cognomen* Augustus ont été frappées après la reconnaissance de Galba par le Sénat ; par conséquent, toutes les monnaies qui ne présentent aucun de ces éléments de titulature ont été frappés avant. Il en va de même pour Vitellius.

Ainsi, dans l'ensemble du monnayage de Galba frappé dans les ateliers des provinces occidentales, nous avons dénombré 377 coins d'avers gravés avant que Galba ne reçoive sa titulature officielle, contre 82 mentionnant au moins l'un de ces éléments, c'est-à-dire qu'environ 82 % des coins gravés dans les ateliers espagnols et gaulois l'ont été avant sa reconnaissance par le Sénat[117]. La production de ces ateliers se réduit très nettement après cela.

De même, dans l'ensemble du monnayage de Vitellius frappé dans les ateliers des provinces occidentales, nous avons dénombré 222 coins d'avers ne mentionnant pas les éléments de titulature que nous avons évoqués[118]. À côté de cela, seulement deux coins présentent l'élément de titulature AVG dans l'atelier espagnol, et neuf à Lyon, soit 4 % des coins que nous avons dénombrés : plus encore que pour Galba, les deux ateliers occidentaux cessent presque complètement leur activité une fois que Vitellius s'est emparé de l'atelier romain.

Ces chiffres montrent combien Galba et Vitellius ont eu besoin de frapper des monnaies d'or et d'argent[119] pour payer leurs troupes et financer leur révolte, et que le *stipendium* du mois de janvier 69 n'a largement pas suffi à Vitellius, car, encore une fois, la production de ses ateliers occidentaux s'inscrit entre sa proclamation, dans les premiers jours de janvier 69, et sa victoire sur Othon, le 14 avril 69.

En conclusion, les légions ont joué un rôle double dans le conflit des années 68-69 : elles ont bien sûr permis aux légats candidats à l'empire de s'imposer face à leur rival par la victoire militaire, mais elles ont également contribué à leur donner une légitimité, car le *consensus exercituum* était la seule composante du mécanisme de l'investiture impériale qu'ils pouvaient revendiquer en étant loin de Rome. Ni les prétoriens, ni le Sénat ni les comices ne pouvaient légitimer leur prise de pouvoir avant que l'empereur officiel ne soit éliminé. Deux conditions étaient nécessaires pour qu'un légat se voie gratifier du consensus des armées : une certaine popularité auprès des troupes, et surtout la capacité de les payer. L'activité des nombreux ateliers au cours de cette

117. Notre calcul repose sur les informations que nous avons collectées dans le cadre de notre thèse de doctorat à l'École Pratique des Hautes Études, sous la direction de Michel Amandry. À ce jour, nous disposons dans notre documentation de 532 monnaies d'or et d'argent frappées dans les provinces d'Hispania et de 527 monnaies de métaux précieux produites dans les différents ateliers gaulois. Par ailleurs, le nombre de coins que nous donnons est celui que nous avons constaté. Pour les estimations du nombre originel de coins, qui dépasse le cadre de notre présent sujet, nous renvoyons à Esty 2011 ; 2006 ; 1986 ; Carter 1983.

118. Notre documentation repose également sur la consultation des grandes collections institutionnelles, des catalogues de vente conservés au département des Monnaies, médailles et antiques de la Bibliothèque nationale de France, et des site de stockage répertoriant les ventes depuis les années 2000. Nous disposons des chiffres suivants : 191 monnaies de la guerre civile appartenant au « military group » du *RIC* ; 512 monnaies de métaux précieux émises dans les ateliers de Tarraco (?) et de Lyon.

119. Wolters 2000-2001.

période est à expliquer par les besoins de l'armée : en effet, après que Vespasien a stabilisé la situation politique, les ateliers fermèrent progressivement jusqu'à ce que le seul atelier de Rome frappe monnaie pendant le siècle des Antonins.

Dorian Bocciarelli
Docteur en Histoire,
ÉPHÉ IVe section - ATER
université d'Orléans

Bibliographie

Absil M. (2000), « *Legio I Italica* », dans Le Bohec, Wolff 2000, p. 227-238.

Alston A. (1994), « Roman military pay from Caesar to Diocletian », *JRS*, 84, p. 113-123.

Assenmaker P. (2015), « *Roma restituta.* La rappresentazione dei fondamenti politici e religiosi della rivolta contro Nerone nelle coniazioni monetarie anonime del 68 d.C. », dans Ferrary J.-L., Scheid J. (dir), *Il 'princeps' romano: autocrate o magistrato ? Fattori giuridici e fattori sociali del potere imperiale da Augusto a Commodo*, Pavie, IUSS Press, p. 663-698.

Bérard F. (2000), « La légion XXIe *Rapax* », dans Le Bohec, Wolff 2000, p. 49-67.

Benoist S. (2001), « Le prince, la cité et les événements : l'année 68-69 à Rome », *Historia*, 50, 3, p. 279-311.

Bertrandy F., Rémy B. (2000), « Legio XII Fulminata », dans Le Bohec, Wolff 2000, p. 253-257.

Bessone L. (1979), « Clodius Macrone e la fine di Nerone », *RSA*, 9, p. 39-59.

Bocciarelli D. (2012), « Un denier inédit des guerres civiles de 68-69 de n. è. : l'organisation de la révolte de l'armée du Rhin », *Cahiers Numismatiques*, 191, p. 21-38.

Burian J.-L. (1960), « L. Clodius Macer, *dominus minor Africae* », *Klio*, 38, p. 167-173.

Burnett A., Amandry M., Carradice I. (1999), *Roman Provincial Coinage*, t. II. *The Flavians*, Londres / Paris, British Museum Press / Bnf.

Carradice I. A., Sanahuja X., Benages J. (2010), *Les monedes de Vespasià de la* Provincia Tarraconensis, Barcelone, Societat Catalana d'Estudis Numismàtics.

Carradice I. A., Buttrey T. V. (2007), *The Roman Imperial Coinage*, t. II, vol. 1. *Second Fully Revised Edition, from AD 69-96, Vespasian to Domitian*, Londres, Spink.

Carter G. F. (1983), « A simplified method for calculating the original number of dies from die-link statistics », *ANSMN*, 28, p. 195-206.

Chilver G. E. F. (1970-1971), « The war between Otho and Vitellius and the North Italian Towns », *CSDIR*, 3, p. 101-114.

Corbier M. (1995), « Male power and legitimacy through women: the *Domus Augusta* under the Julio-Claudians », dans Hawley R., Levick B. (dir.), *Women in Antiquity. New Assessments*, Londres / New York, Routledge, p. 178-190.

Cosme P. (2012), *L'année des quatre empereurs*, Paris, Fayard.

Cotton H.M. (2000), « The *Legio VI Ferrata* », dans Le Bohec, Wolff 2000, p. 351-357.

Dabrowa E. (2000a), « *Legio III Gallica* », dans Le Bohec, Wolff 2000, p. 309-315.

—. (2000b), « *Legio X Fretensis* », dans Le Bohec, Wolff 2000, p. 317-325.

Daris S. (2000), « *Legio XXII Deiotariana* », dans Le Bohec, Wolff 2000, p. 365-367.

Ehrhardt C. (2000), « Pseudo-Augustus, pseudo-political », dans Kluge B., Weisser B. (dir.), *XII. Internationaler Numismatischer Kongress. Berlin 1997, Akten / Proceedings / Actes*, I, Berlin, Staatliche Museen zu Berlin, p. 517-520.

Esty W. (2011), « The geometric model for estimating the number of dies », dans Callataÿ (de) F. (dir.), *Quantifying Monetary Supplies in Greco-Roman Times*, Bari, Edipuglia, p. 43-58.

—. (2006), « How to estimate the original number of dies and the coverage of a sample », *NC*, 7/166, p. 359-364.
—. (1986), « Estimation of the size of a coinage: a survey and comparison of methods », *NC*, 7/146, p. 185-215.
Fellmann R. (2000), « Die 11. Legion *Claudia Pia Fidelis* », dans Le Bohec, Wolff 2000, p. 127-131.
Flaig E. (1992), *Den Kaiser herausfordern. Die Usurpation im römischen Reich*, Francfort / New York, Campus.
Franke T. (2000a), « *Legio V Alaudae* », dans Le Bohec, Wolff 2000, p. 39-48.
—. (2000b), « *Legio XXII Primigenia* », dans Le Bohec, Wolff 2000, p. 104.
—. (2000c), « *Legio XIV Gemina* », dans Le Bohec, Wolff 2000, p. 191-202.
Gómez-Pantoja J. (2000a), « *Legio X Gemina* », dans Le Bohec, Wolff 2000, p. 169-190.
—. (2000b), « Legio IIII Macedonica », dans Le Bohec, Wolff 2000, p. 105-117.
Greenhalgh P. A. L. (1975), *The Year of the Four Emperors*, Londres, Weidenfeld and Nicolson.
Grenade P. (1961), *Essai sur les origines du Principat, investiture et renouvellement des pouvoirs impériaux*, Paris, de Boccard.
Hewitt K. V. (1983), « The coinage of Clodius Macer (AD 68) », *NC*, 143, p. 64-80.
Holder P. (1980), *Studies in the* Auxilia *of the Roman Army from Augusus to Trajan*, Oxford, British Archaeological Reports.
Hurlet F. (2009), « Le consensus impérial à l'épreuve : la conspiration et ses enjeux sous les Julio-Claudiens », dans Urso G. (dir) (2009), *Ordine e sovversione nel mondo greco e romano, Actes du Colloque organisé par la Fondation Canussio, 25-27 septembre 2008*, Pise, Edizioni ETS, p. 125-143.
—. (2002), « Le *consensus* et la *concordia* en Occident (Ier-IIIe siècles apr. J.-C.). Réflexions sur la diffusion de l'idéologie impériale », dans Inglebert H. (dir), *Idéologies et valeurs civiques dans le monde romain. Hommage à Claude Lepelley*, Paris, Picard, p. 163-178.
Keppie L. (2000), « *Legiones II Augusta, VI Victrix, IX Hispana, XX Valeria Victrix* », dans Le Bohec, Wolff 2000, p. 25-35.
Kolendo J. (1977), « Le recrutement des légions au temps de Néron et la création de la *legio Italica* », dans Fitz J. (dir) (1977), *Limes. Akten des XI. Internationalen Limeskongress*, Budapest, Akadémiai Kiadó, p. 399-408.
Kraay C.M. (1952), « Revolt and subvertion: the so called "military" coinage of AD 69 re-examined », *NC*, 12, p. 78-86.
—. (1949), « The coinage of Vindex and Galba, AD 68, and the continuity of the Augustan Principate », *NC*, 9, p. 129-149.
Kromayer J. (1888), *Die rechtliche Begründung des Prinzipats* (Dissertation Strasbourg), Marbourg.
Kunisz A. (1994), *L'insurrection de Clodius Macer en Afrique du Nord en 68 de notre ère*, trad. Katarzyna Bartkiewicz, Varsovie, Ossolineum.
Lach K. (2012), « Aurei of Vespasian struck in Alexandria », dans Papuci-Władyka E. (dir.), *Studies in Ancient Art and Civilization*, 16, Cracovie, p. 183-190.
Le Bohec Y., Wolff C. (dir) (2000), *Les légions de Rome sous le Haut-Empire. Actes du congrès de Lyon, 17-19 septembre 1998*, Lyon, Université Jean Moulin.
Le Bohec Y., Wolff C. (2000), « *Legiones Moesiae Superioris* », dans Le Bohec, Wolff (dir.) 2000, p. 239-245.
Le Bohec Y. (2002), « L'armée romaine et le maintien de l'ordre en Gaule (68-70) », dans Chaniotis A., Durcey P. (dir.), *Army and Power in the Ancient World. Actes du congrès des sciences historiques d'Oslo en 2000*, Stuttgart, Franz Steiner Verlag, p. 151-165.
—. (2000), « *Legio XV Primigenia* », dans Le Bohec, Wolff 2000, p. 69.
—. (1989), *La troisième légion Auguste*, Paris, Éd. du Cnrs.
Le Roux P. (2000), « *Legio VII Gemina (pia) felix* », dans Le Bohec, Wolff 2000, p. 383-396.

—. (1994), « Mai 68 en Gaule », dans Mactoux M.-M., Geny E. (dir.), *Mélanges P. Lévêque, 8. Religion, anthropologie et société*, Besançon, Université de Besançon (Annales littéraires de l'université de Besançon, 499*)*, p. 259-274.

—. (1982), *L'armée romaine et l'organisation des provinces ibériques d'Auguste à l'invasion de 409*, Paris, de Boccard.

Levick B. (1985), « L. Verginius Rufus and the Four Emperors », *Rheinisches Museum für Philologie, Neue Serie*, 128, p. 318-346.

Lobur J. A. (2008), Consensus, concordia *and the Formation of Roman Imperial Ideology*, New York / Londres, Routledge.

Lörincz B. (2000), « *Legio I Adiutrix* », dans Le Bohec, Wolff 2000, p. 151-152.

Martin P. H. (1974), *Die Anonymen Münzen des Jahres 68 nach Christus*, Mayence, Philipp von Zabern.

Mattingly H. (1952), « The "military" class in the coinage of the civil wars of AD 69 », *NC*, 12, p. 72-77.

—. (1923), *Coins of the Roman Empire in the British Museum*, I. *Augustus to Vitellius*, Londres, British Musuem.

—. (1914), « The coinage of the civil wars of 68-69 AD », *NC*, 14, p. 110-137.

Moreau P. (2009), « *Domus Augusta* : l'autre "maison d'Auguste" », dans Christol M., Darde D. (dir.), *L'expression du pouvoir au début de l'Empire. Autour de la Maison Carrée à Nîmes*, Paris, Errance, p. 33-43.

Moreau P. (2005), « La *domus Augusta* et les formations de parenté à Rome », *CCG*, 16, p. 7-23.

Morgan G. (2006), *69 AD. The year of Four Emperors*, Oxford, Oxford UP.

—. (2000), « Clodius Macer and Calvia Crispinilla », *Historia*, 49, 4, p. 467-487.

Murison C. L. (1993), *Galba, Otho and Vitellius; Careers and Controversies*, Hidelsheim, Georg Olms.

Nicolas E.-P. (1979), *De Néron à Vespasien. Études et perspectives historiques suivies de l'analyse, du catalogue, et de la reproduction des monnaies « oppositionnelles » connues des années 67 à 70*, Paris, Les Belles Lettres.

Nicols J. (1978), *Vespasian and the* Partes Flavianae, Wiesbaden, Steiner.

Parsi B. (1963), *Désignation et investiture de l'empereur romain (Ier et IIe* siècles après J.*-C.)*, Paris, Sirey.

Piso I. (2000), « Les légions dans la province de Dacie », dans Le Bohec, Wolff 2000, p. 205-225.

Paunov E. (2013), « The role and military significance of Moesia in the 'year of the four Emperors' under Vespasian », *Diomedes*, Heft NF 6, p. 43-55.

Reddé M. (2000), « *Legio VIII Augusta* », dans Le Bohec, Wolff 2000, p. 119-126.

Ritterling E. (1924), *RE* 12, *s.u. Legio*.

Rosso E. (2010), « Entre Orient et Occident, création et diffusion de l'image impériale flavienne (69-70 après J.-C.) », dans Savalli-Lestrade I., Cogitore I. (dir), *Des Rois au Prince. Pratique du pouvoir monarchique dans l'Orient hellénistique et romain (IVe siècle avant J.-C.-IIe* siècle après *J.-C.)*, Grenoble, ELLUG, p. 165-191.

Rouvier J. (1963), *Du pouvoir dans la république romaine : réalité et légitimité, étude sur le consensus*, Paris, Nouvelles éditions latines.

Sancery J. (1983), *Galba, ou l'armée face au pouvoir*, Paris, Les Belles Lettres.

Scheid J. (2007), Res Gestae Diui Augusti. *Hauts fait du Divin Auguste*, texte et traduction, Paris, Les Belles Lettres.

—. (1992), « L'investiture impériale d'après les commentaires des arvales », *CCG*, 3, p. 221-237.

Shotter D. C. A. (1996), « The coinage of Otho: a contribution to the history of his reign », *Historia*, 45, p. 382-385.

Solmy Fauque de Jonquières C. (2008), Consensus *et* concordia *de la fin de la République à la mort d'Alexandre Sévère* (thèse sous la direction de J.-P. Martin, soutenue en 2008 à Paris IV-Sorbonne).

SPAUL J. (2000), *Cohors². The Evidence for and a Short History of the Auxiliary Infantry Units of the Imperial Roman Army*, Oxford, Archeopress.

—. (1994), *Ala², The Auxiliary Cavalry Units of the Pre-Diocletianic Imperial Roman Army*, Andover, Nectoreca Press.

SPEIDEL M. A. (2014), « Roman army pay scales revisited: responses and answers », dans Reddé M. (dir.), *De l'or pour les braves ! Soldes, armées et circulation monétaire dans le monde romain. Actes de la table ronde organisée par l'UMR 8210 (AnHiMa) à l'Institut national d'histoire de l'art (12-13 septembre 2013)*, Bordeaux, Ausonius, p. 53-62.

—. (2000), « *Legio IV Scythica* », dans Le Bohec, Wolff 2000, p. 327-337.

—. (1992), « Roman army pay scales », *JRS*, 82, p. 87-106.

SUSPÈNE A. (2010), « Un "procès politique" au début de l'Empire romain : le cas de Pison Père », *Revue Historique*, 4, n° 656, p. 845-871.

SUTHERLAND C. H. V. (1984), *Roman Imperial Coinage*, I. *Revised Edition, from 31 BC to AD 69*, Londres, Spink.

SYME R. (1991), « Verginius Rufus », *Roman Papers*, 7, p. 512-520.

TENTEA O., MATEI-POPESCU F. (2004), « *Alae et cohortes Daciae et Moesiae*. A review and Updating of J. Paul's *Ala²* and *Cohors²* », dans *Acta Musei Napocensis*, 39-40/1, p. 259-296.

WELLESLEY K. (1975), *The Long Year, AD 69*, Londres, Paul Elek.

WHEELER E. L. (2000), « *Legio XV Apollinaris*: from Carnuntum to Stala – and beyond », dans Le Bohec, Wolff 2000, p. 259-308.

WIEDEMANN T. E. J. (1996), « From Nero to Vespasian », dans Bowman A. K., Champlin E., Lintott A. (dir), *The Cambridge Ancient History*, X. *The Augustan Empire, 43 BC-AD 69*, 2e éd., Cambridge, Cambridge UP, p. 256-282.

WOLFF C. (2000a), « La *legio XIII Gemina* au Ier siècle », dans Le Bohec, Wolff 2000, p. 203-204.

—. (2000b), « La *legio III Cyrenaica* au Ier siècle », dans Le Bohec, Wolff 2000, p. 339-340.

WOLTERS R. (2000-2001), « Bronze, silver or gold? Coin finds and the pay of the Roman army », *Zephyrus*, 53/54, p. 579-588.

ZEHNACKER H. (1987), « Tensions et contradictions dans l'Empire au Ier siècle. Les témoignages numismatiques », dans *Opposition et résistances à l'Empire d'Auguste à Trajan. Entretiens sur l'Antiquité classique*, 33, p. 321-361.

Fig. 1 : denier de Néron, atelier de Rome (UBS Gold & Numismatics, 78, 09.09.2008, n° 1505 ; 3,63 g)

Fig. 2 : denier anonyme des guerres civiles (Aureo & Calicó, Imagines Imperatorum, 15.02.2012, n° 32 ; 3,56 g)

Fig. 3 : denier de Galba, atelier de Tarraco (?) (BNCMER 20, 3,11 g)

Fig. 4 : denier anonyme des guerres civiles (3,25 g)

Fig. 5 : denier anonyme des guerres civiles (NAC, 29, 11.05.2005, n° 492 ; 3,53 g

Fig. 6 : denier anonyme des guerres civiles (ArtCoins Roma, 4, 05.12.2011, n° 932 ; 3,39 g)

Fig. 7 : denier de Vitellius, atelier de Tarraco (?)
(Nomos, 8, 21.10.2013, n° 220 ; 3,46 g)

Fig. 8 : denier de Vespasien, atelier de Mésie (?)
(BM 1937,0723.3 ; 3,20 g)

Fig. 9 : denier de Vespasien, atelier indéterminé
(BM 349 ; 2,16 g)

Fig. 10 : denier de Vitellius, atelier de Tarraco (?)
(Aureo & Calicó, 08.02.2012, n° 51 ; 3,51 g)

Fig. 11 : aureus de Vespasien, atelier indéterminé
(BM 369 ; 7,26 g)

Fig. 12 : aureus de Vitellius, atelier de Rome
(NAC, 52, 07.10.2009, n° 365 ; 7,20 g)

Fig. 13 : aureus de Vitellius, atelier de Rome (NAC, 54, 24.03.2010, n° 358 ; 7,30 g)

Fig. 14 : denier de Clodius Macer, atelier africain (NAC, 39, 16.05.2007, n° 107 ; 3,62 g)

Fig. 15 : denier de Clodius Macer, atelier africain (Aureo & Calicó, Imagines Imperatorum, 15.02.2012, n° 38 ; 3,65 g)

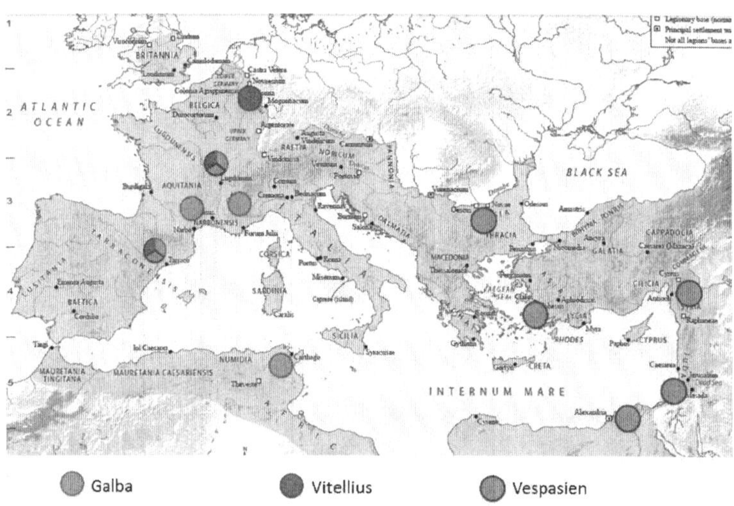

Fig. 16 : Les ateliers monétaires des provinces pendant les années 68-69 apr. J.-C.

Sylvain Janniard

Accession au pouvoir impérial et consensus des troupes au IVe siècle après J.-C.

Pour le régime impérial né des guerres civiles de la dernière République, l'assentiment de toutes les troupes au choix du titulaire du pouvoir suprême – ou *consensus militum* – s'est établi au fondement de la légitimité politique en tant, le plus souvent, qu'expression anticipée d'une approbation universelle donnée à la personne du nouvel empereur[1]. Deux contraintes ont successivement rendu au IIIe siècle après J.-C. l'obtention du *consensus militum* encore plus nécessaire pour ceux qui aspirent au gouvernement de l'Empire : les besoins de la défense du territoire imposaient à l'empereur d'être un chef de guerre effectif, dont les victoires attendues pouvaient mal s'accommoder d'une absence de cohésion militaire autour de sa personne[2] ; le rôle exclusif prêté aux armées dans la dévolution des pouvoirs impériaux dès le dernier quart du siècle transformait tout dissentiment des troupes en un grave danger politique. De condition indispensable, mais souvent purement symbolique, à tout transfert formel des pouvoirs impériaux, le consensus réel des troupes était devenu à la fin du IIIe siècle un enjeu vital pour la stabilité politique de l'Empire[3]. Faute de l'obtenir, le nouvel empereur aurait exercé un pouvoir incomplet et mal assuré, soumis au double risque du soulèvement militaire ou de l'éclatement territorial.

Pour comprendre les stratégies et les mécanismes progressivement élaborés au IIIe siècle et utilisés pour obtenir le ralliement de toutes les troupes de l'Empire à un candidat au pouvoir suprême, il convient d'examiner systématiquement les proclamations impériales pour une période immédiatement postérieure, qui en dévoile le fonctionnement et offre une abondance de cas d'études. De Dioclétien à Théodose (284-395 apr. J.-C.), presque quarante proclamations impériales sont documentées, toutefois inégalement. Pour une majorité d'entre elles, les sources sont cependant nombreuses, de qualité, et fréquemment laissées par des contemporains, des témoins et des acteurs des faits qu'ils rapportent. Rentrent dans ces dernières catégories, malgré leurs biais

1. Pour le rôle politique des troupes au Haut Empire, en particulier dans l'accession au pouvoir des empereurs, voir Parsi 1963, chap. III ; Campbell 1984, chap. II et IX ; Milazzo 1989, introduction et chap. I-II ; Flaig 1992, chap. III (qui conçoit cependant à tort l'armée romaine comme une institution totale stricte).
2. Straub 1939, p. 30-34 ; Whitby 2004, p. 179-186 ; Lee 2007, chap. 1 ; pour l'expression monétaire du lien entre dévolution du pouvoir impérial, consensus des troupes et victoire d'essence divine à l'époque tétrarchique, voir MacCormack 1981, p. 173-174.
3. Straub 1939, p. 40-42 ; Flaig 1997, p. 29-30.

génériques, la littérature épidictique des époques tétrarchique et constantinienne (Lactance, *De la mort des persécuteurs* ; *Les Panégyriques latins*) et, pour le troisième quart du IVe siècle, les *Histoires* d'Ammien Marcellin et des abréviateurs latins ainsi que les discours d'éloge politique de Symmaque et de Thémistius. Dans l'examen systématique des proclamations impériales au IVe siècle, une attention particulière sera portée à deux moments clefs de l'accession au pouvoir d'un empereur : l'obtention du consensus au sein même du groupe militaire qui le proclamait ; la recherche de la reconnaissance par les autres groupes militaires régionaux, qui prend des formes très codifiées.

Les circonstances de la proclamation

Trois circonstances peuvent expliquer le choix d'un nouvel empereur : la vacance du pouvoir impérial ; la volonté d'un empereur déjà reconnu de s'associer un collègue pour des raisons éventuellement dynastiques et en vue d'une succession ; la décision d'un groupe militaire de transférer le pouvoir impérial sans l'aval d'un empereur déjà reconnu, ce que nous appelons une usurpation. Ces circonstances ont des effets marginaux sur les méthodes utilisées pour obtenir le consensus des armées autour d'un nouvel empereur. Le processus comprend trois étapes formalisées, qui commencent par des tractations entre les officiers généraux d'une même armée pour le choix d'un candidat au pouvoir, ou *electio*. Les négociations impliquent aussi des représentants de la haute administration civile, lorsqu'ils s'en trouvent présents. Une fois le candidat choisi, il est présenté aux troupes stationnées sur le lieu des négociations de leurs officiers. La présentation se fait lors d'un rassemblement, au cours duquel les unités acceptent unanimement de conférer au candidat le pouvoir impérial. C'est l'*adprobatio*, formalisée par une acclamation et une investiture[4]. Enfin, le nouvel empereur tente de faire admettre sa proclamation par toutes les forces armées de l'Empire.

Des variations se laissent toutefois observées. Les négociations entre officiers généraux jouent naturellement un rôle plus important en cas de vacance ou d'usurpation et peuvent impliquer jusqu'aux officiers supérieurs, par exemple lors des *electiones* de Dioclétien et de Julien[5]. Dans trois circonstances au moins, pour Silvain, Jovien et Procope, la discussion sur le choix du candidat à porter au pouvoir paraît même avoir mobilisé les officiers subalternes des unités présentes lors de la proclamation, ceux que les sources latines désignent par le terme *principia*[6]. Pour autant, un empereur qui

4. Sur ces différents moments, bien connus et étudiés, voir, dans une bibliographie abondante, Straub 1939, p. 7-25 ; Pabst 1997, p. 4-7 ; Martin 1997, p. 52 ; Kolb 2001, p. 93-100 ; Lee 2007, p. 51-57 ; Szidat 2010, p. 91-94, 102-103, 130-135, 137-147, 150-152.

5. Aurelius Victor, *Livre des Césars* XXXIX, 1, Dioclétien est choisi par décision des chefs de l'armée et des tribuns (*ducum consilio tribunorumque*). Ammien Marcellin, *Histoires* XX, 4, 13-14, ce sont les commandants des unités en partance pour l'Orient – les *proceres* – qui mènent la mutinerie aboutissant à la proclamation de Julien Auguste ; Zosime, *Histoire nouvelle* III, 9 utilise pour les désigner le plus technique « taxiarque ». Pour les proclamations de Dioclétien et de Julien, voir respectivement Seston 1946, p. 47-54, 199-208, et Rosen 2006, p. 178-195.

6. Ammien Marcellin, *Histoires* XV, 5, 16, Silvain s'entretient de son projet de prendre le pouvoir en 355 avec les plus hauts gradés de ses troupes (*cum principiorum verticibus*) ; XXV, 5, 1, après la mort de Julien en 363, l'assemblée qui doit choisir le nouveau prince est composé des chefs de l'armée et des

souhaite s'associer un collègue peut ne pas négliger l'avis de son état-major, comme le montre la consultation par Valentinien des *primores* qui l'entourent, dont les *magistri militum*, lors du choix d'un second Auguste en 364[7].

Le ralliement des groupes militaires de tout l'Empire à un nouvel empereur constitue aussi une phase soumise à des variations selon les circonstances de la proclamation. Si nous avons rappelé dans tous les cas sa nécessité, cette dernière se manifeste avec une acuité toute particulière pour les pouvoirs qui prétendent concurrencer une autorité impériale déjà établie, dans un contexte de grande instabilité des fidélités militaires. En effet, les retournements de troupes sont particulièrement fréquents lors des guerres civiles du IVe siècle et mériteraient une étude séparée en eux-mêmes[8]. Leur fréquence révèle que les contacts et les négociations entre armées opposées restent constants au cours des opérations militaires, et cela à tous les niveaux de la hiérarchie[9]. Elle signifie aussi que les guerres civiles peuvent constituer un moment de rupture de solidarité dans un même groupe militaire, parfois durement ressenti[10]. Les retournements de troupes montrent enfin, qu'en parallèle aux affrontements armés, aux incitations matérielles à la trahison, se déroule aussi une lutte de légitimité entre les compétiteurs, autour en particulier des garanties personnelles d'efficacité militaire que chacun d'eux est en mesure d'offrir. Ces dernières peuvent par exemple se manifester par le ralliement de commandants reconnus et appréciés, ce qui explique la volonté concurrente de Procope et de Valens d'obtenir l'adhésion à leur cause de l'ancien *magister militum* Arbition, général réputé, ancien consul ordinaire, dernier officier de ce rang en 365 à avoir servi Constantin[11]. Dans la perspective de l'exercice du pouvoir, il est requis des empereurs la justification de leur caution et de l'étendue de leur cercle de fidélités.

gradés des unités d'infanterie et de cavalerie (*collecti duces exercitus, advocatisque legionum principiis et turmarum, super creando principe consultabant*) ; il est possible que ces derniers aient joué un rôle surdéterminant dans l'*electio* de Jovien, selon N. Lenski (2000), ce qui vaudrait en partie à Jovien l'accusation d'avoir été choisi lors d'une « émeute de valets » (Ammien Marcellin, *Histoires* XXV, 5, 8) ; Ammien Marcellin, *Histoires* XXVI, 6, 12-13 (Procope). Sur le terme de *principia* pour désigner les gradés à l'époque tardive, voir Ammien Marcellin, *Histoires* XXII, 3, 2 et 9 ; XXV, 8, 16 ; XXVIII, 6, 17 ; *Histoire Auguste, Vie des trente tyrans* X, 7. Il peut recevoir une acception large et renvoyer à tous les gradés en-dessous du tribun (Végèce, *Abrégé des affaires militaires* II, 7) ou ne définir que les officiers subalternes, le κοινὸς τῶν πρωτευότων (*P. Münch.* 2, Éléphantine, 578 apr. J.-C.).

7. Ammien Marcellin, *Histoires* XXVI, 4, 1.
8. Voir les remarques synthétiques de Szidat 2010, p. 317 -321 et quelques exemples abordés par Leppin 2015.
9. Zosime, *Histoire nouvelle* I, 73 (ralliement des troupes d'Italie au choix du corps expéditionnaire oriental de porter Dioclétien au pouvoir impérial) ; Julien, *Discours* I, 48 b, III (II), 97 c ; Aurelius Victor, *Livre des Césars* XLII, 15 ; Ammien Marcellin, *Histoires* XV, 5, 33 ; Zosime, *Histoire nouvelle* II, 46, 2-3, 47, 1-3 ; Zonaras, *Histoire* XIII, 8, 9 (ralliement à Constance II en 351 de Silvain, commandant d'une unité palatine de Magnence, adversaire du premier).
10. Pour des exemples de solidarités professionnelles et factionnelles atteintes par une usurpation, Ammien Marcellin, *Histoires* XV, 5 (attitude des officiers francs du Palais lors de la prise du pouvoir illégale de Silvain en Germanie) ; Zosime, *Histoire nouvelle* IV, 35, 3-5 (attitude de l'armée des Gaules lors de la prise du pouvoir par Maximus en 383).
11. Ammien Marcellin, *Histoires* XXVI, 8,13-14 et 9, 4-7 ; Zosime, *Histoire nouvelle* IV, 7, 3-4 ; Grattarola 1986, p. 100 (qui minore cependant le poids du ralliement final du personnage à Valens) ; Wiebe 1995, p. 43-44 ; Lenski 2002, p. 79, 101-102 ; voir déjà la décision de Maxence en 307 de faire rappeler au pouvoir son père Maximien, ancien Tétrarque, pour rallier les troupes de l'Auguste Sévère dépêché contre lui : Lactance, *De la mort des persécuteurs* XXVI, 8 ; *Panégyriques latins* IX (12), 3, 4 ; Socrates, *Histoire ecclésiastique* I, 2, 1.

Les principaux éléments pour l'obtention du consensus des troupes

La personne même d'un nouvel empereur est supposée lui valoir le consensus des troupes qui l'ont choisi puis de l'ensemble des armées impériales. Les fonctions et le parcours militaires sont donc des facteurs dont il est tenu le plus grand compte dans le choix des candidats au pouvoir. Au IVe siècle, ceux-là ont atteint, pour la plupart, le sommet de la hiérarchie militaire. Nous trouvons ainsi parmi eux des chefs d'état-major (Vetranion, Silvain, Théodose ?), des responsables de districts militaires régionaux (Carausius, Valerius Valens, Procope ?, Maxime), des commandants et des officiers supérieurs des protecteurs (Dioclétien, Jovien), des commandants d'unités palatines (Maximin Daïa ?, Sévère ?, Magnence, Valentinien Ier)[12]. Plus d'une dizaine d'empereurs au total relèvent de ces catégories. Leurs carrières avant la proclamation leur ont procuré la légitimité nécessaire à l'exercice du pouvoir impérial ainsi que les moyens de la faire reconnaître.

Le premier élément de cette légitimité provient de la proximité des nouveaux empereurs avec les précédents détenteurs du pouvoir impérial, qui les ont personnellement choisis pour des fonctions d'autorité prestigieuses. Cela rend compte du choix privilégié des candidats au pouvoir suprême parmi les officiers de l'état-major, des armées d'accompagnement et de la garde. En second lieu, fonctions et parcours militaires préalables à la proclamation constituent une garantie d'efficacité pour l'exercice du pouvoir impérial, une sorte de légitimité professionnelle et l'espoir aussi pour les troupes d'une forme de solidarité de service entre elles et le détenteur de l'autorité suprême qu'elles ont accepté. Fonctions et parcours valent enfin aux empereurs en puissance la notoriété suffisante pour être connus et reconnus au-delà même du groupe militaire qui les proclame[13].

La carrière des candidats au pouvoir s'explique par leur insertion dans des clans politiques et militaires, qu'elle a contribué à renforcer. Elle leur a aussi permis de constituer des réseaux de loyautés, activées au moment de leur élection ou activables par la suite pour la soutenir. L'exemple de la prise de pouvoir par Procope en 365 est particulièrement probant. Ses liens familiaux avec Julien, et plus généralement la famille de Constantin, étayent ses prétentions à l'Empire[14]. Il ne peut toutefois obtenir le pouvoir qu'avec le soutien du réseau constitué parmi les officiers des troupes du Palais, alors qu'il était tribun des notaires, missionné en particulier en Orient en 358, puis comte militaire en Mésopotamie pendant l'expédition de Julien en Perse : des

12. *PLRE* I, p. 180-181 (Carausius), 253-254 (Diocletianus 2), 461 (Iovianus 3), 532 (Magnentius), 579 (Maximinus 12), 588 (Maximus 39), 742-743 (Procopius 4), 837-838 (Severus 30), 840-841 (Silvanus 2), 904-905 (Theodosius 4), 933-934 (Valentinianus 7), 941 (Valerius Valens), 954 (Vetranio 1).

13. Symmaque, *Discours* I, 1-3 (Valentinien Ier) ; Themistius, *Discours* XIV, 182b-183a (Théodose). Voir aussi Straub 1939, p. 26-29 (avec des prémisses différentes et une interprétation en termes exclusivement ethniques) ; Pabst 1997, p. 16-18, 22-25 ; Lee 2015, p. 102-103. Szidat 2010, p. 182-186, insiste sur la possibilité pour de hauts administrateurs civils d'être aussi candidats au pouvoir impérial, toutefois aucun d'eux n'y est élu avant Eugène en 392, lequel doit surtout son accession et son règne au *magister militum* Arbogastes.

14. Grattarola 1986, p. 91, 95 ; Wiebe 1995, p. 20, 68-72 ; Lenski 2002, p. 98-101, 108-110. La possibilité que Julien ait associé Procope au pouvoir impérial est remise en cause par Wiebe 1995, p. 9-20, suivi par Lenski 2002, p. 69-70.

gradés des troupes palatines le cachent à Chalcédoine, le proclament empereur et rallient leurs unités à sa personne ; son parent et éphémère successeur, Marcellus, est protecteur[15]. Ces réseaux de loyautés semblent même pouvoir se transmettre, ce qui rend compte de l'importance de la caution familiale pour les candidats au pouvoir impérial provenant des strates les moins élevées de la hiérarchie militaire : Jovien, Valentinien et Théodose sont les fils d'officiers généraux particulièrement appréciés et ils ont été formés auprès de leur père[16]. Dans le cas de Jovien, le cercle de ses alliés en activité dans l'état-major est étendu. Il peut compter sur les proches de son père Varronien, ancien comte des Domestiques, récemment retiré, mais aussi de Lucillianus, son beau-père, et de Ianuarius, un parent, qui ont exercé successivement la responsabilité du district militaire d'Illyricum dans un passé récent et au moment de la proclamation[17].

Carrière et réseau sont aussi importants pour les parents d'un empereur, qu'ils soient destinés ou pas à gouverner. Constantin, fils du césar Constance, exerça brillamment les fonctions militaires qu'il reçut des augustes Dioclétien et Galère, avant de combattre aux côtés mêmes de son père[18]. Son élévation à l'augustat en 306 doit autant à la préférence héréditaire qu'aux liens qu'il a pu tisser au sein des armées de son père en Bretagne et au-delà, comme le montrerait la déception de l'ensemble des troupes à l'annonce en 305 de sa mise à l'écart du pouvoir[19]. Son contemporain et rival, Maxence, ne semble pas avoir accompli de carrière militaire, mais il a su néanmoins s'attirer la sympathie des unités ayant servi son père, l'auguste occidental Maximien, puisqu'il est porté à l'Empire par des tribuns du prétoire de Rome[20]. Pour les parents d'un empereur régnant encore trop jeunes pour avoir fait la preuve de leur mérite ou s'être constitués un réseau, le lien familial, en rien un droit héréditaire au pouvoir,

15. Ammien Marcellin, *Histoires* XXVI, 6, 5 et 12-13 ; 7, 13-17 ; 10, 1-5. Noter aussi l'identité de son dernier compagnon, un tribun connu et éprouvé, déjà en service sous Constance II (XXVI, 9, 8-10). L'interprétation des ralliements obtenus par Procope en termes d'activation du réseau constitué au cours de sa carrière palatine ne se retrouve pas dans l'historiographie, qui voit en eux l'effet de solidarités religieuses et régionales mal documentées (Wiebe 1995, p. 36-43, 46-47) ou d'une générique fidélité des armées orientales à la dynastie constantinienne (Grattarola 1986, p. 88-89, 95). Lenski 2002, p. 82-83, considère que Procope n'a pas réussi à convaincre le haut commandement militaire, mais il est parvenu incontestablement à mobiliser au sein des niveaux hiérarchiques qu'il avait fréquentés au cours de sa carrière palatine. Sa capacité à rapidement rassembler une armée valide en constitue une preuve supplémentaire (Ammien Marcellin, *Histoires* XXVI, 7, 8-9, Themistius, *Discours* VII, 85d–86a, 97d, VIII, 111a, Socrates, *Histoire ecclésiastique* IV, 3, 1, Zosime, *Histoire nouvelle* IV, 7, 1).

16. Symmaque, *Discours* I, 1-3 ; Ammien Marcellin, *Histoires* XXX, 7, 4 ; *Abrégé des Césars* XLV, 2-3 (Valentinien Ier) ; *Panégyriques latins* XII (2), 5, 4 (Théodose). Parmi les proches de son père sur lesquels Théodose pouvait s'appuyer à la cour de Gratien, se trouvaient Flavius Eucherius (*PLRE* I, p. 288), Flavius Claudius Antonius (*PLRE* I, p. 77), Maximus (*PLRE* I, p. 588).

17. Eutrope, *Bréviaire* X, 17, 1 ; Ammien Marcellin, *Histoires* XXV, 5, 4 et 8 ; XXV, 8, 9 ; XXVI, 1, 4-5 ; Zonaras, *Histoire* XIII, 14 ; Soraci 1968, p. 24-25 ; Lenski 2000, p. 506-508 ; *PLRE* I, p. 454 (Ianuarius 5), 517-518 (Lucillianus 3), 946 (Varronianus 1).

18. Il campagne contre les Perses en 298, les Sarmates entre 302 et 304 puis les Scots et les Pictes en Bretagne, probablement en tant que tribun militaire (*Panégyriques latins* VI [7], 5, 3 ; Lactance, *De la mort des persécuteurs* XVIII, 10) ; Maraval 2011, p. 33-34 ; Barnes 2011, p. 51-56, 61-62.

19. 306 : *Panégyriques Latins* VII (6), 1-7 ; Lactance, *De la mort des persécuteurs* XXIV, 6-8 ; *Abrégé des Césars* XLI, 3 ; 305 : Lactance, *De la mort des persécuteurs* XIX ; Maraval 2011, p. 38-40 ; Barnes 2011, p. 62-64.

20. Zosime, *Histoire nouvelle* II, 9, 2-3 (présence de Maxence dans le *comitatus* de son père) ; Donciu 2012, chap. 3 et p. 64-66.

fournit en revanche une garantie de leur adéquation à la charge impériale qu'ils pourraient être amenés à exercer[21]. Cette adéquation est parfaitement définie dans le discours aux troupes qu'Ammien Marcellin prête à Valentinien Ier lors de l'association au pouvoir de son fils Gratien en 367. La démonstration est menée selon une ligne très claire : choisi par consensus des armées, Valentinien est chargé du salut de l'État ; dans ce cadre, il lui est aussi reconnu le droit de présenter le meilleur candidat possible à l'association et à la succession impériales[22] ; le candidat qu'il présente, Gratien, a en outre bénéficié d'une excellente éducation au métier d'empereur, reçue auprès de son grand-père, de son père et de son oncle, tous officiers supérieurs et, pour les deux derniers, empereurs. L'appartenance à la famille impériale, ici définie par son essence fondamentalement militaire, sert de caution au jeune homme[23].

L'obtention du consensus dans le groupe militaire qui proclame le nouvel empereur

Au sein même du groupe militaire qui proclame un nouvel empereur, le consensus est obtenu le plus souvent par des négociations complexes entre factions rivales, constituées sur des bases politiques ou régionales. L'exemple le plus détaillé dans notre documentation est fourni par l'accession au pouvoir impérial de Valentinien Ier en 364 à Nicée[24]. Valentinien a lui-même appartenu à un groupe d'officiers fidèles au défunt empereur « oriental » Constance II, mais ses soutiens ont su lui gagner l'armée des Gaules et la faction constituée autour de l'empereur Julien. Une entente similaire entre partisans de Julien et de Constance avait déjà présidé à la proclamation du prédécesseur immédiat de Valentinien, l'éphémère Jovien[25]. Dès le début du règne de Valentinien, le ralliement de la faction formée autrefois autour de Julien me semble avoir contraint l'empereur à faire primer la défense des Gaules sur toute autre considération. Ainsi, en 365, il choisit de demeurer en Occident pour faire face à une incursion des Alamans plutôt que d'aider son frère et collègue Valens à lutter contre l'usurpation de Procope en Orient, un renversement des priorités militaires habituelles des pouvoirs établis[26].

21. Sur l'idée dynastique dans l'Empire romain tardif, voir Martin 1997, p. 48-49 ; Szidat 2010, p. 165-182 ; Börm 2015 (qui, à mon sens, en surévalue l'importance).
22. Valentinien assume la fonction d'*auctor imperii*, ce qui ne laisse à l'armée sa force de proposition qu'en cas de vacance du pouvoir, voir Szidat 1997, p. 63-66 ; 2010, p. 94-102.
23. Ammien Marcellin, *Histoires* XXVII, 6, 6-10 ; Den Boeft *et al.* 2009, p. 139-148. Se reporter aussi à Themistius, *Discours*, IX, 121 a-b.
24. Ammien Marcellin, *Histoires* XXVI, 1-2 et 4 ; Den Boeft *et al.* 2008, p. 1-58, 75-91.
25. Soraci 1968, p. 16-18 ; Szidat 2010, p. 104-105 ; Heather 1999, p. 94, estime que le ralliement des troupes gauloises à Jovien est le résultat d'une rupture entre deux de leurs principaux généraux, Dagalaifus et Nevitta, le premier acceptant Jovien comme un candidat de compromis en raison d'un service commun sous Constance II ; Raimondi 2001, chap. 3, voit dans les choix successifs de Jovien et de Valentinien l'œuvre d'un groupe politique rassemblé autour d'un triple objectif : mettre un terme à la guerre perse, à la politique religieuse de Julien, à la dynastie constantinienne, le risque est grand toutefois de confondre les effets de la coalition réunie autour des deux hommes avec les motifs qui ont présidé à sa constitution.
26. Ammien Marcellin, *Histoires* XXVI, 5, 7-14. Raimondi 2001, p. 94-107, 112-129, 188-191, rappelle le rôle des partisans de Julien dans le choix par Valentinien Ier de gouverner la partie occidentale de l'Empire et de demeurer spécifiquement en Gaule, qu'elle associe aussi à la nécessité de contrôler des

Malgré les gages donnés aux officiers de l'armée de Julien, les circonstances qui entourent immédiatement la proclamation de Valentinien montrent que le consensus attendu sur sa personne a été difficile à obtenir : les soutiens de Valentinien craignent la possibilité qu'un autre candidat au pouvoir impérial ne soit désigné ; le matin même de la proclamation, il est fait défense aux officiers généraux de paraître en public[27]. Il est possible que tous les officiers du groupe constitué autour du défunt Julien n'aient pas accepté sans résistance la candidature de Valentinien. La fragilité du consensus autour de ce dernier se marque par un début de sédition survenue lors de la cérémonie de proclamation : une partie de la troupe rassemblée pour la transmission du pouvoir, les acclamations et l'investiture réclame la nomination d'un second empereur associé à Valentinien. Ce dernier y consent mais, en tant qu'*auctor imperii* et avec délai, choisit son propre frère. Cette décision est vivement critiquée par le chef d'état-major Dagalaifus, l'un des représentants les plus éminents du groupe des officiers fidèles au défunt Julien, pourtant rallié à Valentinien et récompensé pour cela[28]. La proclamation de Valentinien, comme celle de Jovien quelques mois auparavant, est décidée dans le corps expéditionnaire de retour de la funeste campagne de Julien en Perse. Ce corps comprend des troupes de tout l'Empire, mais les principales proviennent des armées de manœuvre des Gaules et d'Orient : pour l'élection de Jovien puis de Valentinien, ce sont leurs officiers, et la haute administration civile de l'Empire, qui ont négocié ensembles. Il est possible que dans le cas de Valentinien, une partie des officiers supérieurs des Gaules a souhaité faire proclamer son propre candidat à côté du premier déjà désigné[29]. Par la suite, on note une relative tiédeur des armées des Gaules à l'égard de la dynastie valentinienne : en 367, elles cherchent à Valentinien, gravement malade, un successeur hors de la famille impériale[30] ; en 375, à la mort du même, les soutiens du défunt empereur craignent qu'un soulèvement des troupes des Gaules ne renverse la dynastie (voir infra) ; les deux fils de Valentinien sont eux-mêmes privés du pouvoir impérial par des séditions militaires en Gaule[31].

officiers potentiellement factieux dans un contexte de troubles politiques récurrents au nord-ouest de l'Empire ; elle estime cependant Valentinien sincèrement préoccupé de maintenir une présence impériale en Gaule, y compris pour la défense du territoire. Le caractère impérieux de la présence de l'empereur entre Paris et Reims en 365-366 n'apparaît toutefois pas, rapporté à la menace respective sur la dynastie que faisaient peser l'invasion des Alamans et l'usurpation de Procope.

27. Ammien Marcellin, *Histoires* XXVI, 1, 3 et 6 ; XXVI, 2, 1-2.
28. Kolb 2001, p. 214-218 ; Leppin 2007, p. 34-46 ; Szidat 2010, p. 106-108 ; selon Lenski 2002, p. 23-24, Valentinien aurait préféré une solution dynastique pour éviter, en choisissant un collègue parmi les partisans de Julien ou de Constance II, de rompre le fragile équilibre établi à l'occasion de son avènement.
29. Neri 1985, p. 164, 170 *contra* Raimondi 2001, p. 84-85, qui considère le groupe politique constitué à l'occasion des proclamations de Jovien et de Valentinien comme homogène.
30. Ammien Marcellin, *Histoires* XXVII, 6, 1-3 ; Den Boeft *et al.* 2009, p. 127-135. Raimondi 2001, p. 131-160, ne voit pas dans cette tentative les manœuvres d'un groupe hostile à Valentinien ou à sa dynastie mais l'interprète comme un souci de continuité du pouvoir.
31. *PLRE* I, p. 401 (Gratianus 2), p. 934-935 (Valentinianus 8). Pour Szidat 2015, la défiance de l'armée des Gaules à l'encontre de la dynastie valentinienne n'entrerait pas en compte dans ces événements, explicables plutôt par les conditions qu'offrait le territoire à une prise de pouvoir réussie – « Gaul offered the best conditions: it had an imperial residence, a praetorian prefect, a large part of the field army, and the resources for supplementing or conscripting troops. This was of particular importance. » (p. 131-133) – toutefois, cette situation se retrouvait dans les deux autres préfectures de l'Empire.

L'obtention du consensus de toutes les troupes de l'Empire

Comme nous l'avons rappelé, il s'agit pour un nouvel empereur d'une nécessité absolue afin d'éviter le déclenchement ou la prolongation d'une guerre civile, afin aussi d'empêcher les premières troupes ralliées à sa personne de l'abandonner par crainte qu'il ne puisse suffisamment rassembler autour de lui[32]. Une annotation placée par Ammien Marcellin dans son récit bien informé de la succession de Julien montre l'inquiétude d'une armée de ne pouvoir faire admettre son candidat au pouvoir suprême à tous les groupes militaires de l'Empire. En 363, pour succéder à l'empereur Julien, le choix de l'état-major et de la haute administration civile réunis dans le corps expéditionnaire encore en action en Mésopotamie se porte sur Saturninius Secundus Salutius, préfet du prétoire d'Orient. Ce dernier refuse l'honneur, au prétexte de son âge avancé. Au cours de la discussion qui suit le refus, un officier aurait, selon Ammien Marcellin, proposé de repousser au retour en territoire romain le choix d'un nouvel empereur, le corps expéditionnaire étant insuffisamment représentatif des factions qui se disputaient le contrôle du haut appareil d'État civil et militaire[33]. Il me semble qu'il faille voir là, décalé, l'exposé des véritables motifs de renonciation au pouvoir de Salutius : il a redouté que les circonstances mêmes de son *electio* ne l'empêchent de trouver l'assentiment de toutes les armées impériales, nul ne pouvant en outre ignoré qu'il avait été l'un des principaux représentants de la faction constituée autour de Julien[34]. La légitimité d'un empereur repose aussi sur la qualité de ceux qui l'ont choisi : ils doivent représenter de façon significative l'élite de l'administration civile et militaire de l'Empire.

Un empereur choisi et approuvé par une garnison régionale ou un corps expéditionnaire informe de sa proclamation les grands regroupements militaires territoriaux de l'Empire et leurs chefs. Plus qu'une simple annonce, les messages qu'il envoie portent aussi des engagements et des promesses, ouvrent certainement des négociations[35]. Le nouvel empereur cherche aussi à activer, dans ces mêmes regroupements militaires territoriaux, les soutiens qu'il a pu s'attirer au cours de son service ou par ses liens familiaux comme nous l'avons vu. Un empereur victorieux après une guerre civile peut procéder au remplacement des chefs d'état-major centraux et régionaux ayant servi son rival défait, mais, hormis ces circonstances particulières,

32. Cette dernière situation explique l'échec de l'usurpation de Procope en 366 (Grattarola 1986, p. 101, 105).
33. Ammien Marcellin, *Histoires* XXV, 5, 1-3 ; Den Boeft *et al.* 2005, p. 169-179. À l'inverse, Themistius, *Discours* V, 66b, estime que les conditions étaient parfaitement réunies pour proclamer un empereur légitime, mais il s'agit d'un panégyrique adressé à Jovien, candidat finalement choisi après Salutius.
34. Salutius ne semble en revanche pas avoir décliné le pouvoir impérial par crainte d'une candidature rivale du *comes* Procope, parent de Julien (Lenski 2002, p. 71).
35. Ammien Marcellin, *Histoires* XXV, 8, 8-12 (mission de Procope et de Memoridus pour annoncer aux représentants de l'État la proclamation de Jovien par le corps expéditionnaire en Mésopotamie) ; Szidat 2010, p. 158-160, 187-189, 195, 289-290. Il est légitime de supposer que des récompenses matérielles et symboliques sont promises aux officiers et aux hommes qui rallieraient le nouveau souverain, un procédé déjà appliqué au sein même du groupe qui proclame l'empereur (pour l'acquittement probable de telles promesses à l'arrivée conjointe au pouvoir de Valentinien et de Valens, voir Schmidt-Hofner 2015, p. 70-75 ; Lee 2015, p. 111-112).

la continuité dans les grands commandements militaires semble primer d'un règne à l'autre[36].

Les armées qui n'ont pas participé directement à la proclamation du nouvel empereur, si elles acceptent de reconnaitre son pouvoir, envoient auprès de lui une délégation représentative afin de lui signifier formellement leurs ralliements. Ces délégations sont composées d'officiers subalternes, choisis dans les unités du regroupement militaire qui les envoie. Le mécanisme est bien renseigné par deux textes : les récits par Lactance de la proclamation des Césars de la 2e Tétrarchie en 305 et par Ammien Marcellin du ralliement des armées des Gaules à Jovien en 364, événements dont les deux auteurs ont respectivement été les témoins[37].

Des dissensions orchestrées

Au cours de la période qui nous intéresse, deux proclamations, en apparence illégitimes, semblent avoir été conçues par un empereur en place et son entourage comme des opérations politiques pour prévenir l'extension ou la survenue d'un véritable coup d'État.

En janvier 350, en Gaule, le *comes* Magnence est porté au pouvoir suprême et fait exécuter l'empereur Constant, l'un des fils de Constantin, qui dirigeait la partie occidentale de l'Empire. En mars de la même année, en Pannonie, l'armée d'intervention d'Illyrie proclame comme empereur son responsable, Vetranion. Parmi les sources dont nous disposons sur l'événement, l'historien ecclésiastique Philostorge accorde, dans la genèse de cette proclamation, un rôle essentiel à Constance II, dernier fils encore en vie de Constantin et empereur de la partie orientale de l'Empire, et à sa sœur aînée Constantina[38]. Lorsqu'en 351 Constance II et ses armées atteignent les Balkans pour combattre Magnence, Vetranion dépose le pouvoir impérial et se retire des activités

36. Szidat 2010, p. 154-155, 309-310, 338-339. Exemple de continuité des grands commandements militaires : Ammien Marcellin, *Histoires* XXVI, 5, 1-2 (début des règnes conjoints de Valentinien et de Valens). L'arrivée au pouvoir de Jovien constitue un contre-exemple, mais ses projets de nominations au sommet de la hiérarchie militaire n'aboutissent pas tous et manquent de retourner contre lui l'armée des Gaules (Ammien Marcellin, *Histoires* XXV, 8, 8-11 ; 10, 6-7 ; Raimondi 2001, chap. 2).

37. 305 : Lactance, *De la mort des persécuteurs* XIX, 1, *Constantinum omnes intuebantur, nulla erat dubitatio ; milites qui aderant et primores militum electi et acciti ex legionibus in hunc unum intenti gaudebant, optabant, et vota faciebant* (*primores* a le sens d'officiers subalternes, voir Ammien Marcellin, *Histoires* XVI, 12, 69 ; XXIX, 5, 22) ; Rougé 1992, p. 82-84 ; Pabst 1997, p. 199. 364 : Ammien Marcellin, *Histoires* XXV, 10, 8-10 ; Ammien Marcellin, *Histoires* XXV, 10, 8 ; 10, 10, *His ita tristibus laetum aliud addebatur, missos a Iovino milites adventare, quos capita scholarum ordo castrensis appellat, nuntiantes aequo animo Ioviani imperium amplecti exercitum Gallicanum.* [...] *Post quae, ut videbatur expedire, disposita apud Aspuna Galatiae municipium breve Gallicani milites visi principi, ingressique consistorium, post audita gratanter, quae pertulerant, munerati redire iubentur ad signa. Scholae* ne renvoie pas aux unités de cavalerie de la garde : peu nombreuses en Gaule, l'envoi à Jovien de leurs officiers n'aurait guère eu d'effet représentatif. Le terme désigne en l'occurrence les collèges de gradés constitués dans toutes les unités et plus précisément les *scholes* des officiers subalternes, dont seule la haute hiérarchie a été dépêchée : les *capita* comme les appellent les officiers (*ordo castrensis*).

38. Philostorge, *Histoire ecclésiastique* III, 22 (initiative de Constantina de faire proclamer Vetranion, immédiatement reconnu par Constance II).

publiques, donnant fortement à penser que sa proclamation avait été tramée à des fins politiques par les ultimes représentants de la dynastie constantinienne[39]. Dans l'impossibilité, en raison d'une campagne contre les Perses, de répondre immédiatement et en personne au coup d'état de Magnence, Constance II a fait en sorte que Vetranion empêche l'extension en Illyricum de l'usurpation née en Gaule[40]. Il a opposé à la légitimité de Magnence, largement fondée sur la désaffection à l'égard du dernier constantinien en Occident, la légitimité militaire incontestable de Vetranion. Il a offert à l'armée d'intervention d'Illyricum la satisfaction de porter au pouvoir un général apprécié et reconnu par elle, ainsi que la gloire de jouer un rôle central dans le destin politique de l'Empire et, *in fine*, le maintien en place de la dynastie constantinienne[41].

En novembre 375, Valentinien Ier meurt au cours d'une expédition sur le Danube. Les chefs d'état-major et les grands administrateurs présents à ses côtés, dont le préfet du prétoire Petronius Probus, craignent que les officiers de l'armée des Gaules ne proclament un empereur, et cela contre le fils même de Valentinien, le jeune Gratien, pourtant associé au pouvoir de son père comme Auguste depuis 367. Gratien est alors à Trèves, d'où il gouverne seul le nord-ouest de l'Empire depuis 374. Les opérations militaires en cours en Pannonie sont suspendues, les troupes de Gaule qui y participaient renvoyées dans leurs quartiers, les généraux les plus populaires éloignés du théâtre des opérations et l'armée de manœuvre d'Illyrie et d'Italie proclame comme second empereur le plus jeune fils de Valentinien, Valentinien II, né vers 371[42]. En l'occurrence, la crainte qu'une vacance, même partielle, du pouvoir impérial ne provoque un coup d'État amène les proches soutiens de la dynastie en place à proclamer un second empereur pour éviter l'éviction complète de celle-là[43].

39. Julien, *Discours* I, 30c-33c ; III (II), 76c-77c ; Eutrope, *Bréviaire* X, 11, 1 ; Orose, *Histoires* VII, 29, 10 ; Zonaras, *Histoire* XIII, 7.
40. Julien, *Discours* I, 26c-d ; 30b ; Eutrope, *Bréviaire* X, 10, 2 ; Philostorge, *Histoire ecclésiastique* III, 22 ; Zonaras, *Histoire* XIII, 7 (Vetranion présenté en rempart de l'Illyricum contre Magnence).
41. Julien, *Discours* I, 32d -33a ; Eutrope, *Bréviaire* X, 10, 2 (qualités et réputation militaires de Vetranion). Selon Julien, Philostorge et Zonaras, Vetranion finit cependant par vouloir poursuivre ses propres objectifs politiques et composer tant avec Magnence qu'avec Constance II, ce qui explique la présentation de son action en termes de stricte usurpation par Zosime, *Histoire nouvelle* II, 43-44. Une orientation suivie par Bleckmann 1994, part. p. 42-59 : Vetranion se fait proclamer empereur *sponte sua*, louvoie entre ses adversaires avant d'être contraint d'abandonner le pouvoir, le rôle de Constantina s'expliquant par une querelle intra-dynastique. Ses conclusions sont reprises par Flaig 1997, p. 31-33 et, avec des prémisses différentes, par Drinkwater 2000, p. 146-159.
42. Ammien Marcellin, *Histoires* XXX, 10 ; Rufin, *Histoire ecclésiastique* XI, 12 ; Philostorge, *Histoire ecclésiastique* IX, 16 ; Socrates, *Histoire ecclésiastique* IV, 31, 7-8 ; Zonaras, *Histoire* XIII, 17.
43. Depuis un quart de siècle environ, la communauté des historiens veut faire de l'arrivée au pouvoir de Valentinien II le fruit de luttes politiques internes à la cour de son défunt père : ses soutiens auraient cherché à mieux assurer leur position au sommet de l'État et à écarter des rivaux demeurés autour de Gratien à Trèves ; voir Szidat 1989, p. 178-179, 184-187 ; Errington 1996, p. 440-447 ; Girardet 2004 (chronologie des négociations entre les cours de Gratien et de Valens et de la reconnaissance de Valentinien II) ; Szidat 2010, p. 108-112, Kelly 2013, part. p. 357-374. Toutefois, configuration et objectifs des factions rivales demeurent mal assurés et varient d'un auteur moderne à l'autre. Bien plus, après 375, sont écartés des responsabilités, parfois violemment, tant des partisans actifs de Valentinien II (Petronius Probus, Flavius Equitius) que leurs supposés adversaires (le préfet du prétoire des Gaules Maximinus) ou de grands commis de l'État dont la participation aux événements de 375 est pour le moins peu claire (Théodose *senior*). Enfin, contraindre Gratien à négocier par un coup de force s'appuyant sur un enfant de quatre ans, destiné à demeurer par la suite sans pouvoir effectif et sous la tutelle de son frère (Lenski 2002, p. 358-361 ; Kelly 2013, p. 373-374), représentait au mieux un pari politique d'une grande audace. Il est en revanche possible que Gratien ait été irrité par une proclamation effectuée en sa faveur,

Dans les deux circonstances à peine rappelées, les soutiens d'une dynastie en place utilisent le désir des groupes militaires régionaux de disposer d'un empereur à leur tête et d'intervenir dans le destin politique de l'Empire pour préserver les intérêts de souverains qui gouvernent.

Le dossier rassemblé et analysé dans les pages qui précèdent permet d'écarter l'idée, trop communément admise encore, d'une armée tardive putschiste proclamant inconsidérément des empereurs-soldats. Au IVe siècle, l'institution militaire semble au contraire profondément attachée à la régulation de sa puissance politique, laquelle admet en outre une forte dimension religieuse[44]. Pour qualifier le rôle électif des troupes, l'historien Ammien Marcellin, lui-même officier, emploie les notions de *respublica* et de *comitium*. Le droit attribué à l'armée de transmettre le pouvoir impérial trouve là une expression en termes de catégories formelles, empruntées aux théories et aux pratiques politiques romaines éprouvées. Ces notions définissent, règlent et justifient les procédures d'approbation et de dévolution de la puissance suprême à un candidat idoine, présenté aux armées par le haut appareil d'État. Elles instituent l'*exercitus romanus* en assemblée décisionnelle représentative, dont les règles de fonctionnement codifiée doivent garantir à l'empereur choisi une légitimité initiale suffisante[45]. L'institution militaire semble aussi dotée de mécanismes destinés à prévenir le plus possible les affrontements entre groupes régionaux : attention apportée au choix d'un candidat, qualité de celui-là et de ses recommandations familiales ou professionnelles, nécessité et modalités de l'obtention du consensus dans l'armée « électrice » et dans toutes les troupes. Elle cherche ainsi à éviter les cycles destructeurs de guerres civiles que l'Empire avait connus dans le troisième quart du IIIe siècle. L'effort n'est pas toujours couronné de succès : le consensus initialement obtenu autour d'un nouvel empereur peut s'éroder, en particulier pour les dynasties mal assurées ou pour les individus dont le gouvernement s'écarte des pratiques militaires et civils communément acceptées[46]. L'institution militaire est en outre traversée de tensions entre groupes de pouvoir rivaux et son action est de plus en plus dominée au cours du IVe siècle par les effets de fortes solidarités régionales. Au siècle suivant, l'histoire politique des parties orientale et occidentale de l'Empire diverge : en Orient, progressivement à partir du milieu du Ve siècle, le consensus des troupes occupe une place moins importante dans la légitimité impériale. Il est remplacé par l'expression par le peuple et le Sénat de Constantinople de l'adhésion à une fonction suprême fortement sacralisée[47].

Sylvain Janniard
Maître de conférences,
université François-Rabelais de Tours

mais sans son approbation formelle, et en ait tiré prétexte pour écarter un personnel politique trop lié à son père.

44. *E. g.* Themistius, *Discours* VI, 73c, 75b (l'unanimité des troupes manifeste la ratification divine du choix du nouvel empereur) ; Heim 1990, p. 160-172.
45. Ammien Marcellin, *Histoires* XV, 8, 14 ; XX, 9, 6 ; XXVI, 2, 2. Pour rendre compte des mêmes circonstances, des notions identiques sont employées par des auteurs étrangers au milieu militaire (Symmaque, *Discours* I, 8-9) ; Carrié 1993, 111-112 ; Pabst 1997, p. 9-14.
46. Voir Lee 2007, ch. 2.2.
47. MacCormack 1981, p. 240-266 ; Martin 1997, p. 49-56, 61-62 ; Pabst 1997, p. 199-201 ; Kolb 2001, p. 100-102 ; Szidat 2010, p. 78-80.

Bibliographie

BARNES T. (2011), *Constantine*, Chichester, Wiley / Blackwell.

BLECKMANN B. (1994), « Constantina, Vetranio und Gallus Caesar », *Chiron*, 24, p. 29-68.

CAMPBELL J. B. (1984), *The Emperor and the Roman Army (31 BC-AD 235)*, Oxford, Clarendon Press.

BÖRM H. (2015), « Born to be Emperor: the principle of succession and the Roman monarchy », dans Wienand 2015, p. 239-264.

CARRIÉ J.-M. (1993), « Eserciti e strategie », dans Momigliano A., Schiavone A. (dir.), *Storia di Roma*, III, 1, Turin, Einaudi, p. 83-154.

DEN BOEFT J. *ET AL.* (dir.) (2005), Drijvers J. W., den Hengst D., Teitler H. C., *Philological and Historical Commentary on Ammianus Marcellinus XXV*, Leyde, Brill

—. (2007), *Ammianus after Julian. The Reign of Valentinian and Valens in Books 26-31 of the* Res Gestae, Leyde, Brill.

—. (2008), *Philological and Historical Commentary on Ammianus Marcellinus XXVI*, Leyde, Brill.

—. (2009), *Philological and Historical Commentary on Ammianus Marcellinus XXVII*, Leyde, Brill

DONCIU R. (2012), *L'empereur Maxence*, Bari, Edipuglia.

DRIJVERS J. W., HUNT D. (dir.) (1999), *The late Roman World and its Historian: Interpreting Ammianus Marcellinus*, Londres, Routledge.

DRINKWATER J. F. (2000), « The revolt and ethnic origin of the usurper Magnentius (350-353), and the rebellion of Vetranio (350) », *Chiron*, 30, p. 131-159.

ERRINGTON R. M. (1996), « The accession of Theodosius I », *Klio*, 78, p. 438-453.

FLAIG E. (1992), *Den Kaiser herausfordern. Die Usurpation im römischen Reich*, Francfort, Campus.

—. (1997), « Für eine Konzeptionalisierung der Usurpation im Spätrömischen Reich », dans Paschoud, Szidat 1997, p. 15-34.

GIRARDET K. M. (2004), « Die Erhebung Kaiser Valentinians II. Politische Umstände und Folgen (375/76) », *Chiron*, 34, p. 109-144.

GRATTAROLA P. (1986), « L'usupazione di Procopio e la fine dei Costantinidi », *Aevum*, 60, p. 82-105.

HEATHER P. (1999), « Ammianus on Jovian: history and literature », dans Drijvers, Hunt 1999, p. 93-103.

HEIM F. (1990), « *Vox exercitus, vox dei.* La désignation de l'empereur charismatique au IVe siècle », *RÉL*, 68, p. 160-172.

KELLY G. (2013), « The political crisis of AD 375-376 », *Chiron*, 43, p. 357-409.

KOLB F. (2001), *Herrscherideologie in der Spätantike*, Berlin, Akademie Verlag.

LEE A. D. (2007), *War in Late Antiquity. A Social History*, Oxford, Blackwell.

—. (2015), « Emperors and Generals in the Fourth Century », dans Wienand 2015, p. 100-118.

LENSKI N. (2000), « The election of Jovian and the role of the Late Imperial guards », *Klio*, 82, p. 492-515.

—. (2002), *Failure of Empire : Valens and the Roman State in the Fourth Century A. D.*, Berkeley, University of California Press.

LEPPIN H. (2007), « Der Reflex der Selbstdarstellung der valentinianischen Dynastie bei Ammianus Marcellinus und den Kirchenhistorikern », dans Den Boeft *et al.* 2007, p. 33-51.

—. (2015), « Coping with the Tyrant's faction: civil-war amnesties and christian discourses in the Fourth Century AD », dans Wienand 2015, p. 198-214.

MACCORMACK S. (1981), *Art and Ceremony in Late Antiquity*, Berkeley, University of California Press.

MARAVAL P. (2011), *Constantin le Grand*, Paris, Tallandier.

MARTIN J. (1997), « Das Kaisertum in der Spätantike », dans Paschoud, Szidat 1997, p. 47-62.

Milazzo F. (1989), *Profili costituzionali del ruolo dei militari nella scelta del* princeps. *Dalla morte di Augusto all'avvento di Vespasiano*, Naples, ESI.

Neri V. (1985), « Ammiano Marcellino e l'elezione di Valentiniano », *RSA*, 15, p. 153-182.

Pabst A. (1997), Comitia imperii. *Ideelle Grundlagen des römischen Kaisertums*, Darmstadt, Wissenschaftliche Buchgesellschaft.

Parsi B. (1963), *Désignation et investiture de l'empereur romain (ier et iie siècles après J.-C.)*, Paris, Sirey.

Paschoud F., Szidat J. (dir.) (1997), *Usurpationen in der Spätantike*, Stuttgart, Franz Steiner.

Raimondi M. (2001), *Valentiniano I e la scelta dell'Occidente*, Alessandria, Edizioni dell'Orso.

Rosen K. (2006), *Julian. Kaiser, Gott und Christenhasser*, Stuttgart, Klett-Cotta.

Rougé J. (1992), « L'abdication de Dioclétien et la proclamation des Césars : degré de fiabilité du récit de Lactance », dans Christol M. *et al.* (dir.) (1992) Demougin S., Duval Y., Lepelley C., Pietri L., *Institutions, société et vie politique dans l'Empire romain au ive siècle apr. J.-C.*, Rome, ÉfR, p. 77-89.

Schmidt-Hofner S. (2015), « Ostentatious legislation: law and dynastic change, AD 364-365 », dans Wienand 2015, p. 67-99.

Seston W. (1946), *Dioclétien et la Tétrarchie*, Paris, De Boccard.

Soraci R. (1968), *L'imperatore Gioviano*, Catane, Niccolò Giannotta.

Straub J. (1939), *Vom Herrscherideal in der Spätantike*, Stuttgart, Kohlhammer.

Szidat J. (1989), « Imperator legitime declaratus (Ammian 30,10, 5) » dans Piérart M., Curty O. (éd.) (1989), Historia Testis. *Mélanges d'épigraphie, d'histoire ancienne et de philologie offerts a Tadeusz Zawadzki*, Fribourg, Éditions universitaires Fribourg, p. 175-188.

—. (1997), « Die Usurpation Iulians. Ein Sonderfall? » dans Paschoud, Szidat 1997, p. 63-70.

—. (2010), Usurpator tanti nominis. *Kaiser und Usurpator in der Spätantike (337-476 n.Chr.)*, Stuttgart, Franz Steiner.

—. (2015), « Gaul and the Roman Emperors of the Fourth Century », dans Wienand 2015, p. 119-134.

Whitby M. (2004), « Emperors and armies, AD 235-395 », dans Swain S., Edwards M. (dir.), *Approaching Late Antiquity: the Transformation from Early to Late Empire*, Oxford, Oxford UP, p. 156-186.

Wiebe F. J. (1995), *Kaiser Valens und die heidnische Opposition*, Bonn, Rudolf Habelt.

Wienand J. (dir.) (2015), *Contested Monarchy. Integrating the Roman Empire in the Fourth Century AD*, Oxford, Oxford UP.

Maurice Sartre

Conclusions

Peut-on exercer le pouvoir, un pouvoir quel qu'il soit, sans être le vainqueur d'un rapport de force ? Tout pouvoir n'est-il pas d'une manière ou d'une autre l'expression d'un rapport de force ? Disant cela, on n'a rien dit car les termes du rapport de force peuvent varier à l'infini et c'est leur examen qui intéresse l'historien ou le politologue. Nous sommes habitués, dans les démocraties de type occidental – ce qui représente bien peu de chose sur la planète aujourd'hui – à ce que ce rapport de force prenne des formes pacifiques, non guerrières en tout cas. Le vote qui départage deux candidats à une fonction exprime un rapport de force qui repose sur des données multiples qui peuvent s'emboîter les unes dans les autres : l'intelligence apparente ou la capacité supposée à résoudre les problèmes d'une société donnée, le charisme personnel, l'excellence d'un entourage, l'honnêteté supposée, etc., autant de variables dont l'appréciation varie d'un individu à l'autre. La légitimation accordée par le vote consacre en quelque sorte cette puissance singulière qu'exsude le candidat vainqueur sans que la puissance des armes intervienne le moins du monde, même à l'état de menace.

Mais à y regarder de plus près, une telle situation, déjà limitée en notre siècle, n'apparaît que rarement en remontant le fil des siècles, et la force armée, même si elle ne constitue pas la seule composante du rapport de force qui conduit les individus à la tête du groupe – du village à l'Empire, la taille du groupe varie à l'infini sans que la nature du pouvoir change réellement –, a joué dans le cours de l'histoire un rôle déterminant. En choisissant de consacrer cette journée d'études à la place des composantes militaires dans les légitimations politiques, vous touchez du doigt une question essentielle, dont nul ne saurait faire le tour en une seule journée, et en sélectionnant des épisodes éloignés dans le temps, vous nous donnez les moyens d'apprécier la diversité des réponses. Car, comme toujours en histoire, rien n'est écrit par avance, et les évolutions que l'on observe pourraient avoir été autres.

L'Antiquité gréco-romaine me semble se distinguer d'autres périodes – mais on peut à bon droit contester le fait que ce soit une marque distinctive – par l'importance accordée à un critère particulier de légitimité du pouvoir, qui naturellement se combine à d'autres (dont la force militaire), même si le dosage varie à l'infini selon les moments, les lieux et les individus. Ce critère, très anciennement reconnu et valorisé, me semble être la valeur personnelle et familiale. Je ne sépare pas l'individu de ses ancêtres car aussi loin que l'on remonte dans le temps documenté par des écrits ou des images, c'est-à-dire en dernier recours au temps d'Homère, l'éloge des individus commence toujours par celui de ses ancêtres, proches ou lointains. On sait la fortune de cette pratique tout au long de l'Antiquité grecque et romaine. Dans le fond, c'est cette tradition aristocratique grecque qui fonde les pratiques dynastiques des monarchies hellénistiques, même s'il va de soi que les royautés hellénistiques n'en sont pas issues. Mais le mérite des ancêtres rejaillit sur la descendance aussi bien dans l'éloge de l'athlète vainqueur ou dans celui de l'évergète généreux dont les talents ou la conduite sont le fruit d'une éducation fondée sur le modèle des ancêtres que dans la propagande royale ou impériale d'un souverain dont l'incapacité à régner s'étale aux yeux de tous mais dont la gloire des ancêtres compense sa propre médiocrité. La force de l'idée dynastique me semble à l'œuvre partout et dans tous les cas. On objectera qu'elle n'est guère visible dans l'Athènes démocratique des temps classiques, mais elle me semble néanmoins y œuvrer en coulisses, par la place accordée aux membres des familles les plus en vue : on a souligné depuis longtemps combien les Alcméonides et leurs multiples ramifications familiales occupaient une place de choix dans la cité démocratique, quitte à y camper des positions politiques parfaitement opposées. Plus classiquement, le souci de se rattacher à un roi jugé légitime apparaît clairement dans la crise dynastique qui secoue la monarchie séleucide à partir de l'usurpation d'Antiochos IV. Alexandre Balas comme Alexandre Zabinas en sont de bons exemples. Mais le souci n'est pas moins grand à Rome où l'on sait combien les Antonins prennent la peine d'adopter leur successeur pour signifier leur choix et légitimer l'héritier. On connaît même des exemples de légitimation dynastique *a posteriori*, lorsque Septime Sévère se déclare fils de Marc Aurèle ou, plus tard, lorsque Constantin prétend se rattacher à Claude II le Gothique ! Que l'on écarte les héritiers naturels, je veux dire les fils légitimes des premiers tétrarques, et c'est tout l'édifice patiemment mis en place par Dioclétien qui s'effondre ! Sylvain Janniard a bien rappelé ici même combien les souverains du IVe siècle appartiennent tous d'une manière ou d'une autre à la famille constantinienne.

L'exemple étudié de plus près par Pierre-Olivier Hochard, celui d'Achaios, s'inscrit pleinement dans ce double processus de légitimité dynastique et militaire. Déjà Antiochos Hiérax avait tenté sa chance, en frère cadet doté de pouvoirs étendus en Asie Mineure et en vertu d'une puissance militaire qui en faisait un quasi souverain de l'Asie. Le cas d'Achaios, si je comprends bien, ne se distinguerait pas tant par l'originalité du processus lui-même – Achaios appartient lui aussi à la famille royale, il est lui aussi vainqueur (d'Attale Ier comme de Hiérax) et adulé par ses troupes – que par le projet qu'il nourrit : non pas prendre la place de son neveu Antiochos III, mais fonder à ses dépens un royaume micro-asiatique reposant sur les mêmes bases idéologiques. Aussi sérieuse et prudente soit-elle, la démonstration ne peut être tenue pour assurée, mais il me semble qu'il faut en retenir, dans la perspective de cette journée, au moins une remarque : Achaios reste fidèle à l'idéologie primitive de la monarchie hellénistique, celle d'une proclamation royale liée à la victoire militaire. On se souvient comment Antigone le Borgne se laissa proclamer roi après la victoire navale de son fils à Salamine de Chypre, ou comment les dynastes de Pergame adoptèrent à leur tour le titre de *basileus* dans un contexte de victoire sur les Galates. Si Hiérax et Achaios pouvaient se prévaloir d'appartenir à une dynastie légitime quoique de fraîche date, ce n'était évidemment pas le cas des fondateurs des dynasties hellénistiques, roturiers qui surent se créer des ancêtres divins à défaut d'en posséder des humains présentables. Au fond, lorsque de rares usurpateurs comme Molon ou Diodote Tryphon ne revendiquent aucune filiation royale, ou dans un contexte à peine différent, lorsque les Hasmonéens prennent le titre royal, il ne s'agit que d'un retour à la pratique des origines hellénistiques : la victoire et elle seule, en dehors de toute appartenance à une dynastie prestigieuse, fonde la prétention au pouvoir. Notons tout de même que chez les Hasmonéens, Aristobule ne prend le titre royal qu'après un demi-siècle de pouvoir ininterrompu de ses ancêtres, représentant lui-même la troisième génération : la dynastie existe de fait, sinon en droit, et elle n'est fondée que sur la victoire de ses trois premiers représentants, Judas, Jonathan et Simon.

La légitimité dynastique peut suffire en période de paix, au moins relative, mais dès que les difficultés politiques apparaissent à l'intérieur ou à l'extérieur de l'État – *stasis*, guerre ou invasion, la liste serait infinie – être « le fils de » ne suffit plus. Et donc dans la pratique, en dehors de courtes périodes comme celle qui va de Nerva à Antonin le Pieux, ou dans l'Athènes démocratique pourtant fort guerrière, le poids de l'armée se fait sentir, d'une manière ou d'une autre. Je ne reviendrai pas sur ce que vous avez montré avec beaucoup de talent les uns et les autres, mais j'observe que les processus varient grandement d'une cité à l'autre, d'une époque à l'autre. À Syracuse, la tyrannie des Gélon, Denys l'Ancien et Agathocle emprunte une voie d'apparence quasi légale pour sortir de la légalité, même si en définitive, la victoire – plus que la force à l'état pur – les rend légitimes pour exercer le pouvoir. Mais finalement, Syracuse n'est-elle pas une exception dans l'histoire des tyrannies grecques ? Car dans la plupart des cas un peu connus, c'est la violence brute qui porte le tyran au pouvoir, et il ne cherche aucune légitimation autre que celle que lui fournissent ses "porte-gourdins" (Pisistrate), sa garde personnelle, toute puissante puisqu'en général le tyran a pris soin de désarmer les citoyens. D'une certaine manière, c'est une préfiguration des gardes personnelles des monarques, les hypaspistes royaux (l'*agêma*) de Philippe II de Macédoine et d'Alexandre et leurs dérivés d'époque hellénistique dont a parlé Jean-Christophe Couvenhes.

La fidélité a un prix, et Rome ne s'en est jamais cachée. Les tyrans d'époque archaïque, si du moins on fait confiance aux sources qui ont tendance à appliquer à tous un schéma qui semble relever du *topos* littéraire autant que de la réalité des faits, achetaient de multiples façons la loyauté de leurs gardes privés, bien que les sources mettent surtout l'accent sur le don des biens des aristocrates exilés, terres, maisons, mais aussi femmes et filles des vaincus. Les *imperatores* de la République finissante savent aussi entretenir la fidélité des troupes par le lotissement des vétérans, les dons d'argent et toutes autres possibilités. Pourtant, la nature du jeu change avec le temps, me semble-t-il, car bien des facteurs y contribuent. D'abord, la situation politique n'est pas la même lorsque deux chefs aussi légitimes l'un que l'autre – Octave et Antoine – s'affrontent sous les yeux d'éléments d'une armée encore très largement composée de citoyens romains d'Italie, ou au contraire lorsque des prétendants à l'Empire dépourvus de toute légitimité cherchent à obtenir le pouvoir en s'appuyant sur des armées largement régionalisées et recrutées désormais essentiellement hors d'Italie. Les légionnaires italiens d'Octave et d'Antoine – même s'ils ne constituent pas toute leur armée – pouvaient avoir une analyse politique des enjeux, et marquer une préférence en termes politiques. Avec la première rupture dynastique, à l'assassinat de Néron, le processus enclenché par Auguste ne semble modifié qu'après coup, parce que nous connaissons la suite de l'histoire, mais Dorian Bocciarelli a bien montré que la recherche du *consensus exercituum*, préalable légitime au *consensus universorum*, s'inscrivait dans le respect de la volonté augustéenne. Mais ce qui est nouveau, c'est que le choix qui devait être celui des prétoriens, est ici, à plusieurs reprises, celui d'armées régionales – les légions d'Espagne pour Galba, celles du Rhin pour Vitellius, celles de Mésie et d'Orient pour Vespasien – qui expriment des avis contradictoires ; seul Othon est proclamé à Rome, par les prétoriens. La force de la tradition créée par les derniers Julio-claudiens était si forte que Vitellius tenta de suppléer cette lacune dans sa proclamation initiale par des émissions monétaires portant la légende *Concordia praetorianorum*. Par ailleurs, les étapes suivantes de la légitimation furent scrupuleusement suivies, même si ce fut parfois avec retard : le Sénat n'avait guère d'autre choix que de laisser le sort des armes trancher une crise qu'il ne maîtrisait pas.

Si la mise en avant du *consensus exercituum* joue encore pleinement dans la crise du milieu du Ier siècle, on peut se demander s'il en va encore de même à partir des Sévères. Certes il a pu tenir un rôle, au moins formellement, mais c'est bien plus la victoire militaire sur l'adversaire (ou les adversaires) qui compte. Surtout, il me semble que le caractère plus composite des armées régionales risque d'affaiblir la dimension politique de la décision des légions. Certes, tous les habitants de l'Empire, à partir de 212, sont citoyens, et il n'est pas question de les discriminer selon leur origine. Mais on sait depuis fort longtemps que les plus forts contingents viennent des provinces les moins romanisées. On peut se demander si les Thraces, Germains, Pannoniens ou Syriens des armées de Macrin, Maximin le Thrace, Aurélien ou Dioclétien proclament leur chef *Augustus* parce qu'ils voient en lui le sauveur potentiel de l'Empire tout entier ou s'il s'agit seulement de lui manifester leur confiance dans l'espoir d'en recevoir en compensation des *donativa* qui les motiveront. Je ne crois pas que l'on puisse donner une réponse unique car non seulement chaque proclamation impériale fut un cas d'espèce en raison de la personnalité même du prétendant, de ses qualités militaires et de ses ressources, mais aussi parce que les motivations individuelles des soldats nous échappent pour autant qu'elles ne soient pas dictées par des circonstances extérieures impératives.

Vous avez mis en relief des points fort utiles et importants dans l'analyse des comportements politiques, tant à Rome que dans certaines cités grecques ou dans les royaumes hellénistiques. On ne va pas regretter ici tout ce qui a été laissé de côté, et qu'il était naturellement impossible de traiter en une seule journée. Mais pour finir, peut-être n'est-il pas inutile de soulever un point qui peut intriguer, et fournir d'utiles contrepoints. Cette situation originale me rend perplexe, et fera peut-être l'objet d'une prochaine journée. On a plusieurs fois souligné combien dans les périodes de difficultés internes (la guerre civile des années 44-30 ou la crise impériale de 68-69) ou externes (l'ensemble de la crise du IIIe siècle), le poids des armées s'alourdissait subitement. Or, lorsque Athènes connaît des difficultés proportionnellement aussi tragiques pour elle que les faits évoqués à l'instant, jamais les chefs militaires, ni l'armée civique comme telle ne prend le dessus sur les instances civiques régulières. En 403, on peut invoquer l'épuisement et la défaite : que reste-t-il d'une armée battue et humiliée ? Mais dans le courant du IVe siècle, alors que la cité se déchire volontiers, on voit au contraire les chefs militaires intervenir de façon marginale dans la vie publique, moins directement en tout cas que ne le faisaient les stratèges du Ve siècle, qui détenaient à la fois la maîtrise du commandement et celle de la parole publique. On a noté depuis longtemps au contraire que les orateurs qui orientent la vie civique d'Athènes ne sont plus guère des hommes d'action, pas même, souvent, des magistrats. Je crois volontiers qu'il y a une part d'illusion dans cette analyse car les orateurs étaient liés politiquement à certains stratèges. Mais sur le fond, il n'en est pas moins vrai qu'à ma connaissance, avant l'expérience tyrannique de Nabis à Sparte, on ne voit jamais la force militaire prendre l'ascendant dans la cité, quel que soit le régime de celle-ci. Preuve à mes yeux que l'intervention du militaire dans la vie civique n'est pas inévitable en temps de crise. Mais comment l'expliquer ? Certes, il fut un temps où armée et corps civique se confondent – on le voit bien à Samos en 411 comme à Syracuse en 413 où le corps expéditionnaire de l'armée athénienne s'érige en assemblée civique quasi régulière. Mais ce n'est plus guère le cas dans le courant du IVe siècle si l'on en croit la quasi unanimité des orateurs attiques. La lourde présence des mercenaires facilitait l'allégeance à un chef plus qu'à une cité. Or, en dehors d'Agésilas qui d'ailleurs tente l'aventure hors de sa cité, cela ne conduisit guère à des coups d'État même s'il est vrai qu'on voit réapparaître, de façon marginale, la tyrannie (Héraclée du Pont, Atarneus). Cette exception « civique » mérite d'être mentionnée car elle incite à sortir des schémas préétablis et justifie pleinement des journées d'études qui, comme celles-ci, font ressortir la variété des réponses aux situations de crise, prennent en compte les changements induits par l'évolution des structures politiques, et montrent en définitive qu'en dépit de quelques comportements récurrents, les hommes ne cessent d'inventer des solutions nouvelles, que l'histoire, en définitive, ne bégaie jamais.

Maurice Sartre
Professeur des universités émérite,
université François-Rabelais de Tours

Comptes rendus

Champs de bataille dans le monde grec : à propos de quelques ouvrages récents en langue française.

À la fin du XIXe et au début du XXe siècle, on sait que se développa, particulièrement dans l'empire allemand, des études sur les champs de bataille de l'Antiquité gréco-romaine. Ces études « factuelles » prenaient leur assise sur le terrain, parcouru par des spécialistes de la *Kriegkunst*. Du côté du monde grec, on pense essentiellement à Hans Delbrück et à Johannes Kromayer, qui explorèrent également les champs de bataille romains, en compagnie de Gustav Veith ou encore de Friedrich Lammert. Tous ces savants étaient d'éminents historiens, pas seulement des praticiens avertis « ayant blanchi sous le harnois », comme cela était encore le cas à la génération précédente. Tous cherchaient, à partir des textes grecs et de leur connaissance du terrain, à reconstituer des batailles : entre 1870 et 1914, il est vrai, nombre d'écoles de guerre se prêtait aussi à l'exercice, devant un parterre de jeunes officiers, pas seulement en Allemagne.

Le propos de Hans Delbrück, dans *Die Perserkriege und die Burgunderkriege, Zwei combinierte kriegsgeschichtliche Studien, nebst einem Anhang über die römische Manipulartaktik*, Walther & Apolant, Berlin, 1887 était très original puisqu'il cherchait à comparer les guerres médiques à la guerre de Bourgogne qui opposa de 1474 à 1477 le duché de Bourgogne à la Confédération helvétique. Par la suite, H. Delbrück fit paraître une monumentale *Geschichte der Kriegskunst im Rahmen der politischen Geschichte*, 4 vol., Berlin, 1900-1920 : le premier volume, paru en 1900, était consacré au monde antique (t. 1 : *Das Altertum*). Plus classique, Johannes Kromayer, *Antike Schlachtfelder*, I-IV, Berlin, 1903-1926 (les deux derniers volumes, sur l'Italie et l'Afrique étant publié par Georg Veith) cherchait à donner à voir, cartes à l'appui, les grandes batailles de l'Antiquité. Avec son jeune collègue Georg Veith, J. Kromayer passa en revue les principaux théâtres d'opération grecs et romains. On peut encore renvoyer à l'utile référence cartographique constituée par J. Kromayer et G. Veith, *Schlachten-Atlas zur antiken Kriegsgeschichte. 120 Karten auf 34 Tafeln. Mit begleitendem Text*, Wagner & Debes, Leipzig, 1922-1929. Par la suite, plusieurs études ont pu remodeler, parfois très largement, notre vision des choses sur le terrain : on pense notamment aux apports des travaux de William Kendrick Pritchett sur la topographie militaire. Néanmoins, on trouve chez ces savants allemands du tournant du siècle, un désir de compréhension globale qui n'a guère été relayé.

Un siècle plus tard, comment revenir sur ces champs de batailles ? Voici quelques réponses possibles à travers des ouvrages francophones récents portant sur des batailles célèbres dans le monde grec : Marathon (490), les Thermopyles (480), Platées (479), Pylos (425) et Chéronée (338).

Patrice BRUN, *La bataille de Marathon*, Larousse, 2009, 224 p.

À la mi-septembre 2010 eut lieu le 2500e anniversaire de la bataille de Marathon qui opposa un petit contingent de 10 000 Grecs (dont 9 000 Athéniens) à une troupe perse supérieure en nombre, qui était en train de réembarquer dans la baie du même nom, située au nord-est de l'Attique. Dans cet ouvrage de la collection « L'histoire comme un roman », chez Larousse, l'auteur cherche à « situer la bataille dans son contexte historique, comprendre le déroulement de l'engagement, mais aussi et surtout en définir les enjeux immédiats et à long terme puis saisir les époques et les modalités du changement qui s'opéra dans le souvenir du combat » (p. 21-22). Volontairement, l'ouvrage n'utilise aucune note de bas de page et se contente de renvoyer à une bibliographie sommaire, « les références antiques à la bataille de Marathon étant innombrables » (p. 222). Toutefois, l'A. s'efforce à chaque page d'indiquer les rappels aux sources antiques, des textes essentiellement. Le grand public, auquel s'adresse cet ouvrage, trouvera néanmoins un exposé sûr et alerte, pédagogique et parfois personnel, de cette bataille. L'A., spécialiste de la guerre dans le monde Grecs, en profite pour marquer parfois ses distances avec le modèle occidental de la guerre développé par Victor D. Hanson. Dans « la Bataille » (chapitre I), l'A. revient sur ce que l'on peut dire de l'événement, dont le déroulement et le résultat sont plus nuancés que ne le laissent penser à priori nos sources, qui d'Hérodote à Aelius Aristide ou Polémon, enflent la disproportion des effectifs entre Grecs et barbares perses, ainsi que le mérite des Athéniens. Sans que l'on puisse donner des effectifs précis, bien entendu, il pense que l'on peut parler d'une armée d'invasion de 30 000 à 50 000 combattants (trois à cinq fois plus que les hoplites grecs).

La disproportion des forces était donc réelle et la victoire athénienne ne l'était pas moins. Mais le bilan de la croisière perse était largement positif : Athènes n'était qu'un enjeu mineur et Marathon un épiphénomène, désagréable, certes, mais qui ne remettait pas en cause la conquête achéménide dans toute la mer Égée. Dans le chapitre II, intitulé « le sens de la victoire », l'A. revient sur l'usage politique qui fut fait de la victoire hoplitique, qui permit à la cité de s'unifier, mais aussi engagea les hommes politiques du temps, selon leurs options idéologiques – aristocratique ou démocratique – à rapidement comparer les mérites de Marathon à ceux de Salamine. Néanmoins, l'A. rappelle qu'au IVe siècle, les textes évoquent les hoplites (Marathon) et les marins (Salamine) sans qu'il y ait toujours la supériorité des premiers sur les seconds que l'on trouve chez Platon. Le chapitre III sur « Le temps du recueillement » est une utile mise au point sur l'unité religieuse que les Athéniens retirèrent de la victoire, du culte des Marathonomaques aux *Hérakleia*, en passant par le rôle que joua (ou que l'on fit jouer par la suite à) Miltiade, « vainqueur » mais néanmoins citoyen comme les autres, ou encore les prodiges sur le champ de bataille. Dans le chapitre IV, « la mémoire de Marathon », l'A. envisage les différentes manières dont, très tôt, les Athéniens firent fructifier la victoire de Marathon, dans des buts différents mais complémentaires : rappelée comme élément de l'histoire officielle lors des oraisons funèbres, célébrée en image par la fresque de Polygnotos peinte dans la *stoa poikilè*, sur l'agora, la victoire de Marathon servit les intérêts impérialistes de la cité. Marathon prouvait aux autres Grecs la nécessité d'une hégémonie athénienne, que Sparte, et encore moins Thèbes, ne pouvaient disputer. Cela pouvait se faire au détriment de la vérité historique. Le chapitre V, intitulé « de l'histoire au mythe », montre combien la dimension mythique de la bataille se met en place dès le soir même de l'affrontement, dans un mélange de sincérité dans les remerciements adressés aux dieux et de réalisme politique dans l'exploitation idéologique de la victoire. En devenant le moment privilégié de l'intervention des divinités et aussi le moment privilégié de la lutte de l'hellénisme contre les barbares, le mythe de Marathon est accaparé par les Grecs, au delà des limites de la cité. La « légende » de Philippidès est une utile étude de cas pour comprendre les rapports entre mythe et histoire. Un court dernier chapitre envisage enfin « la légende contemporaine », pour montrer que ce sont des éléments du mythe qui se diffractent et se retrouvent dans des éléments épars de notre monde contemporain. Un livre utile, qui présente seulement deux cartes, dont une de la baie de Marathon, mais aucune de la bataille ; à illustrer et compléter avec H.R. Goethe, T.M. Weber, *Marathon*, Mayence, 2004 et P. Krentz, *The Battle of Marathon*, New Haven / Londres, 2010.

Jacqueline CHRISTIEN, Yohann LE TALLEC, *Léonidas. Histoire et mémoire d'un sacrifice*, Paris, Ellipses, 2013, 401 p.

Cet ouvrage, écrit à quatre mains, porte en réalité sur les Thermopyles, défilé montagneux permettant d'entrer depuis la Thessalie en Grèce centrale où le roi de Sparte Léonidas trouva la mort en compagnie de ses Trois Cents, des soldats d'élite, face aux assauts de l'armée perse : on en était alors à l'aube d'un troisième jour de combat, fin août 480 ; dix ans après Marathon, au début de la deuxième guerre médique, un peu avant Salamine.

Sur le déroulement de la bataille elle même, il y a peu à dire : des pages 77 à 109, Jacqueline Christien reprend la trame du récit d'Hérodote. L'intérêt de l'ouvrage est ailleurs : sans toutefois, changer « ni la face du monde ni même un des paradigmes de l'art occidental de la guerre » (p. 6), cette bataille où s'illustra l'infanterie cuirassée spartiate contribua à façonner une certaine éthique de la guerre. C'est l'idée de sacrifice – du roi et de ses hommes – qui constitue le fil directeur de l'ouvrage : selon les auteurs, aux Thermopyles se trouve fixé la représentation de certaines valeurs associés à la pratique de la guerre, de l'obéissance des ordres reçus au mépris de la mort. Or, comme toujours avec Sparte, les données avérées sont infimes. C'est pour cela que le livre s'organise en deux parties. La première partie, assurée par Jacqueline Christien, cherche, au delà du « mirage spartiate » (selon l'expression célèbre de François Ollier) à livrer une analyse aussi serrée que possible du contexte historique. La deuxième partie, écrite par Yohann Tallet, s'intéresse à la manière dont le mythe se constitue, non seulement dans l'Antiquité, mais jusqu'à nos jours.

Dans la première partie de l'ouvrage (p. 1-143), un chapitre liminaire permet à Jacqueline Christien de partir du constat, cher à Claude Lévi-Strauss, qu'« en dépit d'efforts aussi méritoires qu'indispensables pour accéder à une autre condition, une histoire clairvoyante devra confesser qu'elle n'échappe jamais complètement à la nature du mythe » (*Mythologiques*, t. I. « Le Cru et le Cuit », Paris, Plon, 1964, p. 21) : elle pose alors comme problématique la nécessité de dégager l'histoire du mythe. Pour cela, Jacqueline Christien présente tour à tour « Hérodote » (chapitre II), « Léonidas » (chapitre III), « l'invasion de la Grèce » (chapitre IV), « les protagonistes » (chapitre V), « les lieux et les combats » (chapitres VI-VII), « les rois et la royauté à Sparte » (chapitre VIII) et « Sparte au temps des guerres médiques » (chapitre VIII). De manière claire, pédagogique, l'auteure cherche à contextualiser, à replacer dans la Sparte du temps, dont elle est une intime. Beaucoup de passages auraient pu être davantage développés mais les idées, parfois posées par allusions, sont sûres. Il y a (trop) peu de notes de bas de page, ce qui est certainement un choix éditorial. La figure de Léonidas est révélatrice puisqu'il « semble n'exister que pour mourir » (p. 42) : cette figure est le moyen également de révéler une société moins étrange que l'on a bien voulu le dire. Cette partie présente quelques cartes dont une seule du site de la bataille (carte 6, p. 378).

Dans la deuxième partie de l'ouvrage (p. 144-337), Yohann Tallet revient sur l'élaboration du mythe, après l'histoire. En les exposant très brièvement dans le chapitre X (« Écrire le mythe – 479-168 av. J.-C.), l'A. cherche néanmoins à préciser les conditions de la genèse du mythe : les Thermopyles – comme Marathon ou Salamine – devenant un lieu emblématique auquel se réfèrent, volontairement (Isocrate) ou pas (Philippe, qui ne pouvait être que bloqué aux Thermopyles en 352) les récits du IVe siècle. Les conditions de production pourraient être davantage dégagées, même si l'exercice est difficile. Le chapitre suivant envisage la manière dont, du Ier siècle avant J.-C. au XVe siècle après J.-C., auteurs et acteurs du temps parvinrent à « faire vivre le mythe », en le réactivant, selon les témoignages notamment des voyageurs, de Pausanias à Cyriaque d'Ancône. Il est à noter que les conditions de productions de cette réactualisation du mythe étant très différents d'une époque à l'autre, le parcours perd parfois un peu de sa cohérence, entre monde romain et monde chrétien. La partie romaine impériale mériterait sans doute aussi un développement plus substantiel, même s'il est utilement rappelé que l'on doit à Cicéron, dans le contexte des guerres civiles, la réactivation des Thermopyles comme mémoire de la liberté et de la défense de la patrie.

Les chapitres suivants reviennent sur le mythe des Thermopyles à des moments plus précis : « lire et penser le sacrifice de Léonidas à l'époque moderne – XVIe-XVIIIe siècle » (chapitre XII) ; « retrouver le mythe à l'âge des révolutions – 1770-1830 » (chapitre XIII) ; « vaincre ou mourir au nom de la Nation – 1821-1878 » (chapitre XIV) ; « le crépuscule d'un mythe : du héros spartiate au soldat aryen – 1813-1945 » (chapitre XV) ; « le mythe et les démocratie en guerre – 1871-1945 » (chapitre XVI) ; « Léonidas et la question impériale aux États-Unis – 1947-2007 » (chapitre XVII). Avec la Renaissance, le mythe des Trois Cents réapparaît, selon des principes comparables : sacrifice exemplaire et défense de la liberté. Le rôle de la poésie et du théâtre a été prépondérant : on pense par exemple au poème de Glover à Léonidas (1737). À l'époque contemporaine, le mythe est employé comme un véritable instrument politique : il s'adapte aux régimes et il est frappant de constater combien cette bataille a été reprise par le régime nazi comme par les démocraties dans l'entre-deux-guerres, puis par les États-Unis comme par l'URSS dans la Guerre Froide. Le mythe est devenu un facteur d'unité des nations, selon les mêmes valeurs fondatrices : héroïsme du soldat jusqu'à la mort, rôle central joué par la défense de la liberté, quelque soit cette liberté. Comme le souligne Y. Tallet, « la récurrence et la polysémie de la référence au roi de Sparte [...] participe de la naissance d'un mythe de la guerre dont les valeurs dominent [...] l'horizon symbolique des sociétés occidentales : abnégation, sacrifice, promesse d'un homme nouveau » (p. 245-246). Cela contribue sans doute un peu plus à brouiller l'image de la bataille réelle, mais Hérodote lui-même participait déjà de ce mécanisme de constitution du mythe.

Jean-Nicolas CORVISIER, *La bataille de Platées, 479 av. J.-C.*, Clermont-Ferrand, Lemmedit (Collection Illustoria), 2010, 101 p.

En quatre chapitres et une centaine de pages, sans notes de bas de pages, l'auteur s'intéresse à une bataille un peu moins célèbre dont l'issue fut le départ des troupes perses de Grèce propre, sinon la fin de la deuxième guerre médique qui continua sous l'égide athénienne. L'objet de l'ouvrage n'est pas le mythe ou la construction a postériori de la bataille, mais la bataille elle-même. Pour commencer, le petit ouvrage est prétexte à un rappel des événements avant la bataille, depuis l'irrésistible expansion de l'Empire perse jusqu'à son échec à Salamine. Vaincus sur mer, les troupes de Mardonios hivernent en Grèce centrale, avant de relancer l'offensive au printemps 479. L'un des intérêt du livre est de rappeler que pendant quelques mois, deux modèles étrangers l'un à l'autre se font face, avec des armées terrestres forts dissemblables. La coalition des Grecs (Thèbes exclue), dirigée par Sparte, hésita à livrer le combat en Béotie, sur les bords de l'Asopos. La bataille elle-même comprend une première phase de deux semaines d'attente entrecoupées d'accrochages, avant qu'un changement de position des Grecs ne précipite l'affrontement, ouvrant une deuxième phase de la bataille, relativement confuse, qui se solda par la déroute et le massacre d'une partie des troupes perses. La victoire n'est pas plus facile à dégager que la bataille : il faut une dizaine de jours pour se répartir le butin, célébrer la victoire et obtenir la soumission de Thèbes. L'A. tire parti des sources à sa disposition, essentiellement Hérodote et émet l'hypothèse, originale, selon laquelle on pourrait tout aussi bien conclure à une victoire des Perses, si Mardonios n'avait trouvé la mort sur le champ de bataille. Finalement, « une des rares batailles totalement décisives de l'Antiquité s'était terminée par une victoire stratégiquement illogique, mais définitive » (p. 68). En annexe, l'auteur revient sur quelques questions qui mériteraient plus de développement : le lieu du combat ; les commandements de Mardonios et Pausanias ; la question du décret de Trézène et de « serment de Platées ». Le petit volume souffre de quelques défauts formels mais bénéficie d'un cahier central d'illustrations, en couleurs, dont 6 cartes retraçant les principales phases de la bataille (p. IV-V).

Philippe LAFARGUE, *La bataille de Pylos, 425 av. J.-C. – Athènes contre Sparte*, Paris, ALMA éditeur, 2015, 266 p.

Auteur d'une biographie remarquée sur *Cléon. Le guerrier d'Athéna*, Bordeaux, Ausonius éditions, 2013, Philippe Lafargue revient ici sur un épisode important à la fois de la guerre du Péloponnèse et de la carrière du « démagogue » athénien, selon l'expression de Thucydide et d'Aristophane (qui le qualifie en plus de « tanneur » et de « Paphlagonien »). Dans un chapitre final (p. 205-215), l'auteur s'explique du fait que cette monographie sur la bataille de Pylos a été conçue comme le(s) « prolongements » de l'ouvrage précédent. Revenant – d'une manière parfois (trop) pessimiste – sur les écueils institutionnels et méthodologiques auxquels peut se confronter notre discipline, l'A. considère son projet à la fois comme l'héritier du *Dimanche à Bouvines* (1973) de Georges Duby et de *The Face of Battle* (1976) de John Keegan. L'ouvrage est constitué de huit chapitres répartis en deux parties, d'un index de noms et lieux antiques et d'un cahier central d'illustrations en couleurs où figurent 4 cartes, une du site et 3 autres retraçant les principales phases de la bataille.

Dans le première partie, intitulée « Victoires athéniennes », l'A. revient d'abord sur la « Grande guerre des Grecs » (chapitre 1), replaçant l'expédition de Pylos dans le contexte des cinq incursions menées par les troupes lacédémoniennes en Attique. Au printemps 425, la cinquième incursion fut menée par le roi Agis, fils d'Archidamos, contre le territoire d'une cité athénienne à nouveau « hantée par les mêmes gémissements et les mêmes pleurs » (p. 49). Alors qu'Athènes décide d'envoyer les stratèges Démosthène fils d'Alkisthène, Eurymédon et Sophocle à la tête d'une escadre en Sicile pour lutter contre l'hégémonie grandissante de Syracuse, la présence de « Démosthène à Pylos » (chapitre 2) est présentée comme le résultat d'un double processus : d'une part, une tempête oblige cette escadre, dont la prochaine étape était normalement Corcyre, à se réfugier à Pylos (à Palaiokastro, entre le chenal de Skia et la baie de Voidokilia) ; d'autre part Démosthène parvient à persuader ses deux autres collègues de faire relâche en Messénie. Sur la côte occidentale messénienne, en plein territoire périèque, la présence athénienne n'est pas immédiatement repoussée par les Lacédémoniens occupés à célébrer une fête religieuse et les Athéniens prennent le temps de constituer un *epiteichismos* . Finalement, l'assaut terrestre puis maritime des Lacédémoniens (épisode 1) – auquel participe Brasidas, à la tête d'une trière – est lancé, dans un certain affolement et se solde par un échec. Les Athéniens, protégés par la nature du terrain et des fortifications, aidés par une flotte de secours athénienne venu de Zancle, Naupacte et Chios, parviennent à remporter une première victoire dans la baie de Navarin (épisode 2). Au cours des ces deux épisodes, 420 hoplites lacédémoniens avaient débarqué dans l'île de Sphactérie et se retrouvent coincés dans l'île, autour de laquelle croisent désormais les navires athéniens, maîtres de la baie. « L'échec de la paix » (chapitre 3), réclamée par les Spartiates, est imputé à Cléon, dont la position dans l'affaire est réévaluée. Faisant moins preuve de démesure (position de Thucydide) que de réalisme (comme le considère l'A.), l'homme politique fait capoter la trêve et obtient de l'*ecclesia* de partir sur le théâtre d'opération comme stratège « supplétif » (p. 88). Au sujet de « la bataille de Sphactérie » (chapitre 4), qui constitue l'épisode 3 de la bataille, l'A. prend alors ses distances par rapport à Thucydide : ce dernier, « en cherchant à minimiser le rôle de Cléon, y perd sans doute une part de son objectivité » (p. 95) ; au contraire, il est possible de supposer une connivence entre Cléon et Démosthène. Préférant la traduction de Denis Roussel, plutôt que celle de Jacqueline de Romilly, pour Thucydide IV, 30, 2, l'A. considère que le déclenchement de l'incendie sur l'île fut la volonté des Athéniens et ne se produisit pas de manière accidentelle. Le texte porte néanmoins l'adjectif ἄκοντος, « involontaire, non intentionnel ».

La deuxième partie reprend une citation de Thucydide et, faisant de la campagne de Pylos, « l'événement le plus inattendu de la guerre », cherche à en établir à la fois la portée et les enseignements. Dans la « fin d'un monde » (chapitre 5), il est démontré que, finalement, Sparte n'est plus ce qu'elle était – mais était-elle ainsi ? – et que Cléon n'est que le continuateur de la stratégie péricléenne, bien que Thucydide lui en enlève le mérite. On peut certes se demander si « quelque chose de la grandeur de Sparte est mort à Pylos » (p. 127) : néanmoins, il me semble préférable de se demander si, plutôt qu'aux évolutions structurelles de la guerre, la victoire de Sphactérie ne relève pas davantage d'un concours circonstances. « Ce qui fait l'événement » (chapitre 6) est certainement le chapitre le plus convaincant : auréolé d'une victoire dont il a sans doute senti la possibilité et provoqué l'aboutissement, Cléon devient « la coqueluche » (p. 135) de ses concitoyens, bénéficiant des *megistai timai* (p. 135) que Périclès lui-même n'avait pas obtenu, faisant dédicace des boucliers spartiates sur la temple d'Athéna Niké (l'A. suit avec raison P. Schultz, NAC, 32, 2003, p. 43-62), augmentant le tribut de 450 à 1460 talents afin de financer – vraisemblablement – le *misthos dikastikos*. Plutôt que « démocratie radicale », l'A. préfère parler ici « d'approfondissement démocratique », faisant de Cléon le pourvoyeur du bonheur du peuple Athénien au grand dam de Thucydide et d'Aristophane qui lui sont hostiles. Dans « la guerre vue par Thucydide » (chapitre 7) et dans « Guerre et paix » (chapitre 8), l'auteur en vient, de manière tout à fait intéressante, à poser les questions, aussi diverses qu'importantes : de la composition de l'œuvre de Thucydide, de la place de la bataille de Pylos dans l'œuvre et dans l'intention de l'historien athénien, de la périodisation que l'on peut (doit ?) retenir de la guerre, de ce qu'est un événement. Parfois, la réflexion aurait pu être prolongée, mais les références sont sûres. À tout prendre, l'A. est tenté de voir dans la victoire athénienne de Pylos le pivot articulant deux guerres, l'une s'achevant en 425 et aboutissant à la paix de Nicias de 421 ; l'autre débutant 12 ans plus tard, avec la prise de Décélie par les Lacédémoniens en 413 (p. 154-155). D'autres, avant lui, ont posé cette question des limites chronologiques de la guerre. C'est une question légitime qui constitue l'un des enjeux du métier d'historien. Mais comme Nicole Loraux l'a rappelé, pour historien qu'il fût, Thucydide ne saurait être considéré comme notre collègue, mais comme une source. On peut certes déconstruire la source, mais il faut prendre garde d'y revenir. On hésitera donc à suivre ceux, anglo-saxons notamment, qui voient dans la guerre du Péloponnèse un conflit s'étendant de 460 à 386. Il est indéniable qu'avec l'épisode de Pylos, Thucydide réalise l'un des meilleurs récits de son œuvre. Ce récit occupe une grande partie du livre IV, se déroule sur 3 mois de temps et se trouve scindé en deux à cause du choix thucydidéen de scander le temps en saisons (été et hiver). Pour autant, dans son récit, Thucydide emploie à six reprises le terme de *tychè* ou l'un de ses composés, considérant ainsi que de bout en bout les Athéniens ont été favorisés par la fortune dans cet enchaînement de circonstances qui aboutit à la reddition de 292 hoplites dont 120 *homoïoï* (sur les 440 hoplites du départ, 128 sont morts). L'historien athénien ne peut donc considérer Pylos comme la fin de la guerre : au contraire, l'épisode apparaît comme « une étape dans un processus qui trouvera son accomplissement ultime dans la chute d'Athènes » (p. 168). On peut même penser qu'aux yeux de Thucydide, l'action de Cléon est responsable de cet état de fait. Quant à la contradiction que l'on peut voir entre Thucydide et le *Ménéxène* de Platon (242, c-d), qui paradoxalement semble majorer le rôle de la victoire de Pylos, je me demande s'il ne faut pas déceler dans le passage de Platon un ton ironique aboutissant à comprendre l'inverse de ce qu'y est formulé, le dialogue étant un pastiche d'Oraison funèbre. Philippe Lafargue nous livre à partir de cette bataille de Pylos (qu'il hésite parfois à qualifier de « campagne », puisque il y a en réalité deux batailles) matière à de très stimulantes réflexions.

Jean-Nicolas CORVISIER, *Bataille de Chéronée. Printemps-338, Philippe II roi de Macédoine et le futur Alexandre le Grand*, Paris, Economica (collection Campagnes et Stratégies), 2012, 150 p.

On ne peut que souscrire aux propos de l'auteur lorsque, au début de son chapitre I (« l'autopsie d'une bataille »), il indique que « entreprendre l'analyse d'une bataille dans le monde grec ancien, c'est un peu se livrer à une reconstitution d'un passé qu'on sait avoir existé, mais dont le contenu, dont le déroulement même, nous sont cachés », constatant qu'on se heurte tout à la fois à la pauvreté des sources et à la manière de dire l'histoire des Anciens, logiquement différente de la nôtre (p. 3). Pour analyser la bataille de Chéronée, qui opposa en Béotie les troupes de Philippe II de Macédoine à une coalition de cités grecques, l'A. présente d'abord le contexte de la montée en puissance du royaume macédonien, l'affrontement avec les cités grecques, notamment Athènes, jusqu'en 340 : c'est l'objet du chapitre II, intitulé « pourquoi Chéronée ? ». Un chapitre III (« vers la bataille décisive ») envisage le contexte le plus proche du conflit (la campagne de 339/338, dans le cadre de la Quatrième guerre sacrée), mais aussi les forces militaires en présence. « La Bataille » est décrite pied à pied au cours du chapitre IV, alors que le chapitre V, « après la bataille », solde les comptes et en présente les conséquences militaires et politiques. Un court chapitre (« Chéronée face à l'histoire ») revient sur la signification de Chéronée : depuis Louis Robert, l'on sait que la victoire macédonienne ne marque pas tant la fin de la cité grecque, néanmoins, l'auteur revient sur le discrédit attaché à cette bataille, discrédit construit a postériori et que des auteurs, tels que Pausanias ou Plutarque ont considéré comme un « désastre », le « début des malheurs et de l'esclavage » pour les Grecs. Sur le champ de bataille, se dessine effectivement une époque nouvelle : la phalange ainsi que l'utilisation de la cavalerie dirigée par le tout jeune Alexandre le Grand.

L'ouvrage est utile – avec bibliographie, indices et notes de bas de pages. L'A. y développe plus amplement des aspects déjà abordés dans sa monographie sur *Philippe II de Macédoine*, Paris, Fayard, 2002. On trouvera ici plusieurs cartes des différentes phases de la bataille (p. 91-93) et la mise plat dans un tableau utile ses effectifs engagés à Chéronée selon les Modernes (p. 77). L'A. donne à voir les fantassins et les cavaliers, leurs armes et leurs façons de combattre. Il propose des solutions originales sur les effectifs (par exemple celle adoptée p. 80 sur les hypaspistes). En annexe, sont présentés quatre textes principaux sur la bataille, que l'on peut compléter par d'autres, comme par d'autres sources. On pourra compléter cet exposé des faits, issus des sources littéraires, par l'article de John Ma, « Chaironeia 338. Topographies of commemoration », *The Journal of Hellenic Studies*, 128, 2008, p. 72-91.

— Jean-Christophe Couvenhes

RÉSUMÉS

Gerbert Bouyssou – *Les tyrans syracusains et la qualification par la victoire : les fonctions de* stratège autocratôr *de Gélon à Agathocle, Ve-IIIe siècles avant J.-C.* (p. 17-32).

À Syracuse, la charge de stratège *autocratôr* a souvent été perçue comme une étape obligée dans le processus d'accession à la tyrannie : à travers l'examen des prises du pouvoir de Gélon, Denys l'Ancien et Agathocle, nous verrons que cette affirmation doit être relativisée, même si, en Sicile, la victoire militaire qualifiait effectivement pour l'autorité suprême.

Jean-Christophe Couvenhes – *Le portrait de Nabis et de ses mercenaires par Polybe 13.6.1-10 et 8.1-2 : quels gardes du corps pour quelle légitimité politique ?* (p. 33-56).

Nabis dirigea la cité hellénistique de Sparte durant une quinzaine d'années, de la bataille de Mantinée de 207 jusqu'en 192 av. J.-C., année où il fut assassiné. Le portrait que dresse Polybe, au livre XIII de ses *Histoires*, caractérise Nabis comme un *tyrannos*. N'est-il pas possible aussi de considérer le personnage comme un *basileus* ? Pour cela, il faut revenir sur le portrait polybien et sur la place qu'y occupent ses mercenaires. Ne peut-on pas considérer les mercenaires de Nabis comme une garde royale ?

Pierre-Olivier Hochard – *L'usurpation d'Achaios : une expérience originale de monarchie militaire ?* (p. 57-70).

Qu'il s'agisse de l'usurpation de Molon en 222 ou du processus d'émancipation des Hautes Satrapies (Sogdiane et Bactriane), la seconde moitié du IIIe siècle apparaît dans l'histoire du domaine séleucide comme une période de fragilisation du pouvoir dynastique et surtout de fractionnement du royaume. Dans cette dynamique, l'Asie Mineure occupe une place particulière. Cette région est en effet le théâtre d'une émancipation politique menée par les dynastes de Pergame. Elle est aussi le point de départ de deux usurpations menées par des membres de la famille royale (Antiochos Hiérax et Achaios) qui, forts de leur pouvoir militaire, tentent de légitimer leur processus d'accession à la fonction suprême. Il semble pourtant que l'usurpation d'Achaios présente une réelle singularité. Auréolé de ses victoires et de son prestige militaire, appuyé par des troupes fidèles qui le proclament roi, Achaios inscrit sa démarche politique dans le processus militaire propre aux monarchies hellénistiques. Tant par son action militaire que par les symboles de son pouvoir, Achaios ne semble pourtant

ABSTRACTS

Gerbert Bouyssou – *Qualifying for rulership: the victories of the Syracusan tyrants and the functions of* strategos autokrator *from Gelo to Agathocles (5th-3rd century BC)* (p. 17-32).

In Syracuse the *strategos autocrator* function has often been considered as an obligatory step in the process of tyranny. By analysing Gelo, Dionysius the Elder and Agathocles *coups d'état* we shall be less affirmative, even if, in Sicilia, military victory qualified indeed for supreme power.

Jean-Christophe Couvenhes – *The polybian portrait of Nabis and his mercenaries, in* Histories *13.6.1-10 and 8.1-2: what bodyguards for what political legitimacy?* (p. 33-56).

Nabis ruled the Hellenistic city of Sparta for about fifteen years, from 207 to 192 BC., when he was assassinated. The polybian portrait of Nabis and his mercenaries, in *Histories* 13.6.1-10 and 8.1-2, characterizes Nabis as a *tyrannos*. Why can't we consider Nabis as a basileus? We have to reconsider the polybian portrait of nabis and his mercenaries. Can't this merceneraies be regarder as a royal guard?

Pierre-Olivier Hochard – *Achaeus' usurpation: an original experience of military monarchy?* (p. 57-70).

The second-half of the third century looks like an area of Seleucids' weakness and splitting of their kingdom. Molon's usurping in 222 BC or sedition of Sogdian and Bactrian illustrate this dynamic, in which Asia Minor occupies a very singular place. Dynasts political emancipation from Attalids' rule started in this region, where two dynasty-members – Antiochus Hierax and Achaeus – tried to legitimate their royal claim by military power. Achaeus' usurpation could yet be very particular. His political and military approach (victory, acclamation by an army...) seems, indeed, to be in keeping with basis of Hellenistic monarchies. However, Achaeus didn't seem to rise against the royal institutions or the lawful king.
Did Acheus try to establish in Asia Minor an independent kingdom based on Seleucid's ideology? Could Achaeus' usurpation thus be an original experience of military power, foreshadowing Antiochus III's monarchy?

pas se dresser contre les fondements institutionnels du royaume de Séleucos Ier, ni contre le roi légitime. Achaios n'a-t-il pas tenté d'instaurer en Asie Mineure une monarchie indépendante nourrie de l'idéologie séleucide ? L'usurpation d'Achaios ne serait-elle pas alors une expérience originale de monarchie militaire, « sœur cadette » de celle d'Antiochos III, roi issu de la branche aînée de la dynastie ?

Raphaëlle Laignoux – *Les chefs et leurs troupes : s'assurer la fidélité des soldats pendant les guerres civiles des années 44-30* (p. 71-94).

Les années 44-30 constituent une période de guerre civile intense, durant laquelle les rivalités politiques sont souvent résolues sur le champ de bataille. Cette prégnance de la guerre pour arbitrer les divisions politiques donne évidemment une importance cruciale aux soldats, mais entraîne aussi le renouvellement durant la période des pratiques d'interaction entre un « chef » et ses troupes. En effet, pour fidéliser leurs hommes, les principaux prétendants au pouvoir de la période, que l'on ne peut pas présenter simplement comme des hommes « charismatiques », se voient forcés de développer des stratégies qui, tout en reprenant souvent des pratiques existantes (dons matériels, *contiones*...), sont utilisées dans des combinaisons et avec une systématicité tout à fait inédites. Cet article étudie les interactions précises qui lient les principaux prétendants au pouvoir et leurs soldats, dont ils cherchent à obtenir l'adhésion et l'engagement dans une période de concurrence exacerbée. Cette étude des pratiques de légitimation entre 44 et 30 permet aussi de (ré)évaluer le poids pris par la sphère militaire dans la vie politique romaine entre République et Principat.

Raphaëlle Laignoux – *The leaders and their troops: ensuring the loyalty of soldiers during the civil wars (44-30 BC)* (p. 71-94).

During the intense civil wars of the period spanning from 44 to 30, political rivalries were often sorted out on the battlefield. Not only did the role played by war in the resolution of political conflicts put the soldiers in a particularly forward position, it also changed the dynamics between the leaders and their troops. Indeed, in order to consolidate their loyalty, the aspiring leaders, who cannot be merely described as "charismatic", developped various strategies. These strategies reproduced existing practices, such as material rewards, *contiones*, etc., but their frequency was dramatically increased and they were combined in new ways. This paper tackles the concrete interactions between leaders and soldiers in this time of competition for power. Examining the legitimizing processes in the military sphere between 44 and 30 will allow us to reevaluate the weight given to the army and the role it played in the transition from Republic to Empire.

Dorian Bocciarelli – *La légitimation de l'empereur par le* consensus exercituum *pendant l'année des Quatre Empereurs* (p. 95-112).

La mort de Néron fuit suivie d'une période de guerres civiles, la plus importante que le principat ait connue jusqu'alors. À la différence des princes Julio-Claudiens, les quatre empereurs qui se sont succédé pendant les années 68-69 apr. J.-C. n'avaient aucun lien de parenté avec le fondateur du nouveau régime, et ils ne pouvaient pas, à ce titre, revendiquer une quelconque légitimité dynastique. Pour pallier cette difficulté, les candidats à l'empire se sont appuyés sur le *consensus uniuersorum*, dont une des principales composantes était le *consensus exercituum*, sans doute la plus importante en cette période de guerres civiles qui voyaient les légions acclamer leur légat dans les provinces de l'Empire. C'est cette notion et sa matérialisation iconographique sur les monnaies émises durant l'année des quatre empereurs que nous nous proposons d'analyser.

Dorian Bocciarelli – *Legitimizing the emperor:* consensus exercituum *during the Year of the Four Emperors* (p. 95-112).

The death of emperor Nero was followed by a period of civil wars, the most important during the principate. Unlike the Julio-Claudians, the four emperors who succeed each other during the years AD 68-69 had no family relationship with the founder of the principate. Therefore, they could not assert their legitimacy as members of Augustus' family. In order to overcome this difficulty, the contenders based their legitimacy on the *consensus uniuersorum* and especially on the *consensus exercituum*, undoubtedly its most important part during this civil war in which legionaries proclaimed their *legati* emperors in the provinces. The aim of this paper is to describe and analyse *the consensus exercituum* as a coin type on the roman coins minted during the year of the four emperors.

Sylvain Janniard – *Accession au pouvoir impérial et consensus des troupes au IVe siècle après J.-C.* (p. 113-126).

Dans la seconde moitié du IIIe siècle, les rapports plus étroits entre le pouvoir impérial et son armée ont amené l'institution militaire à mettre en place des mécanismes précis pour garantir l'assentiment des troupes à un candidat à la fonction suprême. La contribution s'attache à montrer ces mécanismes à l'œuvre dans quelques proclamations bien documentées du IVe siècle. Après un rappel des circonstances présidant au choix d'un nouvel empereur et des qualités attendues de sa personne afin de provoquer la plus large adhésion, la contribution se concentre sur deux moments précis : la recherche du consensus dans le groupe militaire qui proclame l'empereur, à partir de l'exemple de la proclamation de Valentinien en 364 ; l'obtention, parfois complexe, de l'assentiment de toutes les armées impériales à un nouvel empereur. Le dossier rassemblé permet d'écarter l'idée encore répandue d'une armée tardive fondamentalement putschiste.

Sylvain Janniard – *Rise to power and the consensus of the troops in the 4th century AD* (p. 113-126).

From the second half of the 3rd century AD on, because of new relations between the imperial power and its army, the military institution sets up mechanisms to ensure that the troops give their approval to a candidate for the highest imperial office. These mechanisms will be studied for some well documented imperial proclamation in the 4th century. First, the circumstances which dictate the choice of a new emperor and the qualities expected from him to gain the largest support will be examined. Then the study will concentrate on two key moments: first the search for the consensus in the military group which proclaims the emperor (with the example of Valentinien in 364); then the sometimes complex moves to gain the approval of all the imperial armies to a new emperor. These key moments allow us to rule out the idea of a fourth century army only moved by putschists.